Margrit Schankweiler · Und immer wieder Afrika

Für
Frau Doris van Aaken
mit herzlichen Segenswünschen!

Margrit Schankweiler

Bad Pyrmont, 15.03.2007

MARGRIT SCHANKWEILER

Und immer wieder AFRIKA

Missionsverlag Bielefeld

ISBN 3-929602-76-8

Druck: St.-Johannis-Druckerei, 77933 Lahr
Printed in Germany 34977/2004

Als ich 2 Monate alt war, standen Eltern und Geschwister um mein Bettchen und weinten, weil sie fürchteten, ich würde sterben.

Als ich 4 Jahre alt war, bekam ich Korallenohrringe, wegen meiner Mittelohrentzündungen.

Als ich 10 Jahre alt war, durfte ich in die Jungmädelschar der Hitlerjugend.

Als ich 18 Jahre alt war, war der 2. Weltkrieg zu Ende.

Als ich 21 Jahre alt war, brauchte ich nicht mehr zu hungern.

Als ich 27 Jahre alt war, wurde ich Missionarsfrau.

Als ich 35 Jahre alt war, bekam ich mein Kind, unsere Anne-Verena.

Als ich 74 Jahre alt war, hatte ich Zeit, mich zu erinnern. Einiges schrieb ich auf.

FÜR WIEBKE UND DÖRTHE, MEINE ENKELTÖCHTER

„Ich kann kein Buch schreiben, das so bedeutend ist, wie ein Stück von Shakespeare, aber ich kann eins schreiben, das von mir stammt."

Walter Raleigh, Prof. für englische Literatur, Oxford

VORWORT

Als in Deutschland der Nationalsozialismus an die Macht kam, war die Autorin dieses Buches sieben Jahre alt und ließ sich alsbald, wie die meisten Mädel, von den hypnotisierenden Liedern und Parolen begeistern. Doch rechtzeitig befreite sie sich von den falschen Göttern. Nach einer kaufmännischen Ausbildung besuchte sie ab 1950 die Bibelschule der Rheinischen Mission in Wuppertal. Die Gegensprache des Evangeliums, die Machtmissbrauch und Menschenverachtung verklagt, wurde entscheidend für ihr Leben.

1953 heiratete sie den Missionar Rolf Schankweiler. Diese mit Humor, ja spitzbübisch erzählte Liebes- und Heiratsgeschichte ist der Beginn eines Weges, der immer wieder nach Afrika führte. 1954 reiste das junge Ehepaar zum ersten Mal nach Namibia aus. Namibia, das seinerzeit noch Südwestafrika hieß und in dem die strengen Rassegesetze galten. Zunächst folgte ein Jahr lang das Studium der Hererosprache.

Die Vorurteile - besser die neunmalklugen Nach-Urteile - die man heute über die missionarische Arbeit in der sogenannten „Dritten Welt" hören kann, werden in diesem Buch widerlegt! Niemand außer den Missionaren aller Konfessionen haben sich mit den schwarzen und farbigen Menschen solidarisch erklärt. Die Hereros sagen noch heute: Die Weißen sind hierher gekommen und haben uns gefragt: „U ri naua?" (Wie geht es dir?) Aber sie wollten gar nicht wissen, wie es uns geht. Die Missionare sind gekommen und haben uns gefragt: „U ri naua?" Die wollten wirklich wissen, wie es uns geht. Die sehr sorgfältige schulische, medizinische und soziale Versorgung wurde nicht von staatlicher, sondern ausschließlich von missionarischer Seite wahrgenommen.

Margrit Schankweiler handelt diese vielschichtige Problematik weniger abstrakt ab, als dass sie ihre langjährigen Erfahrungen berichtet, sehr genau und lebendig berichtet, sodass der Leser erfährt und nachvollziehen kann, was sich ereignet, wenn Menschen schwarzer Völker gefragt werden: „U ri naua?" Und wenn der weiße Mann, die weiße Frau, zuhören können.

Ja, immer wieder Afrika. Die Schankweilers sind x-mal nach Namibia gereist, auch wieder, nachdem Margrit Schankweiler

nach einer schweren Amöbenruhr Genesung in Deutschland suchen musste. Rolf Schankweiler, ein exzellenter Kenner der Hererosprache wird auch als pensionierter Pastor noch oft in seine ehemaligen namibianischen Gemeinden eingeladen.
Ich wünsche diesem Buch Leserinnen und Leser, die sich gerade in unserer konsumgelenkten, orientierungslosen Zeit herausfordern lassen, der Stimme einer Missionarsfrau zuzuhören.

Eva Zeller

HEUTE - ZEIT AN DER SEE

Wie schön! Wie so wunderschön! Ich stehe und staune und kann mich nicht satt sehen. Ich habe soeben eine der vielen weiß lackierten Türen geöffnet, die mich in so fataler Weise ans Krankenhaus erinnern, in diesem Fall die Tür von Zimmer 34 im dritten Stockwerk des Hotel Bellevue, habe gerade eine tückische Krankheit überwunden, vier Monate nur Krankenstubenluft geatmet und stehe nun hier und habe - fast überfallartig - diesen grandiosen Blick auf das weite Meer vor mir! Ich schaue bis zum Horizont, wo Wolken und Wasser einander berühren. Noch ist es Winter. Wir haben Mitte Februar. Noch ist es bitterkalt. Der weiße, breite Ostseestrand von Warnemünde ist menschenleer. Eine blau-graue See peitscht wild sich gebärdende Wellen gegen das Land. Wütend, dass sie nicht noch weiter kommen, zischen und schäumen sie heran. Vereinzelte Fischkutter schaukeln auf dem Wasser. Die großen, weißen Fährschiffe der Scandlines-Flotte ziehen trotz Wind und Wogen scheinbar ruhig ihre Bahn, so als würde der Sturmwind ihnen gar nichts ausmachen, in Richtung Dänemark und Schweden.

Das Herz wird mir warm und weit, Lust und Sehnsucht ziehen mit in die Ferne. Ich weiß mich wieder einmal - oder immer noch? - auf dem Wege. Oder, weil ich von Südwestafrika, dem heutigen Namibia, erzählen möchte, vom Land und von seinen Menschen, sag ich es gern in ihrer Sprache: Ich weiß mich wieder einmal - oder immer noch? – „auf pad“!

„Auf pad", das heißt so viel wie: „unterwegs sein", unterwegs sein sowohl mit den Beinen als auch mit den Gedanken, es heißt Zukunft haben und Hoffnung, am Ende anzukommen und das Ziel zu erreichen. Ich bin „auf pad", - ich bin unterwegs.

Ganze 74 Jahre alt bin ich nun. - Halt, oder bin ich schon 75 Jahre alt?? Das ist seit eh ein noch immer nicht zu Ende gelöstes Problem in unserer fast fünfzig Jahre währenden Ehe! Ein immer noch aktuelles und wichtiges Problem! Mein lieber Ehemann Rolf ist Jahrgang 1926. Ich bin auch Jahrgang 1926. Aber zwischen unseren Geburtstagen liegen sieben lange Monate! Zwischen unseren Geburtstagen liegt ein langer Sommer: Rolf ist im Frühling geboren, - ich im Herbst. Und ich behaupte, Rolf sei älter als ich! Er aber behauptet, wir seien gleichaltrig! Und genau das sei das „Tyyypische" an den Frauen, dass sie nie zu ihrem Alter stehen können! - Ist aber auch egal, mir jedenfalls, denn wir sind gestandene und glückliche Eheleute, immer noch, nach nahezu 50 Jahren! Und das trotz Pastor Tlach! Pastor Tlach, ja, wer ist denn das? Er war Dozent im Missionsseminar, vormals Stiftsrepetent an der Universität Tübingen. Und der hat was mit unserer Ehe zu tun?? Auch das möchte ich gern erzählen!

ALLES BEGANN IN WUPPERTAL

Als Kinder im Dritten Reich aufgewachsen, erlebten wir die

Faszination einer Jugend in einem vermeintlich großen und aufblühenden Deutschland, Rolf in Neuwied am Rhein, ich in Herten in Westfalen, am Rande des Münsterlandes gelegen, im nördlichen Ruhrgebiet. Verführungen, Lügen, Verstrickungen durchwebten unsere jungen Jahre. Befreit vom Ungeist des Nationalsozialismus erwachten wir 1945 in einer neuen Zeit. Hinter mir lagen bange Bombennächte im Luftschutzkeller zu Hause und in vielen anderen Luftschutzbunkern, wann und wo ich gerade war, wenn die Sirene ertönte. Rolf kehrte aus russischer Kriegsgefangenschaft heim nach Neuwied. Krieg und große Schrecken lagen hinter uns, und wir suchten nach neuen Wegen und sinnvoller Lebensgestaltung.

Beide hatten wir das große Glück, aus einem christlichen Elternhaus zu kommen, und beide kamen wir aus guten evangelischen Kirchengemeinden mit lebendiger Jugendarbeit.

Missionar wollte Rolf werden. Er ging nach Wuppertal und studierte dort auf der Hardt im Missionsseminar der Rheinischen Mission und an der Kirchlichen Hochschule Theologie. Auf einem Bergrücken über den großen Industriestädten Elberfeld und Barmen, auf der Hardt also, liegt das Neue Missionshaus ruhig und abgeschieden vom Getöse der lauten Welt. Zugleich gibt es dort das Pädagogium und steht dort die Kirchliche Hochschule. Im Volksmund spricht man in Wuppertal darum gern von der Hardt als von dem „Heiligen Berg"!

Ich wollte Gemeindehelferin werden mit dem Ziel, als Lehrerin evangelischen Religionsunterricht zu erteilen. Dazu ging ich nach Wuppertal, in die Bibelschule der Rheinischen Mission, die im Alten Missionshaus untergebracht war. Das Alte Missionshaus lag unterhalb des „Heiligen Berges“, an der überaus verkehrsreichen und belebten Rudolfstraße, unweit der Wupper. Tag und Nacht rasten die Autos, ratterten die Straßenbahnen am Haus vorbei. Lärm und Hektik rund um die Uhr. Die Unruhe der nahen Großstädte lag in der Luft! Schnell prägte sich bei Witzbolden nicht nur das Wort vom „Heiligen Berg“ ein, sondern auch das vom „Sündigen Tal“!

Das Alte Missionshaus schien sich um derlei Redewendungen nicht zu kümmern. Ruhig und gediegen, ja, fast behäbig lag es da mitten im geschäftigen Treiben der Welt. Hinter seinen Mauern schien die Welt stille zu stehen. Von der lauten Rudolfstraße kommend, verhielt man in der großen, hohen Vorhalle unwillkürlich den Schritt. Fast vermeinte man noch den Geist der „Alten Zeugen“ wehen zu fühlen! Mächtige Säulen gaben dem Raum etwas Erhabenes, Feierliches. Gegenüber dem Eingang, über der breiten Tür, die zum Andachtssaal führte, stand das Wort aus Matthäus 28: „Gehet hin in alle Welt und lehret alle Völker ...“

Vor ihrer Ausreise aufs Missionsfeld in Asien oder in Afrika wurden hier die Missionare und die Missionsschwestern „abgesungen“, das heißt, die ganze große Missionsgeschwisterschar erschien in der Vorhalle, um mit den Ausreisenden ein letztes Lied zum Abschied zu singen. Mir ging es immer recht unter die Haut, wenn die vier Strophen von „Jesu, geh voran..“ erklangen; und die sich Auf-den-Weg-Begebenden mögen es wohl auch mit Zittern und Zagen gesungen haben: „Soll's uns hart ergeh'n, lass uns feste stehn und auch in den schwersten Tagen niemals über Lasten klagen ..." Von der Vorhalle aus bog man rechts in einen Flur ab, von dem aus man in ein kleines Zimmer kam, in dem - wie wir respektlos sagten - die Toten hingen! Alle Missionare, ihre Frauen und die Missionsschwestern, die in der Arbeit auf den Missionsfeldern gestanden hatten, erhielten nach ihrem Tode hier per Foto ihren Platz. Ehrfürchtig standen wir jungen Menschen vor den Bildern und gedachten des Lebens dieser tapferen Männer und Frauen. Seite um Seite des Bildständers schlugen wir um und schauten uns die von entbehrungsreichem Leben gekennzeichneten Gesichter der „Gottesstreiter im fernen Land" an, merkten uns hier und da auch wohl Geburts- und Sterbetag und wann und wo, wie lange und auf welchem Arbeitsgebiet und unter welchen Völkern sie gearbeitet haben.

Im langgestreckten Speisesaal saßen wir zusammen mit den übrigen Mitarbeitern des Hauses und stets zahlreichen Gästen aus aller Welt an der Mittagstafel. Dort führte die „Hausmutter", Schwester Gertrud, ihr Regiment! Sie regierte allgegenwärtig und betreute die Gäste und Urlauber von nah und fern, die Schwestern und Brüder aus der Ökumene, Professoren und Dozenten, Kirchenfürsten, Lehrer und und und ... Alle wurden gleichermaßen liebevoll und energisch umsorgt! Unter ihrer sehr persönlichen Hut standen auch wir jungen Mädchen, denn in diesem altehrwürdigen Haus und unter diesem schützenden Dach befand sich unsere Bibelschule! Hier wurden sie ausgebildet, die angehenden Gemeindehelferinnen,

Katechetinnen und Missionsschwestern. Eine der Schülerinnen war ich.
Bibelschulen und Katechetische Seminare waren im Nachkriegsdeutschland ein geliebtes Kind der Evangelischen Kirche und Ausdruck lebendigen Gemeindelebens. Es gab sie in den verschiedenen evangelischen Landeskirchen der EKD. Die Pfarrer im Lande, die Lehrer der Theologie oder eben hier die Leitung der Rheinischen Mission betrachteten diese Ausbildungsstätten mit Wohlgefallen! Aber nicht nur sie!
Die jungen Theologiestudenten auf der Hardt zeigten plötzlich reges Interesse am Alten Missionshaus! Reiften dort unter den Bibelschülerinnen nicht prächtige Pfarrfrauen oder tüchtige Missionarsfrauen heran? Sollte man nicht sich von der Höhe des „Heiligen Berges" hinab bemühen, ja, vielleicht sogar sich schleunigst ins „Sündige Tal" begeben und „rettend" tätig werden?? So lange noch der Vorrat reichte?! Doch so einfach war das gar nicht.
Schließlich lebten wir in den frühen fünfziger Jahren des 20. Jahrhundert! Hüben wie drüben, sowohl auf dem Berge wie im Tal, hielt man sehr auf Zucht und Ordnung! Strenge Regeln, feste Gesetze waren gegeben und wollten eingehalten werden. Besonders den angehenden Missionaren waren in Bezug auf „Verliebt-Verlobt-Verheiratetsein" bestimmte Verpflichtungen auferlegt, die heute schwer nachvollziehbar scheinen: „Keine öffentliche oder heimliche Verlobung vor dem 1. theologischen Examen!", hieß es in den verbindlichen Instruktionen der Missionsleitung der Rheinischen Mission. Allerdings

konnten dieselben nach dem 2. Weltkrieg, in dem viele der Studenten als Soldaten gestanden haben und älteren Jahrgangs waren, nicht mehr so rigoros eingehalten werden, sondern wurden von Fall zu Fall geregelt.
Aber auch auf Seiten der Bibelschule wachten Lehrer und Lehrerinnen über ihre anvertrauten Schülerinnen! So ganz nebenbei hatten sie den Ehrgeiz, der theologischen Fachwelt eine möglichst stattliche Anzahl von examinierten, tüchtigen Gemeindehelferinnen und Katechetinnen zu präsentieren und sie sich nicht durch Liebe und Verlobung und ähnlichen Dingen entwenden zu lassen! Doch, wie sagt Matthias Claudius: „Die Liebe hemmet nichts ...!“
Im Sommer eines jeden Jahres wurde auf der Hardt in Wuppertal gefeiert. Da strömte zum großen Missionsfest das evangelische Kirchenvolk von nah und fern heran. Es kamen Gäste sowohl aus deutschen Landen wie aus fernen Erdteilen. Schwarze, weiße, braune Christen predigten das Evangelium und berichteten aus den jungen Kirchen. In der Stadtkirche in Elberfeld, in den Kirchen in Unterbarmen und in Oberbarmen fanden bewegende Gottesdienste statt. Junge Missionare wurden an diesem Tag abgeordnet zum Dienst in der Völkerwelt.
Es waren herrliche Stunden der Gemeinschaft, mit lebendigen und spannenden Predigten, mit guter Musik und fröhlichen Liedern. Sie sind mir unvergessen, die zentralen und zeugnisstarken Ansprachen z.B. von Pastor Johannes Busch oder dem Jugendpfarrer Bopp oder dem „Missionar aus Leiden-

schaft“, dem Missionsinspektor Heinrich de Kleine.
An der Mittagstafel im Speisesaal im Alten Missionshaus bekam ich einmal ein Gespräch von ihm mit einem anderen Gast mit. Die Herren erörterten lebhaft das Thema: Beruf und Berufung. Ich hörte Heinrich de Kleine leidenschaftlich sagen: „Wenn ich noch einmal zur Welt käme und dürfte mir noch einmal einen Beruf wünschen und wählen, würde ich immer wieder nur um dies eine flehen: ‚Bitte, lieber Gott, lass mich wieder Missionar werden!'“
Das Missionsfest sah uns also am Morgen des Tages in den verschiedenen Kirchen Wuppertals zu Gottesdiensten versammelt. Am Nachmittag lagerte sich alles Volk auf dem grünen Rasen und unter den hohen Bäumen auf der Hardt: Jung und Alt, Weib und Mann, aus vielen Völkern und Rassen. Es war ein buntes Bild und ein fröhliches Treiben unter den alten Bäumen. Reden, Hören, Singen, Beten und Lachen lösten einander in munterer Reihenfolge ab. Reden, Hören, Singen, Beten und Lachen stärken Leib und Seele, - aber sie machen auch hungrig! Am Abend darum waren die Gäste eingeladen zum geselligen Beieinander und zum gemeinsamen Abendessen. Lange, weiß - gedeckte Tafeln erwarteten die Besucher in der Vorhalle des Alten Missionshauses. Wir Bibelschülerinnen durften auch dabei sein! Ich war ein wenig zu spät gekommen. Weil ich mich nicht lange unter den beobachtenden Blicken der schon am Tisch Sitzenden durch die engen Tischreihen quälen wollte, um zu den anderen Bibelschülerinnen zu gelangen, nahm ich kurzerhand an der ersten Tafel auf

dem ersten freien Platz meinen Stuhl ein. Ringsumher guckte ich zwar nur in ältere Gesichter, aber ich würde mich ja in der nächsten Pause zu meinen Mitschülerinnen begeben können. Ich saß noch nicht lange, als ein - wie ich vermeinte - junger Ordnungshüter zu mir kam und sagte: „Hier können Sie leider nicht bleiben, dieser Platz sollte besser nicht besetzt werden. Kommen Sie mit, ich zeige Ihnen, wo Sie sitzen können!“ Ich verwunderte mich schon, denn an meinem Platz stand ja ein Gedeck, doch brav wie ich war, stand ich also gleich auf und folgte dem jungen Mann. Dieser lotste mich - unter den verwunderten Blicken der „älteren Semester“ - quer durch die Halle an Tischen und Stühlen vorbei bis hin - ja, jetzt verschlug es mir wirklich den Atem! - zu seinem Tisch! Hier war wirklich ein Platz für mich frei gehalten, aber mitten unter den Seminaristen! Nur lauter junge Männer saßen da! Und neugierige, diebisch - fröhliche Augenpaare lachten mir entgegen! Man begrüßte mich mit lustigem Hallo! Und ich?? Man hatte sich mit mir einen Spaß erlaubt, ausgerechnet mit mir! Ich war in eine Falle geraten! Was sollte ich tun? Empört zurück gehen? Das wäre eigentlich genauso peinlich gewesen, wie auch eigentlich schade!? Ich entschied mich für die lustigere Lösung, ließ mich schleunigst auf meinem Stuhl nieder und dachte wohl auch ein wenig spitzbübisch, dass es wohl an der Zeit sei, die „Bunte Reihe der Mission“, wie sie bisher praktiziert wurde - hier nur Männer, dort nur Frauen - zu unterbrechen! Und ganz bald waren wir in sehr lebhaftem Gespräch! Es war meinem „Entführer“ gegenüber gewiss nicht gerecht, dass ich mich ihm nicht mehr zuwandte, aber er hatte rote Haare! Viel lieber sprach ich mit meinem Nachbarn zur Linken! Der hatte dunkelblonde, schöne wellige Haare, jedenfalls damals noch! Wir unterhielten uns wunderbar! Es war ein sehr schöner Abend, dieser „Geschwisterabend“ am Missionsfest des Jahres 1951! Am nächsten Tag fuhren wir in die Sommerferien. Die Erinnerungen verblassten. Im Herbst erst begann das neue Semester.

Am Sonnabend einer jeden Woche fand sich die „Missionsfamilie“ und fanden sich die Mitarbeiter und Mitarbeiterinnen, Lehrer, Dozenten, Seminaristen, Missionsschwestern und auch wir Bibelschülerinnen im Andachtsraum des Alten Missionshauses zusammen, um die Woche mit Gottes Wort abzuschließen. Alles hatte seine feste Ordnung.
Auch der Schlusschoral, der immer der gleiche blieb: „Jesu, dir leb ich, Jesu, dir sterb ich, Jesu, dein bin ich, im Leben und im Tod. O, sei mir gnädig, sei mir barmherzig, führ mich, o Jesu, in deine Seligkeit.“ Bruder Bitzer orgelte, die Gemeinde fiel mit kräftigem Gesang ein, der alte Quentmeier sang mit zittriger Stimme, die jungen Seminaristen übertönten die Unebenheiten, die zarten Mädchenstimmen der Bibelschülerinnen mischten sich lieblich ein. Frieden und Harmonie lagen über der Gemeinschaft. Es hätte alles soo... schön sein können! Doch da kam die Sache mit dem Opferteller! Zum Schluss der Andacht wurde selbstverständlich der Armen gedacht! Am Ausgang wurde ein Opferteller gehalten, auf den jeder sein

Scherflein darbrachte, um die Not in der Welt lindern zu helfen! Aber, o Schreck, ich hatte kein Geld bei mir! Vergessen? Oder war mein Taschengeld gerade alle geworden? Ausgerechnet heute! Denn ausgerechnet heute hielt der nette Tischnachbar vom Missionsfestabend, der mit den schönen Haaren, den Kollektenteller! Peinlich! Ich versuchte mich unsichtbar zu machen, mischte mich unters Volk und rüber zur anderen Seite, um so unbemerkt nach draußen zu gelangen.

Natürlich hatte ich nicht gewusst, dass die Kollektenaktion eine abgekartete Sache der Seminaristen war! Als ich Rolf später fragte, ob er mein Täuschungsmanöver bemerkt habe, war seine lachende Antwort eindeutig: „Na klar! Ich habe bei mir sofort beschlossen, d i e nimmste! Die ist sparsam!"

Eines Tages wurde es ernst! Unter meinem Kopfkissen im Schlafraum, in dem wir zeitweise vier Mädel waren, lag ein kleines Briefchen. Meine Mitbibelschülerinnen hatten es auf Umwegen erhalten und mir „feinfühlig" ins Bett geschmuggelt! In dem Brief bat mich mein Tischnachbar vom Festabend (nicht der mit den roten Haaren!) um ein Treffen, am liebsten im Wuppertaler Zoo, „bei den Geschöpfen der freien Natur"! Sollte - oder sollte ich nicht?? Ein Gänseblümchen zum Abzählen war nicht da. Die Knöpfe an der Bluse zur Hilfe zu nehmen, war mir zu banal. Als gelehrige Bibelschülerin nahm ich mir das Losungsbüchlein der Herrnhuter Brüdergemeinde zur Hand. Dort steht für jeden Tag ein Losungswort aus der Bibel und darunter der passende Lehrtext und ein Gebet oder Liedvers. Vielleicht wurde mir durch das Losungswort für den

Tag der ersten Begegnung ja die Richtung gewiesen!? Aber man sollte Gottes Wort nicht missbrauchen und wie ein Orakel benutzen! Und so musste ich „arme Sünderin“ denn für dieses Treffen an diesem Tag das Wort lesen: „Wenn dich die bösen Buben locken, dann folge ihnen nicht.“ !

Der Führung des lieben Gottes aber habe ich mich nur noch um so fester und lieber anvertraut! Beiden, Rolf und auch mir, oblag es nun, unseren jeweiligen Lehrern unser „heimliches Verlöbnis“ zu „beichten“! Und jetzt kommt Pastor Tlach ins Spiel! Rolf ging zu ihm - während für mich Schwester Emmi Viering, die Leiterin unserer Bibelschule zuständig war. Wir waren beide erleichtert, denn sowohl auf dem „Heiligen Berg“ im Neuen Missionshaus als auch im „Sündigen Tal“ im Alten Missionshaus herrschte ob unserer Liebe eitel Freude! Nur machte man uns zur Auflage, unser Verlöbnis wirklich „geheim“ zu lassen! Das versprachen wir gern.

Doch wer glaubt schon, dass bei so viel jungem und am Thema „Liebe“ durchaus nicht uninteressiertem Volk so etwas geheim bleiben könne? Zudem war Pastor Tlach selbst ganz schön neugierig. „Ja, wer isch es denn, wer isch es denn??“, schwäbelte er und, nachdem er den Namen erfahren hatte: „Hab ich doch immer gesagt, die Mädchen da unten müssten weggehen wie die warmen Semmeln!“ Das war Walter Tlach, der Vollblutmensch und der Vollbluttheologe, saft- und kraftvoll. Wir haben ihn als Lehrer gleichermaßen geliebt und gefürchtet. Wenn er die alttestamentlichen Propheten exegesierte, hatten wir oft das Gefühl, Himmel und Erde bewegen sich! Und wenn er sein unnachahmliches Lächeln aufsetzte und in seiner schwäbischen Mundart dozierte.

Gefürchtet war er seiner strengen Kritik wegen, die er ohne Ansehen der Person nach den Unterrichtsstunden hielt, die wir Schülerinnen in der Hauptschule an der Rudolfstraße im Fach „Evangelische Religionslehre" zu erteilen hatten. Ich war in unserem Kurs in der misslichen Lage, als erste die Katechese halten zu müssen. Meine Aufgabe: Einer Schulklasse von etwa 30 Kindern, dreizehnjährige Jungen und Mädchen, die Verklärungsgeschichte Jesu, wie sie in Markus 9 geschrieben steht, auszulegen und die Kinder zum Nachdenken und zur Mitarbeit zu motivieren. Ich gab mir bei der Ausarbeitung die allergrößte Mühe, wälzte viele Kommentare und meinte auch schließlich, es könnte eine gute Stunde werden. Am Vorabend aber des wichtigen Tages wollte ich lieber sterben, als die Katechese halten!

Ich wusste, dass Tlach die Unterrichtenden vorne vor den Kindern ablöst, wenn sie nicht den richtigen Skopus gefunden haben, um die Stunde dann selbst zu Ende zu führen. Es war bei ihm der Respekt vor dem Wort Gottes, der ihn so handeln ließ. Und ihm lag alles daran, dass wir nicht leichtsinnig damit umgingen. Ein Mädel aus unserm Oberkurs erlitt nach seiner Stundenkritik einen leichten Herzanfall!

Am bewussten Unterrichtstag lebte ich noch! Ich zog also mit allen anderen Bibelschülerinnen, mit den Lehrschwestern Emmi Viering und Lenchen Siegler hinter Pastor Tlach dem gefürchteten Ereignis entgegen! Ich danke heute noch dem

Pastor Tlach, dass er mir vor der Unterrichtsstunde einen netten, eigentlich ganz belanglosen Satz sagte, bei dem ich aber spürte, dass er mir ganz fein psychologische Hilfestellung leisten wollte. Und ich fühlte mich auch plötzlich total frei und ohne Angst. Die Stunde verlief prima, die Kinder arbeiteten gut mit. Jetzt stand nur noch für den nächsten Tag die „Manöverkritik" ins Haus! Sie erfolgte wiederum im Beisein von Unter- und Oberkursus der Bibelschule und den Lehrerinnen. Pastor Tlach ging gründlich vor, vertiefte die Exegese, brachte manches, was auch noch hätte gesagt werden können oder müssen und fand sogar lobende Worte. Ich wollte mich schon gerader auf meinem Stuhl hinsetzen, als dann aber der Hammer kam! „Sie haben eine sehr große Stärke, Fräulein Piduhn!" (doch, so nannte man uns junge Mädchen dazumal noch und nicht „Frau", wie heute üblich), meinte er anerkennend. „Sie sprechen eine sehr gefällige Sprache, verstehen den Text lebendig darzubringen und gebrauchen viele Bilder. Das ist schön und ist ein Gewinn. Aber Ihre große Stärke ist auch Ihre große Schwäche! Sie verwenden zu viele Bilder! Da müssen Sie sehr aufpassen! Aber das ist übrigens auch genau die Schwäche Ihres Bräutigams!"
Er hatte alsogleich die Lacher auf seiner Seite, während ich nicht wusste, ob ich mich freuen oder schämen sollte! Ihm schien das zu gefallen, denn in die lachenden Gesichter und blitzenden Augen der Mädchenschar hinein dachte er laut weiter: „Dass Zwei sich so gleich sein können! ... Wie das gut gehen soll??!"

Wir würden es Sie gern wissen lassen, lieber Bruder Tlach, - nach fast 50 Jahren Ehe! Nein, bei uns war nicht immer nur eitel Freude und Sonnenschein. Und es waren gewiss nicht immer nur Rosen, die uns am Wege blühten. Wie sagen die Dichter es doch so schön poetisch: „... die schönste Rose selbst hat Dornen! Doch schlimm sind Dornen ohne Rosen!"
Und weil wir gerade bei den Rosen sind und immer noch bei der Liebe, möchte ich gern ein Intermezzo aus dem Leben meiner Großeltern einfügen: Wie mein Großvater meine Großmutter freite! Man schrieb das Jahr 1884. Und man lebte im fernen Ostpreußen. Dort besaßen die Eltern vom Großvater einen Fischereibetrieb, an einem der vielen schönen blauen Seen. Im Nachbardorf wohnten die Eltern der Großmutter. Sie bewirtschafteten dort ihren großen Hof. Und sie hatten eine wunderschöne Tochter. Der Großvater liebte diese Tochter, aber wie konnte er es ihr zeigen? Eines Tages hatte er eben dorthin Fische zu liefern. Er packte einen Korb voll mit Fischen, und den bedeckte er über und über mit Rosen! Mit diesem seltsamen Angebinde erschien er im Hause der Geliebten - und er eroberte sich das Herz der Großmutter! Die Ehe der Beiden war eine überaus glückliche. Bis ins hohe Alter war der Großvater der besinnliche, gütige, romantische Mann geblieben, während die Großmutter die Erziehung ihrer zehn Kinder praktisch alleine in die Hand nahm!

AFRIKA - RÜSTEN UND REISEN

Das war gar keine ruhige Nacht in Warnemünde, die da hinter mir liegt. Der Wind hat jämmerlich geheult, Stunde um Stunde. Durch sämtliche Fenster- und Türspalten jaulte es gespenstig. Als ich mich vorhin auf meine morgendliche Wanderung an den Strand begeben wollte, zerrte der Sturmwind an mir herum. Ich konnte mich kaum auf den Beinen halten. Schnell kehrte ich ins Hotel zurück. Nun schaue ich von meinem Zimmer aus dem wilden Treiben der See zu, höre das Getöse des Windes, sehe die Wellen auf dem Meer toben und tanzen und erfreue mich vom „sicheren Port“ aus des Kräftespiels der Natur.

Es war ebenfalls Winter, und es war stürmisch und kalt, damals im Januar des Jahres 1954, als wir in Rotterdam das Schiff bestiegen, das uns nach Südwest-Afrika bringen sollte.

Rolf und ich waren seit vier Wochen verheiratet. Am 1. Advent hatten wir Hochzeit gehalten. Jetzt standen wir jungen Missionsleute vor unserer Ausreise nach Afrika.
Vorausgegangen war nicht nur der herzbewegende Abschied von Eltern und Geschwistern, von der Heimat, vorausgegangen war auch das Packen der großen Seekisten mit unserem Hab und Gut und vorausgegangen war vor allem auch die bange Frage: Dürfen wir überhaupt gemeinsam ausreisen?? Oder droht uns das Schicksal der Missionare und ihrer Frauen

früherer Zeiten? Da war es so, dass der junge Missionar alleine aufs Missionsfeld, nach Asien oder Afrika, zog. Er sollte sich zuerst in der fremden Welt einrichten, die Sprache des Landes lernen, heimisch werden, ehe er seine Braut kommen lassen durfte, in der Regel nach zwei Jahren Auslandsaufenthalt. In der Broschüre: „Instruktionen und allgemeine Bestimmungen für Sendboten der Rheinischen Missionsgesellschaft" von 1932 war zu lesen: „Die Erlaubnis zur Heirat wird dem jungen Missionar erst nach abgeschlossener Sprachausbildung und bei Übernahme einer selbstständigen Arbeit erteilt (2 Jahre nach dem Eintritt ins Missionsgebiet). Sie ist durch den Konferenzvorstand zu beantragen." Sollten wir, die wir den Krieg hinter uns hatten, Sorgen, Entbehrungen, lange Studienzeit und Berufsausbildung, nun noch eine lange Trennung auf uns nehmen müssen?

Werner Wienecke, Rolfs Studienkollege, war in der gleichen Lage. Rolf und er stellten einen Antrag an die Deputation der Rheinischen Missionsgesellschaft. Ulrich Kretzer, der dritte im Examensjahrgang, wohl wesentlich jünger, reihte sich ein. „Die Begründung der Bitte um gemeinsame Ausreise auf das Missionsfeld" (ein wenig gekürzt) mag uns heute noch verwundern und rühren!

1. Im Blick auf den Dienst: Mit Dankbarkeit haben wir den Beschluss der Deputation vom November 1951 zur Kenntnis genommen, dass die Missionsbräute vor ihrer Abreise eine gewisse Zeit in der Bibelschule der RMG –Rheinischen Missionsgesellschaft – absolvieren sollen, um so eine Zurüstung für

den künftigen Dienst zu empfangen. Wir sehen darin die Forderung, dass sich die künftige Missionarsfrau noch mehr in den Dienst ihres Mannes hineinstellen und dafür gerüstet sein muss. Da aber zu diesem Dienst eine gute Kenntnis der Sprache unumgänglich ist, sollte der künftigen Missionarsfrau auch die Möglichkeit eines Sprachstudiums gegeben werden. Wir haben bisher noch keine Missionarsfrau angetroffen, die uns gesagt hat, dass sie gleich zu Anfang ihrer Arbeit auf dem Missionsfeld gründlich die Sprache erlernen konnte. Die Unterhaltung mit den farbigen Mitarbeitern war darum oft nur mit wenigen Sprachbrocken möglich. Auch haben wir aus den Erfahrungen der Feldmissionare entnommen, dass sie kurz nach Übernahme einer ersten selbstständigen Station von einer solchen Fülle an Arbeit belastet waren, dass sie nicht noch nebenbei ihrer Frau genügend Sprachunterricht erteilen konnten. Darum ist es unsere Bitte, unseren künftigen Frauen doch zur gleichen Zeit wie uns eine Sprachlernzeit zu gewähren. Von erfahrenen Missionarsfrauen haben wir uns weiterhin sagen lassen, dass es für eine junge europäische Frau sehr schwierig sei, sich gleich auf die landesübliche Speisekarte umzustellen, wenn sie nicht zuvor bei einer eingearbeiteten Hausfrau in die Lehre gehen konnte. Ebenso ist ein Bekanntwerden mit den Problemen der fremdländischen Frauenwelt wie auch eine Einführung in die Sitten und Gebräuche der neuen Umwelt von Anfang an für ein gutes Arbeiten dringend geraten. Das alles aber könnte neben einem Sprachstudium geschehen.

2. Im Blick auf die allgemeine Lage: Alle menschlichen Sicherheiten, auch relative Sicherheiten, sind in der Welt geschwunden. Man kann heute nirgends mehr an all den politischen Unruhen in der ganzen Welt vorbeisehen, die jederzeit und zwar mit überraschender Eile zu einem Krieg führen können. Außerdem ist die Lage in den überseeischen Ländern - besonders in Afrika - so gespannt, dass sich dort die Lage durch Regierungskrisen oder innere Unruhen so verschlechtern kann, dass eine Einreise plötzlich nicht mehr möglich sein könnte. Wir möchten hier auf die Erfahrung der Missionare hinweisen, die durch Krieg oft bis zu neun Jahre auf ihre Bräute warten mussten und dann mit großen Schwierigkeiten in ihren Ehen zu ringen hatten. Wir möchten darum bitten, alles zu versuchen, soweit es menschenmöglich ist, solche Nöte nicht wieder heraufzubeschwören. Wäre ein sofortiges Zusammenleben auf dem Missionsfeld aus Gründen etwaiger Wohnungsnot oder Wohnraumbeengung nicht möglich, dann wäre ein Getrenntsein im gleichen Lande das kleinere Übel gegenüber einem Zuhausebleiben der Braut. Wie uns Feldmissionare immer wieder sagten, hätten sie gern in der Zeit, in der der junge Missionar seine Sprache erlernte, eine Missionarsfrau oder -braut in ihr Haus aufgenommen, wenn dadurch eine gemeinsame Ausreise nachfolgender Missionsarbeiter möglich gewesen wäre.

3. Im Blick auf die persönlichen Verhältnisse: Bedingt durch die äußerst unruhige Weltlage ist es heute nicht mehr möglich, dass sich zwei Menschen, die füreinander bestimmt sind, für

ein Jahr oder noch länger von einander trennen können, so dass nicht ihre Arbeit und ihr Leben von einer belastenden und hemmenden Unruhe gekennzeichnet wäre. Wir sind alles Menschen, die die Nöte des letzten Krieges als Soldaten an der Front oder in der Gefangenschaft, unter dem Bombenhagel oder auf der Flucht kennengelernt haben. Kaum dem Kindesalter entwachsen, haben wir erleben müssen, was Trennung, ja oft hoffnungslose Trennung von den Menschen heißt, mit denen man verbunden war. Uns ist bange davor, dass sich das noch einmal wiederholen könnte, obwohl es nicht nötig wäre. Es wäre etwas anderes, wenn wir noch einmal Soldat werden müssten. Aber eine solche Situation ist ja mit unserer Ausreise nicht gegeben. Auch hier möchten wir die Stimmen der Missionarsfrauen anführen, die darüber klagten, dass ihnen ihre Männer schon nach zweijähriger Trennungszeit durch die andere Welt so entfremdet wurden, dass es sich für die dann beginnende Ehe sehr störend und belastend ausgewirkt hat. Es mögen Ausnahmen sein. Aber wer kann für sich selbst einstehen, dass es sich in seinem Fall nicht so oder so auch ereignen könnte? Es wäre uns bange vor so einer gestörten Ehe. Wir dürfen weiter darauf aufmerksam machen, dass zum Zeitpunkt unserer geplanten Ausreise unserer Bräute in allen wichtigen Aufgabengebieten (Haushalt, Nähen, Kranken- und Säuglingspflege, Bibelschule usw.) so ausgebildet sind, dass sie sofort einsatzbereit wären. Von hierher wäre also eine Verzögerung ihrer Ausreise nicht zu begründen.

4. Im Blick auf den Einzelnen:

Werner Wienecke: Zum Zeitpunkt der eventuellen Ausreise bin ich gut sieben Jahre verlobt, stehe vor der Vollendung des 30. Lebensjahres, meine Braut vor der Vollendung ihres 32. Lebensjahres. Mit 17 Jahren kam ich nach Russland und habe drei Jahre lang - mit Unterbrechungen durch Infektionskrankheiten, Erblindung durch Schneesturm, Lehrgänge - an der Ostfront gestanden. In den letzten Kampftagen zum Westen abgedrängt, kam ich in amerikanische Kriegsgefangenschaft, zeitweise als junger Offizier ins Kriegsverbrecherlager. Nach meiner Entlassung fand ich vor allem im Hause meiner Braut eine neue Heimat. Da meine Braut schon vor Jahren um meinetwillen immer wieder Heiratsanträge abgelehnt hat, sehnen wir uns sehr nach Beendigung der langen Wartezeit. Nach bestandenem Examen will ich zum baldmöglichsten Termin meine Heirat beantragen.

Rolf Schankweiler: Zum Zeitpunkt der eventuellen Ausreise bin ich über zwei Jahre lang verlobt, stehe vor dem Beginn des 29. Lebensjahres und meine Braut ist dann im 28. Lebensjahr. Auf Grund meines Fronteinsatzes und meiner Kriegsgefangenschaft in Russland kam ich Ende 1945 gesundheitlich sehr angeschlagen nach Hause. Ich begann nach Wiederherstellung meiner Gesundheit mein Studium. Eine erneute Belastung wie im Fall einer getrennten Ausreise würde sich für meinen künftigen Dienst negativ auswirken und scheint mir nicht gerechtfertigt. Nicht anders wäre es bei meiner Braut, die während des Krieges ständigen Luftangriffen im Ruhrgebiet ausgesetzt war. Wenn irgend möglich, würden wir darum noch gern vor der Ausreise heiraten. Sollte eine Heirat nicht genehmigt werden können, würden wir eine Ausreise als Brautleute einer Trennung vorziehen. Für den Fall, dass wir nicht gleich zusammen bei einer Missionarsfamilie unterkommen könnten, hätte meine künftige Frau die Möglichkeit, bei ihrer Freundin, Frau Marlies Scholz, in Otjiwarongo wohnen zu dürfen.

Ulrich Kretzer: Zum Zeitpunkt unserer eventuellen Ausreise bin ich eineinhalb Jahre verlobt, stehe bereits im 26. Lebensjahr und meine Braut vollendet ihr 23. Lebensjahr. Kaum dass ich das 15. Lebensjahr vollendet hatte, erlebte ich die Belagerung Frankfurts (Oder) und habe als Flüchtling die erschütternde Besetzung durch russische Soldaten mitgemacht. Die völlige Entwurzelung und die Schreckenserlebnisse jener Zeit haben meine innere Welt zusammenbrechen lassen, so dass ich in eine Einsamkeit geriet und mich seitdem nur noch sehr schlecht meiner Umwelt gegenüber öffnen konnte. Durch das Kennenlernen meiner Braut habe ich erfahren dürfen, wie ich schrittweise aus meiner Verschlossenheit herausgeführt wurde. Es wäre schade, wenn diese Entwicklung durch eine längere Trennung gestört würde, Auch meine Braut hat innerlich und äußerlich schon so viel Schweres durchgemacht, dass sie sich nach einem hilfreichen Zusammenleben sehnt. Da auch meine Schwiegereltern eine gemeinsame Ausreise wünschen, würden wir in dem Falle, dass uns eine Genehmigung zur Heirat nicht erteilt wird, notfalls als Verlobte ausreisen.

Rührend, - und heute nicht mehr nachvollziehbar - scheinen Bitte um Heirat und um gemeinsame Ausreise. Die ehrwürdigen und gestrengen Herren der Deputation der Rheinischen Missionsgesellschaft entdeckten ihr Herz! Sie suchten nach Wegen und Möglichkeiten und fanden sie auch! Eine Einschränkung aber machten sie doch: Wienecke und Schankweiler erhielten die Genehmigung zur Heirat und anschließender gemeinsamer Ausreise, der arme Ulrich Kretzer jedoch nicht. Ob aus Prinzip oder ob gründliches Erwägen aller Gegebenheiten die Frage entschied? Sie taten uns jedenfalls leid, der Uli und seine Marga. Während Werner und Hedi, Rolf und ich zur gemeinsamen Ausreise rüsteten, wartete auf Uli ein Sprachstudium in England. Unsere Dienstreise nach Südwestafrika war zugleich unsere Hochzeitsreise, - oder auch umgekehrt.
Es war Januar 1954. Die Winterstürme tobten über Deutschland. Wer begibt sich da aufs weite Meer? Wer wagt sich so in Unbehaustsein und in die Fremde? Ja, wer geht überhaupt einfach ins Ungewisse nach Afrika? Verwandte, Freunde und Bekannte wiegten weise und bedenklich ihr Haupt. Wir aber, Rolf und ich und mit uns Werner und Hedi, standen gleichsam bereit, „gestiefelt und gespornt zu treiben das Evangelium"! Bereit zum Aufbruch und zu neuen Ufern.

Die „Feldleitung“ hatte Rolf zum Dienst im Volk der Herero bestimmt. Dahin waren wir nun unterwegs. Waren wir Idealisten? Weltfremde Schwärmer? Weder - noch! Wussten wir, was auf uns zukommen würde, was auf uns wartete und was man von uns erwartete? Auch nach gründlichster Ausbildung und bester Vorbereitung ganz sicher nicht. Wir waren junge Christenmenschen, und wir wussten uns gebraucht und gerufen! Bedauern musste uns niemand! Schon gar nicht, als wir aufs Schiff gingen!

Im Überseehafen von Rotterdam lag sie an der Reede, strahlend weiß und schön, die Bloemfontein-Castle, das englische Einklassenschiff, 19.000 BRT. An Flugreisen dachte damals noch keiner. Düsenclipper gab es noch nicht.

Fasziniert beobachteten wir, an der Reeling stehend, die Arbeiten der Seeleute, wie sie die Verankerung lösten. Die dikken Schiffstaue platschten ins Wasser. Das Schiff entfernte sich vom Land. Die lieben Gestalten unserer Geschwister und aller mit ans Schiff Gekommenen wurden kleiner und kleiner. Der Hafen mit seinen riesigen Anlagen, die Stadt, alles blieb zurück. Wir fuhren aufs weite, weite Meer.

Wir ließen Land und Leute zurück. Wir ließen auch den deutschen Winter hinter uns zurück. Auf Las Palmas war Frühling. Wir spazierten bei dieser ersten Zwischenlandung wie im Traum unter Palmen und Pinien, labten uns an frischen Orangen und pflückten Zitronen vom Baum. Nie ist es mir auch nur im entferntesten auf dem Wasser langweilig geworden. Immer wieder zeigte sich das Meer in anderen Farben, grau, bleiernblau, tiefblau oder olivgrün, und immer wieder wusste es andere Spielarten mit Wind und Wellen. Wir lagen im Liegestuhl auf Deck, lasen, erzählten, lernten Menschen kennen und wir bereiteten uns auf Afrika vor.

Abends saßen wir mit Hedi und Werner unter den Rettungsbooten, sangen, spielten Blockflöte, schauten und staunten über das goldflimmernde Sternenmeer über uns. Es war interessant, wie die Passagiere, mit denen wir ins Gespräch kamen, sich verwunderten, wenn sie unser Ziel in Afrika vernahmen und unsern Beruf erfuhren. Ihre Reaktion war bestenfalls: „Ach! Aha!" Meistens waren es Kaufleute, die aus wirtschaftlichen Interessen nach Johannesburg oder Kapstadt wollten; oft auch Auswanderer, die ihr Glück in Südafrika zu machen hofften. Ein sehr charmanter netter Wiener Kaufmann stand an einem schönen Morgen neben uns an der Reeling. Wir hatten den Hafen von Lobito erreicht im damals noch von Portugal regierten Angola. Unser Dampfer lag an der Kaimauer. Wir sahen auf die schwarzen Hafenarbeiter hinunter, wie sie beim Einladen und beim Ausladen beschäftigt waren und sich im Schweiße ihres Angesichts mühten. Da kam einer von den Mitpassagieren auf die Idee, den schwarzen Arbeitern Münzen hinunter zu werfen, und andere taten es ihm alsbald nach. Unten entstand ein Gerangel wie auf einem Hühnerhof, oder wie wenn man Tauben gefüttert hätte und die gierig pikken, sich gegenseitig die Körner wegschnappen und sich zanken. Die portugiesische Hafenpolizei erschien und jagte die Meute auseinander, mit Peitschen und mit Flüchen. Es war ein

entsetzliches Schauspiel, von den Schiffspassagieren in Szene gesetzt. Da sagte der „nette" Wiener Kaufmann zu uns: „Und zu denen wollen Sie hinaus?? Sie werden bald erkennen, dass sich das nicht lohnt! Dass alle Mühe bei den Schwarzen vergebens ist! Sie sind doch wie die Tiere!“ Über unsere Gegenwehr lächelte er und meinte dann: „Warten’s nur ab, ein paar Jahre, und Sie schieben’s a ruhige Kuagl.“
Am Abend des Tages leuchtete besonders klar vom sternenübersäten Nachthimmel das Kreuz des Südens. Ich konnte lange nicht einschlafen. Schwarz – weiß - arm - reich, drohend standen die Probleme vor mir. Eines Morgens, nach fast drei Wochen Seefahrt, sahen wir sie im Fernglas: die Küste von Süd-West-Afrika! Zuerst erkannte ich nur einen gelben Strich am Horizont. Langsam wurde er größer, nahm Konturen an, die Wüste Namib kam ins Bild. Eine klare und stechende Sonne beschien der Welt höchste Sanddünen, goldgetönt lagen sie da. Aber es war nur Sand zu sehen, Sand, Sand und nochmals Sand! Weiß-gelber Sand! Die Schiffsschrauben drehten sich langsamer - und schließlich standen sie still. Die Bloemfontein ankerte vor der südwestafrikanischen Küste in Walvis Bay, noch draußen im Meer, ca. zwei bis drei Kilometer vom Ufer entfernt, auf Reede. Der Hafen war dazumal noch nicht für große Überseeschiffe ausgebaut. Vom Kai her kamen die Hafenbarkassen, das Fallreep wurde vom Schiff hinuntergelassen und wir stiegen in die Boote und schepperten dem Sand entgegen.

Pastor Wernecke, der als Pfarrer nach Johannesburg ging, sah die Wüste und das trockene öde Land, sah uns an, sah mich an und meinte dann trocken zu Rolf: „Ihre Frau sieht entschieden am zuversichtlichsten aus.“! Man sieht mir leider jede Regung gleich an der Nasenspitze an! Im Hintergrund meines Kopfes war jedoch auch ein anderer Gedanke präsent: „Der Sand soll blühen, und die Wüste soll Früchte tragen!“ (Jochen Klepper)

Ich mag Walvis Bay, wirklich! Aber es ist die hässlichste Stadt, die ich kenne! Jedenfalls war sie es damals. Sie war so hässlich, dass sie fast schon wieder schön war! Noch war Walvis Bay englisches Territorium. Ein Hafen ist immer eine Welt für sich. Der Hafen in Walvis Bay mit seinen schwarzen, weißen, braunen, gelben Menschen, den Frachtschiffen mit den bunten Fahnen aus aller Herren Länder, den hohen Hebekrähnen, dem bewegten Treiben, das alles bezauberte mich, trotz Hektik, trotz Wüste ringsum!

Mit der Eisenbahn fahren wir zwischen Atlantik und Sanddünen nach Swakopmund. Aus dem Abteilfenster sehen wir in der Ferne die Bloemfontein noch auf Reede liegen. Zur Rechten der Bahnlinie zeigen sich die hohen Sanddünen in immer anderen Form- und Farbvariationen.

Swakopmund 1954 besitzt seinen eigenen Charme. Gegründet in der deutschen Kolonialzeit ist die Vergangenheit noch allgegenwärtig. Man spaziert über die Bismarckstraße, kauft ein in der Kaiser-Wilhelm-Straße oder in der Moltkestraße,

man wohnt in der Francoistrasse oder besucht Freunde in der Leutweinstraße; die frischen Brötchen holt man bei Putensen, und in der Delius-Buchhandlung sucht man sich seinen Lesestoff aus, in deutsch, englisch oder afrikaans; in der Adler-Apotheke deckt man sich mit Medizin ein, und am Sonntagmorgen schließlich trifft sich die deutsche Gemeinde zum Gottesdienst in der wunderschönen Neo-Barockkirche, die im Jahr 1912 erbaut wurde.
Im Swakopmunder Missionshaus gibt es zum Empfang eine echte, dicke Erbsensuppe. „Wir haben uns gedacht, die würde Euch nach der englischen Küche an Bord gut tun!“ Was uns durchaus nicht gut tat, war der Kaffee in Swakopmund. Auch nicht der Tee! Hatte jemand versehentlich Salz ins Wasser geschüttet? Die Gastgeber schmunzelten ob unserer gequält - dankbaren Gesichter und klärten uns gern auf: Das Trinkwasser in Swakopmund kam aus dem Flussbett des Swakop. Es schmeckte scheußlich, gehörte aber dahin! Ehe die Folgeerscheinung des „Brackwasser-Genusses“, das ist ein kräftiger Durchfall mit dem schönen Eigennamen „die Swakopmunder“, bei uns ihre Wirkung zeigen konnte, ging unsere Reise weiter. Das andere Swakopmund mit den Namen Mondesa und Tamariskia lernten wir erst viel später kennen. Noch am Abend des selben Tages stiegen wir in den Zug, der uns ins Inland bringen sollte.

Die Tage in Warnemünde sind vorüber. Ich bin wieder daheim in Falkensee, der Stadt vor den Toren Berlins. Seit 1995 wohnen wir hier. Seit Udo, unser Schwiegersohn, sich nach dem Hauptstadtbeschluss ebenfalls für Berlin als Arbeitsstätte entschieden und im Bundesministerium für Raumordnung, Bauwesen und Städtebau seinen Dienstsitz hat, wohnen er und Anne, Wiebke und Dörthe in Charlottenburg. Uns als Eltern und Großeltern haben sie mitgezogen! Ich bin gern wieder in Falkensee, - und ich bin gern wieder mit meinen Gedanken im „Damals!" -

Nach dem kurzen Aufenthalt in Swakopmund verlassen wir die inzwischen in Nebel getauchte Stadt an der Küste. Der Zug fährt mit uns in die Wüste Namib. Kein Busch, kein Strauch, kein Grashälmchen, geschweige denn ein Baum ist zu sehen. Grau - braun - schwarze Erde, Steine, Krater, Geröll ziehen an uns vorüber, Stunde um Stunde. Wir fahren wie durch eine Mondlandschaft. Der Rössing, die Spitzkoppe, Gebirgszüge nördlich der Bahnlinie, steigen gespenstig aus der Wüste empor. Charles J. Andersson, der berühmte schwedische Forscher und Entdecker, hat seine Eindrücke über die Namib im 19. Jahrhundert so wiedergegeben: „Wo in der Welt man auch suchen mag, man wird schwerlich ein Gebiet finden, das besser geeignet ist, die Unterwelt zu veranschaulichen. Ein Schauder, der sich fast zur Furcht steigerte, erfasste mich, als ich diese schreckliche Einöde zum erstenmal erblickte. Der Tod, so rief ich aus, wäre der Verbannung in einer solchen Gegend vorzuziehen."
Heute, wo eine Teerstraße sich wie ein grau-silbernes Band

durch die Namib zieht und wo man sie bequem in eineinhalb Stunden durchqueren kann, wo zudem die neuerbaute Minenstadt Arandis sie unterteilt und wo es an der Pad viele Rastplätze gibt, sind die düsteren Gedanken eines Andersson Vergangenheit und so nicht mehr nachvollziehbar. Gerade aber darum muss ich im Nachhinein an die Baroness von Puttkamer denken und sie bewundern. Die junge Dame - übrigens mit Bismarck verwandt - kam 1932 aus Deutschland, aus Brandenburg, ganz allein. Sie fuhr zu ihrem Verlobten, dem Grafen Finck von Finckenstein, der als Farmer im Omaruru-Distrikt lebte. Aus mancherlei Gründen konnte er seine Braut nicht am Schiff abholen. Fröhlich singend aber fährt diese durch die unwirtliche Wüste, in der Nacht bei Mondschein und am Morgen bei strahlender Sonne. Voller Staunen und voller Bewunderung lässt sie das in ihren Augen märchenhafte, wunderschöne und interessante Land an sich vorüberziehen. Die bizarren Formationen faszinieren sie. Sie entdeckt: Die Wüste lebt, einzigartig! Wolken und Sonne, Licht und Schatten, Abend- und Morgenstimmung vermögen sie zu verzaubern! Es kommt wohl, wie so oft im Leben, sehr auf den Blickwinkel an. Und gewiss hatte hier die Liebe ganz schön die Hand mit im Spiel!

Von Swakopmund an quält sich die Eisenbahn von Meereshöhe Null auf 1200 Meter und höher. In Usakos wird sie von Breitspur auf Schmalspur gesetzt. Es ist noch früh am Morgen - aber am Himmel prangt bereits ein glühender Sonnenball, als wir diesen ersten Ort zwischen Wüste und Steppe erreichen. Es war Ende Januar - in Südwest die heißeste Zeit des Jahres. Das Landschaftsbild hatte sich inzwischen verändert. Buschwerk und Weideland wechselten einander ab. Strichweise hatte es ein wenig geregnet; ein zarter grüner Schimmer lag über dem Land. Wir waren am Ende unserer weiten Reise angelangt, der Zug stand still, - wir waren am Ziel! Auf dem Bahnhof empfingen uns tropenbehelmt Missionar Ernst Esslinger und seine Frau Ria und hießen uns willkommen in Omaruru!

OMARURU - ERSTE EINDRÜCKE IN HAUS UND GARTEN

„Die Tuindorp van die Noorde", das Gartendorf des Nordens, so nannte man in Südwestafrika Omaruru. Und in der Tat bot es mit seinen großen Eukalyptusbäumen und hohen Palmen, den relativ gepflegten Citrus- und Orangenanlagen und den bunten Blumengärten in der sonst trockenen Steppenlandschaft ein wohltuendes, grünes Bild.

An der Straße, die mitten durch den Ort führt, befindet sich das Grundstück der Rheinischen Mission. Es reicht von der Straße bis hin zum Omaruru-Fluss, der allerdings in der längsten Zeit des Jahres - und wenn der Regen ganz ausgeblieben ist, auch jahrelang! - trocken liegt.

Das ebenerdige langgestreckte Missionshaus wurde von hohen Eukalyptusbäumen beschattet. An seiner Nordfront, also

zur Sonne hin gelegen, zog sich eine Veranda entlang, auf deren Brüstung das ganze Jahr über in üppiger Fülle dunkelrote Geranien blühten.

Die Mitarbeiter der Rheinischen Mission in Südwestafrika fühlten sich wie eine große zusammengehörende Familie. Man redete sich an mit „Bruder“ oder „Schwester“, die Jüngeren nannten die Älteren vertrauensvoll „Onkel“ oder „Tante“. Bruder Esslinger und seine Frau Ria nahmen uns freundlich und liebevoll zu ihren sieben Kindern in ihr Haus und ihre Familie auf.

Rolf begab sich unter die fachkundige Leitung des älteren, erfahrenen Missionars, während ich mich von Schwester Esslinger in die Kunst der südwestafrikanischen Haushaltsführung einweisen ließ. In Anbetracht der großen Esslinger-Familie und der zudem in einem Missionshaus ständig beherbergten Gäste waren Rolf und ich glücklich, dass wir ein großes Zimmer als unser „erstes eigenes Heim“ zugewiesen bekamen! Für die Dauer eines ganzen Jahres sollte uns dieser eine

Raum alles sein: Schlafzimmer, Wohnzimmer, Studierstube, Wasch- und Ankleideraum! Vermisst jemand bei der Aufzählung die Toilette? Sie befand sich draußen, ca. 20 Meter vom Haus weg auf dem weitläufigen Hof. Dort stand das „Häuschen", versehen mit einem großen Eimer, einem Brett mit der entsprechenden Öffnung darüber und auf dem Boden ein Kästchen mit zurechtgeschnittenem Zeitungspapier! Zweimal in der Woche irrlichterte es spätabends über den Hof. Man hörte ein eigenartiges Klappern und Scheppern und dann sah man sie, die dunklen Gestalten. Die Eimer geschultert, zogen sie durch die Nacht und wechselten die Gefäße aus!
Einige Wochen nach unserer Ankunft in Omaruru und nach sehnsüchtigem Warten trafen endlich die in Deutschland gepackten Seekisten mit unserm Hausrat ein. Wir durften unser Schlafzimmer, das einzige Mobiliar, das wir hatten mitnehmen können, auspacken, aufbauen und ein wenig streicheln! Ja, wir waren glücklich - und sogar ein wenig stolz auf unseren eigenen Schrank und die eigenen Betten und dass alles so gut übergekommen war und so schön aussah! Das musste gefeiert werden! Wir trommelten die ganze große Esslinger-Familie zusammen, und sie freute sich von Herzen mit uns. Allein der weise, ältere Bruder meinte denn doch wohl, unseren „Hochmut" ein bisschen dämpfen zu müssen: „Hängt aber nicht euer Herz daran!", gab er uns mit auf den Weg!!
Die mitgebrachten Bücher mussten zuerst einmal an der Wand entlang auf dem Fußboden platziert werden, bis Rolf uns aus den Brettern der Seekisten ein Regal zimmern konn-

te. Eines schönen Morgens traute ich meinen Augen nicht. Was war denn da über Nacht aus den Fugen des Steinfußbodens geschossen?? Kleine Pflänzchen standen plötzlich da! Wie konnte das geschehen, mitten im Zimmer?? Esslingers mussten wieder her! Und wir lernten dazu: Wir waren in Südwest mitten in der Regenzeit. In der Regenzeit wird vieles lebendig, woran in der Trockenzeit nicht zu denken ist. Raupen, Käfer, mancherlei Gewürm kommen ans Tageslicht; es krabbelt, kriecht und flattert. Ja, und bei uns waren es die Termiten, die uns in unserem Allzweckgemach heimgesucht hatten! Im Dunkeln, über Nacht, hatten sie sich emporgearbeitet. Als ich ein wenig später eins der Bücher in die Hand nahm, sah ich, dass sie auch da gute Arbeit geleistet hatten: Durch mindestens acht aufeinander gestapelte Bände haben sie sich hindurchgefressen!

Eine der Hauptaufgaben in unserm ersten Jahr in Afrika war das Erlernen der Sprachen des Landes. Wenn der Missionar den Menschen erreichen will, muss er seine Sprache sprechen können; wenn er an die Seele des Volkes herankommen will, muss er die Menschen verstehen können. Es war uns immer unbegreiflich, warum die weißen Kinder in der Schule nicht wenigstens eine Sprache der einheimischen Völker lernen mussten. Gut dran waren die Kinder von den Farmen, die mit den Kindern der Farmarbeiter aufwuchsen und so deren Sprache von Kindheit an kannten. Eine ganz unschätzbare Hilfe beim Erlernen der Sprache war uns die hochbetagte Missionarswitwe Elisabeth Kuhlmann. Wir haben diese große alte Dame beneidet und bewundert. Sie wohnte etwa 100 Meter von unserm Missionshaus entfernt im „uralten" Missionshaus. Als Tochter des Missionars Dannert in Afrika geboren und als Kind mit den Hererokindern aufgewachsen sprach sie das Otjiherero wie eine aus dem Volk der Herero. Neben den ausgezeichneten Unterrichtsstunden von Missionar Esslinger (übrigens auch in Nama) war uns ihr Wissen eine wunderbare Ergänzung im Sprachstudium. Die alte Missionarsfrau korrigierte Rolfs Predigten, Andachten und Briefe. Sie machte uns auch mit Sitten und Gebräuchen des Hererovolkes bekannt.

Als Zeitzeugin des Hereroaufstandes 1904 berichtete sie uns, wie sie als junge Frau den Krieg in Omaruru miterlebt hat. Sie erzählte von ihrer Angst, als sie von der Schutztruppe nachts mit all den anderen Deutschen und in aller Eile in die Festung auf die andere Seite des Ornarururiviers gebracht wurden. Von der Anordnung, die die Herero-Führer ihrem Volk gegeben hatten, wusste sie nichts. Den Hererokriegern war nämlich von ihren Befehlshabern befohlen, im Kampf gegen die Deutschen die „Missionare und ihre Familien" zu verschonen.

Dahinter stand die Erfahrung, dass die Missionare sich nicht an ihnen haben bereichern wollen, sondern: „Sie haben uns das Evangelium von Jesus Christus gebracht, haben uns vom Heidentum befreit, Schulen gebaut und Kranke gepflegt...."
Zum 80. Geburtstag von Elisabeth Kuhlmann kam ihre große Familie zusammen, aus Südwestafrika, aus Südafrika und aus Deutschland. Rolf und ich waren ebenfalls eingeladen. Zum festlichen Mittagessen saßen wir draußen auf der schattigen Veranda unter Palmen und zwischen Bougainvilleablüten und Kaktusfeigen. Das hochbetagte Geburtstagskind stand von seinem Platz auf und sagte feierlich: „Und nun, lieber Helmut, hole mir die Sektflasche aus der Speisekammer; ich habe sie dort 20 Jahre lang für diesen besonderen Anlass stehen!" Söhne und Schwiegersöhne sahen sich bedeutungsvoll an. Sektflasche stehend in der Speisekammer? 20 Jahre lang in Trockenzeit, Regenzeit, Hitze?? Und immer stehend! Helmut holt die Falsche, öffnet sie, - nichts knallt! Er hält seine Nase an die Flaschenöffnung und verzieht angewidert sein Gesicht. Dann kippt er die Flasche und lässt den für ach so kostbar gehaltenen Inhalt langsam in den Südwester Sand rinnen! Das verhinderte Sekt-Zuprosten hat der Freude an dem Tag keinen Abbruch getan!
Während Rolf durch seine vielen Kontakte mit den Herero seine Sprachstudien sehr schnell erfolgreich verbessern konnte und sich bald ausgezeichnet mit ihnen zu verständigen wusste und er - wie wir scherzhaft sagten - bestes „Kirchenherero" sprach, mühte ich mich mit meinem „Küchenherero" ab. Aber

tapfer und ohne Hemmungen redete ich mit meinen Hausangestellten drauflos.

Anlässlich eines Gemeindefestes waren wir gezwungen, den gesamten Abwasch des vielen Geschirrs in den Garten zu verlegen. Theo, der Ovambo, war bereits draußen tätig. Weil er gar zu viel zu tun hatte, wollte ich ihm den Gartenjungen Andreas zur Hilfe schicken. Ich rief den Andreas und sagte zu ihm: „Arikana, hakahana, Andreas, tuende kotjikunino, Theo eje ua koka!“ Andreas starrte mich an. Ich werde seine entsetzten Augen mein Leben lang nicht vergessen. Ich ahnte, dass ich was schrecklich Dummes angerichtet haben musste! Zum Glück fiel es mir alsbald ein: Ich hatte die Worte „koka“ und „koha“ verwechselt! „koka“ aber heißt „sterben“, und „koha" heißt „abwaschen"! So hat der arme Andreas von mir hören müssen: „Bitte, Andreas, laufe schnell in den Garten, Theo stirbt gerade!“ Mir ist durch meinen Fehler noch einmal neu bewusst geworden, wie notwendig, ja, existenziell wichtig es ist, die Sprache des Landes, in dem man lebt, zu beherrschen. Sie ist einfach die Voraussetzung zum gegenseitigen Verstehen in Kirche und Gesellschaft. -

Ich habe immer noch das Jubeln der Berliner Bevölkerung im Ohr, und ich sehe sie noch vor mir, wie sie zu Tausenden, Kopf an Kopf, vor dem Schöneberger Rathaus stehen. Kennedy war im Jahr 1963 zu ihnen gekommen, hatte zu ihnen in seiner Sprache gesprochen, und sie waren dankbar für seine

Worte. Dann aber rief er ihnen vier Worte zu, in deutsch, in ihrer Sprache, und der Jubel und die Freude wollten nicht enden: „Ich bin ein Berliner!" Kennedy hatte ihr Herz erreicht!
Wir waren daher immer wieder froh und dankbar, dass uns die Möglichkeit zu einem gründlichen Sprachstudium gegeben war und dass wir es nach gut einem Jahr mit einem Sprachexamen haben abschließen können.

Das Otjiherero ist eine klangvolle und schöne Sprache.

Eine Südwestafrikanerin erzählte mir einmal, wie sie bei einem Deutschlandaufenthalt in einem großen Warenhaus recht lustvoll in der ausgelegten Ware wühlte. Plötzlich tippt sie jemand von hinten an und sagt: „Moro, mukuetu, mo paha muno tjike?", das heißt: „Guten Morgen, meine Liebe, was sucht Du denn hier?"

Zwei Südwesterinnen hatten sich per Zufall im Warenhaus in Deutschland getroffen! Die Verkäuferin staunt den Vorgang an und meint dann verständnisvoll: „Die Damen sind gewiss Italienerinnen?!"

In der Tat erinnern uns im Otjiherero viele Worte an die lateinische Sprache; für Völkerkundler und Sprachforscher ein nachdenkenswertes Gebiet! Der Sprachwissenschaftler Professor Dr. Köhler aus Köln weilte sehr gern zu Sprachstudien in Südwest. Wir beherbergten ihn des öfteren als unsern Gast. Er fuhr durch das Land bis an den Okawango im Norden.

Nun sucht man im menschenleeren Südwestafrika vergebens nach Straßennamen, Ortsangaben oder Hinweisschildern. Es gibt eine „Hauptpad", die führt vom Süden in den Norden -

oder umgekehrt, Weg und Ziel gilt es sich gleichsam selbst zu erobern! Professor Köhler nahm sich der Einfachheit halber einen jungen Ovamboburschen mit, der sich in der Weite und Einsamkeit von Busch und Steppe bestens auskannte. Der Ovambo verdiente dabei gut und gern ein paar Schillinge, und Professor Köhler wusste sich bestens geführt. Die beiden fuhren von einer einsam gelegenen Missionsstation zur nächsten und weiter zur übernächsten. Der Sprachforscher fand auf den Missionsstationen manches wertvolle Material. Von den alten Missionaren waren die Sprachen ja zum größten Teil erforscht worden. Missionar Ernst Esslinger z. B. arbeitete nach der Grammatik von Missionar Brockmann. Was macht man, wenn man Stunde um Stunde zu zweit im Auto sitzt und fährt und fährt und fährt? Man achtet auf die Pad und man schaut im Busch nach Wild aus. Da steht plötzlich am Farmzaun eines der grazilen, scheuen Kudus, hält die Lauscher in die Höhe, setzt mit elegantem Sprung über den Zaun und ist im Busch verschwunden. Ein Wildschwein läuft mit seinem beiden Jungen neben dem Auto her. Es gilt aufzupassen, dass sie einem mit ihren mächtigen Hauern nicht das Auto ankratzen. Vor einem Zusammenstoß mit den Oryxantilopen hat man auf der Hut zu sein. Manches Auto blieb da schon auf der Strecke. (Wir selbst fanden uns eines Abends, als wir von einem Farmgottesdienst nach Hause fuhren, urplötzlich mitten in einer Herde von Oryxantilopen. Unser Auto stand quer, die Tür war eingedrückt, die Tiere selbst wie vom Erdboden verschwunden. Die Dörgeloh-Garage in Omaruru hat am nächsten Tag

den Schaden reparieren müssen.) Harmloser verläuft die Begegnung mit einer Schildkröte. Wenn sie gemächlich die Pad kreuzt, lässt sie dem Betrachter genügend Zeit, ihren kunstvoll und exakt gezeichneten Rückenpanzer zu bestaunen.
Prof. Köhler dachte sich für seine Fahrt mit dem Ovambojungen noch etwas anderes aus. Den Schalk im Nacken brachte er ihm deutsche Sprachbrocken bei. Er sollte einen Satz lernen, und diesen übte er immer wieder mit ihm: „Junge, Junge, Du hast es aber gut!" Köhler schärfte ihm ein: „Bei der nächsten Missionsstation werden wir zu einem katholischen Priester kommen. Du begrüßt ihn mit Handschlag und sagst zu ihm diesen Satz: Junge, Junge, Du hast es aber guttt!" Unter Palmen und unter üppig blühenden Bougainvillien- und Oleanderhecken, fernab jeglicher Zivilisation, finden sie am Abend nach stundenlanger Autofahrt die Missionsstation. Der Pater eilt fröhlich herbei, seine Gäste willkommen zu heißen. Er staunt nicht schlecht, als der Ovambojunge ihn als erster begrüßt, ihm strahlend die Hand reicht und sagt: „Junge, Junge, Du hast aber gut!" Vielleicht ist dem katholischen Priester ja neu aufgegangen, wie tatsächlich gut er es hatte in der herrlichen Freiheit des weiten Landes, in der völligen Unabhängigkeit, ohne enge europäische Zivilisation!?

Wenn ein Herero dem Anderen begegnet, wiederholt sich tagsüber stets die gleiche Begrüßungsformel, am Morgen und am Mittag: „Ua penduka?" - „Ii, mba penduka!" -„Kora!" Übersetzt: „Bist Du gut aufgestanden?" – „Ja, ich bin gut aufgestanden!“ - „Erzähle!“ Einfach und klar! Genau wie die Bedanke-mich-Form. Wir Deutsche sagen, wenn uns ein Geschenk überreicht wird: „Danke“, und setzen gern noch hinzu: „das war aber doch nicht nötig!“ Ganz anders aber macht das ein Herero. Er öffnet seine Hand, macht sie weit auf für das Geschenk und sagt: „okuhepa okunene!“, das heißt: „Genau das habe ich sehr nötig, gerade das hat mir gefehlt!“ - Freut das den Geber nicht viel mehr?!

So lange wir mit Esslingers das große Haus mit seinen 9 Räumen bewohnten, beschäftigten wir 2 Ovambojungen. Einer war für das Haus zuständig, der andere für den großen Garten. Jeder Baum, jeder Strauch, jede Blume, die gepflanzt wurde, musste ja bewässert werden. In der Trockenzeit von April bis Oktober fällt in Südwestafrika kein Regen. Auch in der übrigen Jahreszeit regnet es nicht einfach; man wartet auf Regen! Regen ist von Dezember bis März das Thema! „Wenn es regnet ....“, sagen die Farmer. Südwestafrika ist eben ein Savannen- und Steppenland. Es gibt gute und schlechte Regenjahre. Bei uns in Omaruru wurde ein Jahresdurchschnitt von 250 Millimeter gemessen. Die Regierung hat in Trockenperioden die Kirchen des Landes um Regenbittgottesdienste gebeten. „Regen bedeutet Segen“, in SWA wussten die Menschen etwas davon!

Im Norden Südwests, an der Grenze zu Angola, sind die Ovambo beheimatet, ein Volk mit eigener Sprache und eigenen Stammesgesetzen. Östlich davon bis hin zum Sambesi leben die Okawangostämme. Im Zuge der Kolonisierung war die Grenze recht willkürlich, beinahe wie mit dem Lineal gezogen worden. Die Herero sind ursprünglich Viehzüchter und Halbnomaden, die Ovambo dagegen ein Kulturvolk, bodenständig und Ackerbau treibend. Die jungen Männer aus dem Norden suchten Arbeit in Südwest. Etwa 40.000 von ihnen zogen jährlich als Wanderarbeiter oder als „Kontraktarbeiter" gen Süden. Sie wurden für den Bergbau in Tsumeb oder für die Fischerei in Walvis Bay und Lüderitzbucht, auf die Goldfelder nach Oranjemund im Süden, auf die Farmen oder auch in die Häuser in den Ortschaften vermittelt, gemäß ihrer körperlichen Konstitution in eine A - B - C - Kategorie eingeteilt. Ihre Frauen mussten sie in der Heimat im fernen Norden zurück lassen. Erst nach einem Jahr, wenn der Kontrakt abgelaufen war, zogen sie mit ihrem ersparten Geld wieder nach Hause.

Andreas und Theo, unsere Hausangestellten, waren zwei von diesen jungen Männern, treu und mit wachem Verstand. Wir haben miteinander manche kritischen Fragen besprechen können. Sofia war meine ganz spezielle, unentbehrliche Hilfe als Wasch- und Bügelfrau. Stolz und sich ihrer eigenen Tüchtigkeit durchaus bewusst, hätte sie es mir sehr übel genommen, wenn ich versucht hätte, in ihr Hoheitsgebiet einzugreifen. An jedem Montagmorgen erschien sie pünktlich - mit ihren Kleinkindern - im Missionshaus. Zuerst wurde unter den Prosopisbäumen gefrühstückt und manchmal auch noch ein Pfeifchen geraucht. Dann setzte sie sich im Schneidersitz vor die Zinkwanne und wusch mit fröhlicher Selbstverständlichkeit per Hand die Wäsche weg. An eine Waschmaschine dachte noch niemand! Bis zum Mittagessen war der Wäscheberg verschwunden und alles aufgehängt; nach dem Essen konnte alles trocken von der Leine genommen werden! Der Dienstag war der Bügeltag. Ein großes Bügeleisen wurde mit glühender Holzkohle gefüllt, und mit diesem Bügeleisen plättete sie Bettwäsche, Tischwäsche, Oberhemden, alles so präzise, wie ich es bestimmt nicht gekonnt hätte! Rolf erlebte Sofia einmal in ihrer ganzen Würde! Er stand in der Küche auf der Leiter, etwas an der Deckenlampe zu reparieren. Mit einem Oberhemd über dem Arm kommt Sofia, geht an ihm vorbei, guckt sich das Hemd an, bleibt stehen, guckt zu ihm empor und fragt fast herausfordernd, indem sie auf das Oberhemd zeigt: „Ist das gut, Muhonge?“ „Aber klar“, sagt Rolf, „sehr gut, Sofia!“ Da dreht sie sich böse zu ihm um: „Ist nicht gut, Muhonge!

Sofia ist eine gute Waschfrau!", macht kehrt und verlässt die Küche. Nach kurzer Zeit ist sie wieder da: „So", verweist sie Rolf: „Jetzt erst alles gut!"
Ich bereitete den Angestellten immer ihr gewohntes, eigenes Essen zu. Einmal jedoch gedachte ich es mit einer deutschen Eintopfsuppe für sie zu versuchen. Vorsichtig fragte ich aber doch vorher: „Sofia, ich habe hier eine Suppe, ob Du die wohl magst?" „Aber ja", meinte sie, „wir Schwarzen essen doch alles." „Na", entgegnete ich ihr: „so ist das aber doch nicht. Neulich wollte ich dem Andreas von unserem Fisch geben, aber den mochte er gar nicht!" Sofia darauf: „Ach weißt Du, wenn drin bleibt ist gut, wenn nicht, kommt alles wieder raus!"

DER MISSIONAR

Dieser Tage fand ich bei uns in Berlin in einer kirchlichen Zeitschrift unter „Stellenangebote" eine Anzeige, die mich überrascht hat.
Mein „Damals" und mein „Heute" begegneten einander und verwunderten sich. Unter den vielen Stellenangeboten, wo Pfarrern/Pfarrerinnen, Dozenten, Sekretärinnen und Internatsleitern Arbeit offeriert wurde, fiel mir ein Stellenangebot ins Auge: „Missionar gesucht!" Wie das, hier in Deutschland? Heute, in unserer Zeit? Hatte ich richtig gelesen? Ja, doch, eine Kirchengemeinde im Halle-Saale-Kreis hatte wirklich diese Anzeige aufgegeben! Nun ist es lange kein Geheimnis mehr,

dass die Kirchen in Deutschland leer und leerer werden. Hier im Ostteil Deutschlands sind oft nicht mehr als 15 bis 20 Leute im Gottesdienst. Professor Dr. Huber, der Bischof der Ev. Landeskirche Berlin-Brandenburg, meinte neulich bei einer Tagung in Berlin: „Volkskirche bedeutet heute weithin soviel wie Kirche für das Volk, das nicht in die Kirche geht!" Es sind teils weniger als 25 %, die noch offiziell zur Kirche gehören. Aber auch im Westen wissen die Menschen immer weniger noch, „wo die Glocken hängen"! Die Suche nach einem „Missionar" schien dem Gemeindekirchenrat im Halle-Saale-Kreis eine Möglichkeit zu sein, das nur noch leicht pulsierende Leben des kranken Patienten „Kirche" zu retten. Denn die Botschaft von Jesus Christus einer kirchenfernen Menschheit nahe zu bringen - hier und heute -, das Wort Gottes in alle Welt strahlen zu lassen, wie kann das geschehen? Wie kann man die Botschaft von Gericht und Gnade eines wahrlich lebendigen Gottes so verkündigen, dass aus dem Hören aufs Wort und aus der Erkenntnis des Sünderseins Christenmenschen werden, zu Gottes Lob und Ehre und dem Nächsten zur Hilfe?? Der Halle-Saale-Kirchenkreis wollte es mit einem Missionar versuchen!

Wir saßen vor einiger Zeit in einem Pfarrkonvent mit Gästen in einer größeren Schar in Remagen im Rheinland beieinander. Unter anderem berichtete uns eine Teilnehmerin von einer im Auftrag der Kirchengemeinde durchgeführten Besuchsreise zu den philippinischen Patengemeinden. Im Flugzeug sei sie mit einem anderen Passagier ins Gespräch gekommen. Man hätte sich gegenseitig von seinen Reiseplänen erzählt, worauf der neben ihr sitzende Fluggast sie gefragt habe, dann sei sie doch gewiss eine Missionarin? „O bitte nein! Verwechseln Sie mich nur ja damit nicht!“, habe sie nur entsetzt antworten können! Für diese Teilnehmerin war ein Missionar jemand, der andere Menschen manipulieren will, sie ihrer persönlichen Freiheit beraubt, die Menschen nicht leben lässt, wie sie doch nun mal sind, der intolerant ist und den Nächsten bevormundet.

Lange vor der deutschen Kolonialzeit, etwa am Ende des ersten Drittels des 19. Jahrhunderts, waren die ersten deutschen Missionare nach Südwestafrika gekommen. In Deutschland waren Erweckungsbewegungen vorausgegangen. Männer und Frauen fühlten sich gerufen und berufen, den selbst erfahrenen einen Gott in Jesus Christus auch denen nahe zu bringen, die noch nie von ihm gehört hatten. Unter oft unsagbaren Strapazen und unter primitivsten Verhältnissen haben die Missionare und ihre Frauen in Afrika unter den Völkern gelebt. Sie haben die Sprachen erforscht, sich durch Anfeindungen und selbst auch Mordandrohungen nicht irre machen lassen. Sie haben Kranke gepflegt und Sterbende getröstet. Ganz sicher würden sie selbst es sagen, dass sie oft versagt haben und ihrem Auftrag nicht gerecht geworden sind. Viele haben die Früchte ihrer Arbeit nicht sehen können, ein christliches Erwachen nicht mehr erleben dürfen, aber ich selbst bin Menschen begegnet, die mir gesagt haben, dass die Geister der Finsternis von ihnen gewichen seien und dass sie

froh und frei geworden sind im Glauben an den lebendigen Gott.
Vor drei Wochen sind Rolf und ich von einem Besuchsdienst aus Namibia zurückgekommen. In der großen Kirche der Ev.-Luth. Gemeinde von Katutura, dem Vorort von Windhoek, trafen wir nach vielen Jahren den Hereropastor Musutua wieder, den ehemaligen Mitarbeiter aus unserer gemeinsamen Dienstzeit in Gobabis. Wir freuten uns sehr über unser Wiedersehen und sprachen aus alten Zeiten. Zum Schluss meinte er zu Rolf: „Wie bin ich dankbar, dass ich Dir noch einmal begegnen darf. Ich muss es Dir sagen - und es sind viele bei uns, die genauso denken: Uns lässt das Wort aus Hebräer 13 Vers 7 nicht los: „Gedenket an eure Lehrer, die euch das Wort Gottes gesagt haben; ihr Ende schauet an und folget ihrem Glauben nach. Danke!"

Als wir 1954 ins Land kamen, gehörte der größte Teil der schwarzen und farbigen Bevölkerung der evangelischen Kirche, oder wie sie damals genannt wurde, der Rheinischen Mission, an. Die Kirchen waren voll bis übervoll. Kinder wurden getauft, Ehen getraut, Mitarbeiter halfen in der Gemeinde mit als Älteste, Evangelisten, Dolmetscher oder als Organisten am Harmonium. In den Hererogemeinden im Land dienten drei ordinierte Pastore, Pastor Andreas Kukuri, Pastor Josua Tjiurutue und Pastor Reinhard Ruuzo. Noch war die Kirche nicht selbständig. An der Spitze der Gemeinden aus allen zehn Völkern stand noch der deutsche Präses, Pastor Hans-

Karl Diehl, ein Missionar in dritter Generation in SWA. In den Reservaten und in den Orten arbeiteten ausgebildete Missionsschwestern und Hebammen in gut ausgestatteten Missionsstationen. Noch herrschte das Apartheidsregime. Noch war Südwestafrika Mandatsgebiet von Südafrika. Noch galten die seit 1952 strengen Gesetze der absoluten Rassetrennung. Rolf war als Missionar nach Afrika ausgesandt. Sein Auftrag war der, dem Volk der Herero als Seelsorger zu dienen. Zugleich war er aber auch berufen zum Dienst als Pastor der Deutschen Ev.- Luth. Kirchengemeinde Omaruru-Kalkfeld. Dieses Doppelamt war uns eine der größten Herausforderungen in unserer Arbeit damit in unserm Leben.

Ich bin gewiß keine Glaubensheldin. Mit dem Apostel Paulus würde ich gern immer wieder nur sagen: „Ich rühme mich am liebsten meiner Schwachheit..." (2. Kor. 12, 9). Im Spannungsfeld zwischen Schwarz und Weiß fühlte ich mich oft überfordert. Wie sollte, wie konnte ich jeder Seite gerecht werden? Und manches Mal kam ich mir klein und hässlich vor und meinte, diesem Dienst nicht gewachsen zu sein. Zaghaft wagte ich es aber auch immer wieder, dem Apostel die Worte weiter nachzusprechen: „....aber wenn ich schwach bin, bin ich stark!" (2. Kor. 12,10).

Dass wir dennoch einen Zipfel der Herrlichkeit unseres Gottes meinten erkennen zu können, verdanken wir nicht zuletzt unseren Mitarbeitern, die uns sowohl in der schwarzen wie in der weißen Gemeinde geschenkt waren.

JOSUA TJIURUTUE

Wir haben ihn geliebt, unseren Pastor Josua, diesen klugen, weisen, fröhlichen Menschen und Christen aus dem Hererovolk! Er war eines Morgens aus dem Hereroreservat Omatjette, dem nur für Herero bestimmten Bezirk im Nordwesten des Omarurru-Distriktes, nach Omaruru ins Missionshaus gekommen, uns zu begrüßen. Ich sehe seine große, schlanke Gestalt noch heute im einfach möblierten Studierzimmer am Schreibtisch stehen, wie er uns prüfend, aber zugleich gütig und erwartungsfroh entgegen blickt. Schmunzelnd dann sein erster Kommentar: „Atatita, ovanatje!", übersetzt: „diese Kinder!" Pastor Josua war ein echter Vertreter seines Hererovolkes, dem man zu Recht Konservatismus und Stolz nachsagt. Ein Afrikanist von der Universität Köln meinte: „Die Herero

sind die Engländer unter den schwarzen Nationen!“ Etwa um das Jahr 1700 ist dieses Bantuvolk im Zuge der innerafrikanischen Völkerwanderung aus dem Norden ins Land gekommen. Ein Herero liebt sein Vieh, und er ist da zu Hause, wo seine Rinder Weide haben. Josua ist 1887 geboren. An welchem Tag genau, das wusste er nicht. Zur Zeit seiner Geburt gab es noch keine standesamtliche Behörde. Er berichtete uns oftmals aus der alten deutschen Zeit.
Sein Bruder hat bei dem Hereroaufstand 1904 gegen die Deutschen mitgekämpft. Josua zeigte uns in Omaruru nahe beim Hauptmann-Franke-Turm die Klippen, wo der Bruder im Kampf gegen die deutsche „Schutztruppe“ gefallen ist. Aber es sprach kein Hass, keine Feindschaft gegen die Deutschen aus ihm. Es ist uns überhaupt immer wieder aufgefallen, dass gerade die, die noch während der deutschen Kolonialzeit gelebt haben, mit einem - von uns Nachkriegsdeutschen nicht nachzuvollziehendem - Respekt und sogar mit gewisser Treue von der „deutschen Schutztruppenzeit“ sprachen. In einer Hütte abends, Rolf machte dort einen Besuch, baute sich der alte Hereromann vor ihm auf, knallte die Hacken zusammen und schnarrte: „Oami Fritz!“ („Ich bin der Fritz!“). Und als in Windhoek im November 1959 Steine geworfen werden gegen die südafrikanische Mandatsmacht, und als von Seiten der weißen Polizei Schüsse durch die Luft peitschen (es war der Aufruhr gegen die Zwangsübersiedlung in die neue Lokation Katutura), rief eine alte Hererofrau den Polizisten des verhassten Apartheidsstaates in deutsch entgegen: „Geht nach

Hause! Das hier ist Kaiser Wilhelm seine Land!“ Dieses Beispiel darf beileibe nicht den Ernst der damaligen Situation verharmlosen. Es macht aber deutlich, dass Geschichte sehr vielschichtig ist! Hier hat nur im Vergleich ein System gegen das andere relativ besser abgeschnitten! Warum nur muss Geschichte immer auch mit Tränen verbunden sein? Warum ist es für uns Weiße so schwer gewesen, Unrecht zu erkennen und tapferer zu bekämpfen? „Hoffentlich entschließt sich der Weiße, uns zu lieben, bevor wir uns entschlossen haben, ihn zu hassen!“, lässt Allan Paton einen Schwarzen in seinem Buch: „Denn sie sollen getröstet werden“ sagen. Die Kluft zwischen Schwarz und Weiß schien oft fast unüberbrückbar.

War Josua schwarz? Ja, tiefschwarz! Aber wir haben es gar nicht gesehen! Wir waren einander einfach herzensgut. Seine feine Weisheit war uns wertvoll. Einmal in jedem Jahr war Rolf - neben seinen kürzeren Besuchen - drei volle Wochen im Herero-Reservat Omatjette zu Gottesdiensten, Amtshandlungen und Seelsorge. Drei Wochen lang war Pastor Josua von morgens bis abends sein Begleiter. Sie hielten gemeinsam die Dienste, besprachen Gemeindeangelegenheiten, und wenn sie Zeit hatten, sprachen sie über vergangene Jahre und über Geschehnisse von heute. Wenn Rolf sich nach des Tages Hitze und den Strapazen der Dienste (meistens drei Gottesdienste am Tag, zwischendurch die beschwerlichen Autofahrten über unwegsame Pads und durch trockene Rivierbetten) und der Mühsal mit der Verpflegung müde auf seine Holzpritsche in seinem ¾-to-Chevrolet zum Schlafen niederließ, hörte er Josua noch lange singen: „Tate, me ka rara mba ....“ („Müde bin ich, geh zur Ruh ...“) Er saß neben dem Auto, und mit seinem Schlüssel schlug er den Takt gegen den Kotflügel. In einer Zeit, wo die meisten Farmer ihren Revolver gleichsam unterm Kopfkissen bereit liegen hatten, wusste ich Rolf sicher und von den Herero behütet in deren Land. Rolfs Weiterbildung in Otjiherero war diese Zeit ebenfalls sehr nützlich. Bald schon sagten ihm die Herero-Ältesten: „Muhonge, Du sprichst unsere Sprache!“ Rolf konterte: „Ouami Omuherero!“ = „Ich bin ein Herero!“, und lachend akzeptierten die Männer es! Machte Rolf einen Schnitzer in der Sprache, eventuell sogar in der Predigt (was natürlich immer wieder auch vorkam), so saß Josua dicht hinter ihm. Schmunzelnd konnte ich beobachten, wie er an Rolfs Talar zupfte und ihm laut und vernehmlich die richtige Vokabel zuflüsterte.

Im Zuge der Befreiungsbestrebungen kehrten viele Schwarze der Missionskirche den Rücken. In der zweiten Hälfte der fünfziger Jahre rumorte es besonders unter dem Hereostamm der Ovambanderu im Osten des Landes. Anstatt sich zu öffnen, zog die Mandatsregierung die Schrauben umso fester. Die Parole: „Los vom weißen Mann“ griff auch in der Kirche um sich. Bald gab es die „Oruuano“, eine Abspaltung von der Rheinischen Missionskirche, gleichsam eine Nationalkirche. Der Ahnenkult lebte neu auf. Die Bibel wurde am „Heiligen Feuer“ gelesen. Der Synkretismus griff um sich. Besonders schmerzlich und wie einen Verrat empfanden die schwarzen und die weißen Gemeindeglieder es, als einer der drei Herero-Pastoren, Reinhard Ruuzo, sich dieser radikalnationalen Front anschloss und die Bruderschaft von Schwarz und Weiß aufkündigte. „Josua, was sagst Du dazu?“, fast verzweifelt fragte Rolf ihn so. Josua holte tief Luft, schwieg eine Weile, dann sagte er aus tiefstem Herzensgrund und in bestem Deutsch: „Schweinerei, Muhongo!“ Das gab Luft! Das tat gut!

In den Gemeinden, in den Presbyterien, in den Pfarrkonferenzen und Mitarbeiterzusammenkünften suchten die weißen und die schwarzen Brüder nach Wegen und Lösungen. Die Frage der Selbständigkeit der jungen Kirche, die Sorge um die Abspaltungsbewegung, das Problem möglicher Gewaltanwendung, das alles beschäftigte uns Tag und Nacht. Wieder fand eine Pastorenkonferenz in Karibib statt, und wieder rangen die Brüder um die gleichen Fragen. Gerade war die Nachricht aus dem Aminuis-Reservat gekommen, aus dem Gebiet, in dem die Oruuano die meisten Anhänger aus dem Stamm der Ovambanderu zählte, dass dem dortigen weißen Missionar der Zugang zum Aminuis-Reservat unter Androhung von Gewalt verwehrt worden war. Wie sollte es, wie könnte es weiter gehen, in Frieden mit Schwarz und Weiß? Wie konnte, wie sollte man den drohenden Gewaltausbrüchen zwischen Schwarz und Weiß entgegenwirken? Da steht Pastor Josua inmitten der versammelten Bruderschaft auf, dreht sich zu seinen schwarzen Brüdern um, und in die Ratlosigkeit und in die Stille hinein spricht er mit ruhiger und fester Stimme: „Brüder, wenn das bei uns im Hereroland Omatjette passieren würde, was da im Aminuis geschehen ist, - wenn dem weißen Missionar der Weg zu unserm Volk verwehrt würde, wisst Ihr, was ich dann mache? Ich stelle mich so (und dabei breitete er seine beiden Arme weit aus) vor meinen weißen Bruder Schankweiler hin! So, und wenn Ihr ihn angreifen wollt, wen müsst Ihr dann zuerst aus dem Wege räumen? Ja, mich! Und was haben wir dann? Einen Bruderkrieg! Wollen wir das? Der weiße Muhonge, Missionar Schankweiler, ist mein Bruder! Wir gehören zusammen! Vergesst das nie!"

Josua war ein sehr begnadeter Prediger, seine Verkündigung klar und deutlich, seine Sprache bunt und bildhaft. Das Herz ging einem auf, wenn er predigte. Viele Jahre später, es war lange nach der Selbständigwerdung der Jungen Kirche, erlebte Rolf ihn noch einmal bei einem Afrikaaufenthalt in Okahandja. Es fand eine Aussendungsfeier junger schwarzer Missionare für Botswana statt. Auf der Kanzel stand der alte Pastor Josua, inzwischen fast erblindet. Aber mit Feuereifer und seelsorgerlichem Elan, mit einer geradezu ansteckenden Leidenschaft rief er den jungen Männern zu: „Auf, ab an die Arbeit! Was tut Ihr noch hier? Macht, dass Ihr hinkommt zu den Menschen, die noch nichts von Jesus Christus wissen...", etwa nach dem Wort von Bodelschwingh: „Nicht so langsam, Brüder, sie sterben sonst darüber!" Bewegt standen Rolf und ich vor einem Jahr in Otjovatjimba im Omatjetteland an seinem Grab. Sein Sohn Licius, selbst Laienprediger, hat uns hingeführt. Auf seinem Grabstein eingemeißelt steht unter dem Namen von Pastor Josua Tjiurutue das Bibelwort aus dem 2. Timotheusbrief, Kap.4, 7 - 8:

„Ich habe einen guten Kampf gekämpft, ich habe den Lauf vollendet, ich habe Glauben gehalten; hinfort ist mir beigelegt die Krone der Gerechtigkeit, welche mir der Herr an jenem Tage, der gerechte Richter, geben wird, nicht mir aber allein, sondern allen, die seine Erscheinung lieb haben.“

CHRISTIAN ZERAUA

Nach unserer Pensionierung hatten wir in Deutschland, in Remagen am Rhein, ein Haus bezogen. Es lag nur etwa 20

Meter von seinem Ufer entfernt mit Blick auf Linz und die Westerwaldberge. Eines Tages klingelte dort das Telefon. Anne war am Apparat: „Denkt nur, wer mich soeben angerufen hat! Christian Zeraua aus Afrika! Er ist in Deutschland, er ist hier, er ist in Bonn!"

Am 21. März 1990 war Südwestafrika selbständig geworden, ein freies Land NAMIBIA! Nach einem schlimmen Buschkrieg an der Nordgrenze und bis weit nach Angola hinein, nach grausamen Morden und leidvollen Erfahrungen war Friede eingekehrt. Freie, demokratische Wahlen hatten stattgefunden. Nach einer Übergangsregierung war die „Demokratische Republik Namibia" ausgerufen worden. Zehn Völker mit verschiedenen Sprachen waren vereint. Übrigens überfällt mich immer noch ein historischer Schauer, wenn ich an die erregenden Ereignisse der Selbständigwerdung Namibias im Zusammenhang mit dem politischen Geschehen jener Tage in Deutschland zurückdenke: Sie waren so schicksalhaft mit der „Friedlichen Revolution" verquickt, die sich im Osten unseres Vaterlandes zutrug. In Südwestafrika standen die ersten demokratischen Wahlen zur Unabhängigkeit und Staatengründung an. Auf der einen Seite war da die linksgesteuerte und vom Osten stark geförderte SWAPO (Südwestafrikanische People Organisation), auf der anderen die von Dirk Mudge geführte demokratische Turnhallen-Allianz, zu der die meisten West-Herero gehörten. Um des Friedens im Lande willen war zu hoffen, dass die SWAPO keine absolute Mehrheit bekommen würde. Denn ihre Parolen und Wahlversprechungen klangen gar zu radikal.

Gisela Rosenthal, die Farmersfrau auf Ongoanjomui, mir seit alten Omaruruer Tagen befreundet, erzählte mir von ihrer Unruhe und Angst, enteignet und vielleicht von ihrer Farm verjagt zu werden. Am Tage der Wahl, an jenem geschichtsträchtigen Sonntag, 12. November 1989, saß sie fast ununterbrochen am Radio und verfolgte die Ergebnisse und Hochrechnungen aus allen Landesteilen Namibias. Im Laufe des Tages wurde sie immer resignierter. Die Stimmen der SWAPO stiegen höher. ,,Klaus", sagte sie gegen 14 Uhr schließlich zu ihrem Mann „komm, lass uns unsere Urkunden, Papiere und Pässe holen" und sie ging, die wichtigsten Schriftstücke einzupacken. Da kam etwa gegen 16 Uhr eine Meldung der Reuter Agentur aus London durch den Äther: „In Deutschland ist der Eiserne Vorhang beseitigt und die Mauer gefallen!" Von ihr sei in dem Moment eine Zentnerlast abgefallen! Impulsiv sei sie aufgesprungen: „Klaus, wir können bleiben! Bring alles wieder zurück!" Die große Angst war von ihr gewichen. Sie konnte es noch nicht genau definieren, aber sie wusste: Der Kommunismus hatte versagt, war besiegt — und nicht nur in Deutschland! Die „Politik der Versöhnung" konnte beginnen. Der junge Staat versuchte sich in ersten Schritten.

Neben mancherlei anderen Hilfsmaßnahmen lud Deutschland auch eine Delegation von schwarzen, weißen und farbigen

Vertretern aus den Völkern Namibias zu einem „Lehrgang in Demokratie“ nach München, Hamburg, Berlin und Bonn ein. Unter den Repräsentanten des neuen Staates war auch der Führer und Sprecher des Volkes der West-Herero, **Christian Zeraua!** Es ergab sich sehr bald die schöne Möglichkeit, Christian Zeraua für einen Abend freizubekommen und ihn zu uns zu einem Zusammensein - auch mit Anne und Udo - nach Remagen zu holen. Am Hotel Kaiserhof in Bonn begrüßten wir uns laut und herzlich. Neben ihm stand sein Freund Asser Kapere, ebenfalls Delegationsmitglied. Er sprach fließend englisch, hatte einige Jahre in Oxford studiert. - Wir vier fuhren miteinander los. Es war ein zauberhafter Abend.
Die Fahrt ging am Rhein entlang. Schiffe zogen vorüber, der Widerschein ihrer Lichter funkelte auf dem Wasser. Um den beiden Afrikanern noch ein wenig mehr von unserer deutschen Heimat zu zeigen, fuhren wir auf die Höhe zum Rolandsbogen. Unter uns lag in der Ferne das Lichtermeer der Stadt Bonn, auf der anderen Rheinseite fiel der Blick auf das Siebengebirge mit dem Petersberg und auf die angestrahlte Ruine Drachenfels. Ein wunderbarer Sternenhimmel klarte über uns und am Horizont glühte rot-golden der Mond auf, wie ein riesiger Lampionball. „Man sieht den Mann im Mond!“, wollte ich gerade ausrufen, doch Rolf kam mir zuvor und machte es viel schöner und richtiger: „Omueze mau rais’ombi“, rief er Christian und Asser zu. Das war Otjiherero und hieß: „Der Mond zeigt das Häschen!“ Was bei uns in Deutschland „der Mann im Mond“ ist, ist bei den Herero das

„Häschen“. Und in der Tat, wenn der Vollmond am Nachthimmel steht, weiß ich seitdem nicht mehr, wen ich deutlicher erkenne: das Häschen, oder den Mond! Asser Kapere jedenfalls blieb bei Rolfs Worten wie angewurzelt stehen, dann drehte er sich begeistert um, umarmte ihn, impulsiv und dankbar: „Ihr kennt die schöne Bildersprache meiner Heimat, ja, sogar die Idiomata!“, meinte er beglückt. Das ferne Afrika war auf einmal ganz nah. Wir spürten eine wundersame Harmonie. Wir waren Beschenkte! Asser Kapere ist heute Regionalkommissar der Region Erongo in Namibia.

Christian war noch jung an Jahren, als wir 1954 nach Südwestafrika kamen. Er galt aber schon als designierter Führer der West-Herero und stand bei seinem Volk - wie übrigens auch bei der weißen Bevölkerung - in hohem Ansehen. Er stammt aus der Dynastie der Familien Zeraua und Tjissesetta. Im Volk der Herero muss man, um ein Amt verantwortlich zu bekleiden, ein bestimmtes Alter erreicht haben; darum bekam Christian zunächst noch Älteste aus dem Volk zugeordnet. Zu seinem Taufnamen Christian trug er bei den Herero den Namen Ijandopa; dieser war zugleich eine Erinnerung an sein Geburtsjahr. Die Herero geben ihren Kindern in der Regel einen Namen, der in bezug steht zu einem wichtigen Ereignis, welches sich zur Zeit ihrer Geburt begeben hat. Christian ist 1934 geboren, das war das „große Regenjahr“. Die Brücke über dem Omaruru-Fluss war eingestürzt und wieder aufgebaut worden. Darum sein Hereroname: „Ijandopa“, das heißt: „Vater der Brücke“.

Christian Zeraua war also noch ein junger Mann, als wir ihn kennenlernten. Und er war verlobt. Heiraten konnte er noch nicht, weil er den Brautpreis nicht bezahlen konnte. Der Brautpreis ist gleichsam so etwas wie eine soziale Maßnahme und eine Altersversorgung für die Brauteltern, also unverzichtbar. Nun begab es sich, wie es halt manchmal zu sein pflegt, dass seine Braut Elfriede vor der Hochzeit ein Kindlein erwartete! Dazumal wurde in der Kirche noch die „Kirchenzucht" praktiziert. Alle jungen Mädchen trugen zum „Zeichen ihrer Unschuld" ein jungfräulich-weißes Band um ihr Otjikaiva. Das Otjikaiva ist ein kunstvoll auf dem Kopf gefaltetes Tuch. Es sitzt fest und schön auf dem Haupt einer jeden Hererofrau und erinnert an die lederne Feldhaube aus sehr alter Zeit. Die Mädchen trugen das „weiße Band" voller Stolz. Bekam aber eines von ihnen vor der Hochzeit ein Kind, so musste es das „weiße Band" ablegen. Die Kirchenältesten nahmen es ihnen teils sogar vor der versammelten Gottesdienstgemeinde von der Stirn. Außerdem hatten diese Mädchen sodann einen Bußunterricht zu absolvieren. Und erst nach diesem Bußunterricht durften sie wieder am Abendmahl im Gottesdienst teilnehmen! Nach den Männern aber, nach den Vätern, fragte niemand! Es meldete sich auch keiner! Kahandje, eine Hererofrau aus dem Volke meinte einmal recht resigniert: „Wir Hererofrauen haben viele Männer, aber wir haben keine Väter!" Als Christians Braut, Elfriede, sich zum Buß- und Vergebungsunterricht anmeldete, kam sie nicht allein! Mit ihr kam Christian Zeraua, der künftige Führer und Repräsentant seines Volkes! Er sagte zu

Rolf: „Muhonge, ich bin der Vater! Wenn Elfriede den Bußunterricht besucht, gut so, aber ich bin dabei!“ Das war ein Novum! Dieses Verhalten hat ihm aber in keiner Weise geschadet. Im Gegenteil hat seine Haltung und Charakterstärke ihm um so mehr Respekt und Achtung verschafft! Er wurde in der Gemeinde zum Kirchenältesten gewählt und war später Laienprediger. Sein Sohn ist heute Pastor der Evangelisch-Lutherischen Kirche in Namibia; der zweite Sohn bekleidet nach der Staatsgründung das Amt eines namibischen Botschafters in Ghana.

Übrigens, als der Brautpreis dann beisammen war, haben Christian Zeraua und seine Braut Elfriede fröhlich geheiratet. Rolf hat sie in der alten Herero-Kirche in Omaruru getraut. Die veraltete und so oft pharisäisch gehandhabte Sitte des „weißen Bandes“ wurde bald danach aufgehoben. Als uns später in Deutschland unsere Anne geboren werden sollte, haben wir Christian um das Patenamt gebeten. Seine Antwort kam postwendend: „Lasst das Kind nur mal kommen! Wir Herero umstellen es mit einem Kraal von Gebeten!“

PITIRAPO

Ich mit meiner immer ein wenig vorgeneigten Haltung und meinen Dauerproblemen mit einer schwachen Wirbelsäule habe die Hererofrauen bewundert. Kerzengerade, den Kopf hoch erhoben, sieht man sie durch den Ort gehen. Eine

Hererofrau rennt nie! Sie geht auch nicht nur, sie stolpert schon gar nicht, eine Hererofrau schreitet ihres Wegs! Kein Handtäschchen oder Schultertasche baumelt an ihr herum. Ihre Last trägt sie auf dem Kopf. Das große und exakt gefaltete Otjikaiva mag ihr dabei Halt geben. Ihr Kind trägt sie - in der Regel bis zum zweiten Lebensjahr - auf dem Rücken. Wie man weiß, ist es in Afrika meisten sehr heiß, von November bis März oft bis zu 40 Grad und mehr im Schatten. Eine Hererofrau trägt in der kalten wie in der heißen Zeit ihr bis auf die Erde reichendes weit ausladendes Kleid. Kein kurzer Ärmel verschafft ihr Kühlung, geschweige denn ein offenes Dekollete. Es ist die Kleidung, welche die Missionarsfrauen um 1870 trugen; traditionsbewusst sind die Hererofrauen bei dieser Tracht verblieben.

Ich habe unsere junge Kindergärtnerin, Peninna, eine moderne junge Frau von 18 Jahren, gefragt: „Peninna, wirst Du bei Deiner europäischen Kleidung, die Du jetzt trägst, bleiben?“ Beinahe entrüstet antwortete sie mir: „O nee, Juffrou, ek sal nie so kaal bly nie!" (kaal = nackt, armselig). Mindestens neun Meter Stoff wird für ein Kleid benötigt. Oft wird es aus vielen Flicken zusammengesetzt, die aber immer harmonieren und ein hübsches, farbenfrohes Bild ergeben. Bei besonderen Festlichkeiten sorgen gleich mehrere Unterröcke zusätzlich für ein stattliches Aussehen!

Eine besonders schöne Gestalt war Adelheid Mbandjou mit dem Hereronamen Pitirapo. Vor ein paar Tagen besuchte uns in Deutschland unser früherer Arzt, Dr. Uli Schmid, mit seiner

Frau Marianne, aus Pretoria, Südafrika. Wir haben in den fünfziger Jahren zusammen in Omaruru gelebt. Er war anfangs der einzige deutsche Arzt für den gesamten Omaruru-Distrikt für die schwarzen und weißen Völker.. In unserer Deutschen Ev.-Luth. Kirchengemeinde arbeitete er als Kirchenältester mit, zudem war er einer unsrer Laienspieler und Mitglied in unserm Kirchenchor, worüber ich als Leiterin der Laienspielschar und des Kirchenchores seiner Fähigkeiten auch auf diesem Gebiet wegen sehr glücklich war! Wir sprachen über die alte Zeit und von den vielen gemeinsamen Freunden und Bekannten. Dabei fiel auch der Name Pitirapo. Pitirapo war unsere Lehrerin an der Eingeborenenschule der Rheinischen Mission in Omaruru für Handarbeit. Dr. Uli Schmid aber hatte sie noch aus seinen Kindertagen in Erinnerung. So habe sie ihn als Kind - als sie noch bei seinen Eltern im Haushalt tätig war - in einer Regenzeit einmal huckepack auf ihren Schultern durch das gerade „abgekommene“ Rivier als „rettender Engel“ durch die Fluten des Omaruru getragen!
Pitirapo war eine sehr schöne Hererofrau. Ihre Hautfarbe aber war sehr viel heller, als die der anderen Frauen; sie besaß einen zarten, milchkaffee-ähnlichen hellbraunen Teint. Wie ich es gern tat, fragte ich auch Pitirapo nach der Bedeutung ihres Namens. Sie erzählte mir: „Als ich geboren wurde, kamen die Ältesten aus unserm Volk - so wie es bei uns üblich ist - zu meiner Mutter in den Pontok, um das neugeborene Kind zu besehen. Sie begutachteten den gesunden schönen Säugling und gingen wieder nach Hause. Ich war noch ganz hell. Ihr

Weißen müsst wissen, wir Hererokinder sind nach der Geburt alle noch etwa zehn bis 15 Tage hellhäutig. Erst nach dieser Zeit wird unsere Hautfarbe dunkel. Nach zehn Tagen kamen die Ältesten wieder zu meiner Mutter und schauten nach mir. Ich war immer noch hell. Und so war es auch beim dritten Besuch; meine Haut war nicht dunkel geworden. Da ward es offenbar, dass mein Vater kein Mann aus unserem Volk war. Die Ältesten schauten stumm auf das Kind, dann auf die Mutter. Im Raum sei es totenstill gewesen. Und dann haben sie alle, einer nach dem andern, den Raum und das Haus verlassen. „Nu avehe va pitira po", das heißt: „und alle gingen sie hinaus!" Das ist mein Name, Pitirapo! Und das ist auch mein Schicksal! Ich bin keine echte Herero. Ich bin aber auch keine Weiße. Ich gehöre nirgendwo richtig hin. Immer und überall stehe ich dazwischen. Die Verschiedenheit der Rassen, ich habe sie schmerzhaft durchleiden müssen. Aber in der Kirche war es immer anders. Hier hat man mich nicht nach meinem Volk und nach meiner Rasse gefragt. Hier habe ich mich wohl gefühlt. Siehst Du, darum sitze ich in der Kirche auch immer so gern bei den Gottesdiensten in der ersten Reihe!"

Pitirapos Vater war ein bekannter weißer Farmer. Eigentlich war seine Geschichte ein offenes Geheimnis. Aber erst nach dem Ende der Apartheid hat Pitirapo es erleben können, dass sie von der Familie ihres Vaters voll anerkannt wurde. Mit rührender Liebe hat sie ihre dem Trunk verfallene weiße Halbschwester auf deren Farm gepflegt. Sie war vor drei Jahren als schon fast alte Frau in der Tracht der Herero bei der Familie des Vaters in München und ist dort sehr liebevoll aufgenommen worden. Heute bewirtschaftet sie immer noch eine Farm am Ugab-Fluss im Norden Namibias.

EINE DEUTSCHE GEMEINDE IN AFRIKA

Der Dienst als Pfarrer der „Deutschen Ev.-Luth. Gemeinde Omaruru-Kalkfeld" war gegenüber dem eines Missionars in vielen Dingen ungleich einfacher. Die Sprachbarriere zum Beispiel entfiel ganz. Man sprach ein ausgezeichnetes Deutsch. Ein wenig anders sah es da zwar bei der Jugend aus. Bedenkenlos, lustvoll und mit Wonne mixte sie die vielen Landessprachen durcheinander zu einem „Südwester Deutsch". Ein Farmerssohn, von den Eltern angehalten, er möge gefälligst richtiges Deutsch reden, zeigte sich denn auch einsichtig! Die Mutter hörte, wie er wenig später seine Freunde „auf Kurs" zu bringen versuchte: „Kommt, outjies, lasst uns diese damned german language besser praten!" („Los, ihr alten Knaben, lasst uns diese verflixte deutsche Sprache besser hinkriegen!") Es war eine prächtige Jugend, die da heranwuchs.
Wir gründeten einen Jugendkreis. Einmal im Monat kamen wir im Missionshaus zusammen. Ernste Gespräche, lustige Spiele und Singen wechselten einander ab. Gegenwartsnahe Themen oder auch historische wurden behandelt. Im Oncken-Verlag war das Buch von Hans A. de Boer: „Unterwegs no-

tiert" erschienen. Es erregte die Gemüter im Land, weil in ihm die Probleme zwischen Schwarz und Weiß ihrer Meinung nach verkürzt und sehr vereinfacht wiedergegeben seien. Wir nahmen uns das Buch vor: Rudi referierte pro - und Egon kontra. Beide gaben sich viel Mühe bei den aufgetauchten Fragen um eine friedliche Zukunft in unserem Viel-Völker-Land. Sinnend und mit sorgenzerquälter Stirn meinte Rudi schließlich: „Ich weiß, wie es gut gehen könnte. Jeder unserer Farmer müsste die Hälfte seines Besitzes an Grund und Boden abgeben!" - Schweigen! - Und dann, fast verzweifelt, schlug er mit der Faust auf den Tisch: „Und dazu bin ich nicht bereit." Ja, wer wäre das schon?? - Wir waren alle sehr nachdenklich geworden. Rudi Dunaiski ist einige Jahre später als Farmer nach Australien ausgewandert. Der Jugendsonntag, ausgeweitet zum Landesjugendtreffen, hat hier in Omaruru seine Keimzelle. „Wir haben einen Pastor, der macht alles mit!", waren die Jugendlichen begeistert. Rolf meinte dazu: „...und wie wär's, wenn Ihr nun auch alles mit Eurem Pastor mitmacht? Gottesdienstliches Leben praktiziert, in der Bibel lest und Euch als junge Christen bewährt in der Welt von heute?"

Der gleiche geschichtliche und kulturelle Hintergrund ermöglichte auch eine schnellere Verständigung mit den deutschen Gemeindegliedern. Die Farmer luden ihre Nachbarn zu literarischen Zirkeln ein. Es fanden z. B. Goethe- und Eichendorffabende statt. Man hörte klassische Musik und man spielte selbst Cello, Geige, Querflöte oder Klavier. Abends am La-

gerfeuer sang man Volkslieder und kannte meistens alle Verse auswendig!
Der Gemeindekirchenrat der Gemeinde Omaruru-Kalkfeld traf sich regelmäßig unter dem Vorsitz des Pfarrers zu seinen Sitzungen im großen Wohnzimmer des Missionshauses. Die Ehefrauen von den Farmen und aus dem Ort kamen meistens mit. Während die Herren „tagten", saßen wir Frauen nebenan im kleinen Wohnzimmer. Wir tranken Tee, lasen gemeinsam ein gutes Buch, besprachen Neuerscheinungen, erörterten Familienereignisse oder schwatzten einfach lustig drauflos. Besonders die Farmersfrauen, die manchmal tage- oder gar wochenlang auf ihrer einsam gelegenen Farm lebten, genossen dieses Beisammen sein von Herzen.
Die deutsche evangelische Kirche ist – wie aber auch alle anderen Kirchen im Land – eine Freiwilligkeitskirche. Kein Finanzamt oder sonst eine Behörde zieht die Kirchensteuer ein. Der Gemeindekirchenrat setzt einen Mindestbeitrag fest; darüber hinaus gilt die Selbsteinschätzung. Manch einer ist da für sich sehr bescheiden! Mit den Gemeindebeiträgen konnte das Jahresbudget in keiner Weise erfüllt werden. Eine der wichtigsten Einnahmequellen, den Jahreshaushalt finanzieren zu können, waren die Gemeindebazare. Jährlich einmal verwandelte sich der große Garten hinterm Missionshaus zu einem Riesen-Rummelplatz. Viele bunte Verkaufsstände wurden aufgebaut, Spielplätze für die Kinder eingerichtet, Verlosungen ausgerufen, herrliche Kuchen und Torten angeboten und natürlich äußerst leckere Mahlzeiten gekocht, die an den Tischen

unter den Prosopisbäumen und unter Palmen bei heiterem Geplauder besonders gut schmeckten! Daneben fanden auch noch Morgenmärkte im Ort statt, wo frische Farm- und Gartenprodukte verkauft wurden. Fast jedes Gemeindeglied half in irgend einer Form - oft auch in mehreren! - mit, dass die Aktionen erfolgreich wurden. Wir waren immer wieder überrascht bis überwältigt, wie selbstverständlich sich die Helfer zur Verfügung stellten. Sie sahen die Gemeindesache als ihre eigene persönliche Angelegenheit an, für die sie Verantwortung übernehmen und Zeit und Kraft einzusetzen sie sich verpflichtet fühlten.

Bei der Größe unseres Gemeindebezirkes (regional etwa so groß wie ganz Nordrhein-Westfalen) und der Vielfalt der Gemeinden war es nötig, einen fest umrissenen Dienst- und Besuchsplan für ein ganzes Jahr im voraus aufzustellen. Auch für die Farmer war dieser Jahresplan wichtig, damit sie wegen der Gottesdienste für ihre schwarzen Farmarbeiter, die oft während der Arbeitszeit gehalten werden mussten, disponieren konnten. Der Dienstplan stand also bereits zu Beginn des Jahres fest. Die Farm- und Reservatsfahrten mussten pünktlich durchgeführt werden. Mir aber wurde davor immer ein wenig angst und bange, denn ich wusste, jetzt kommen sie wieder, die Tage allein im großen Missionshaus auf dem weiten Missionsgrundstück. Jetzt kommen sie wieder, die langen und einsamen Nächte.

Der Hitze wegen ließ ich Fenster und Türen weit offen, die Drahtgaze davor war mein einziger Schutz! Tagsüber spürte ich das Alleinsein nicht. Die Kinder kamen zum Katechumenen- und Konfirmandenunterricht. Ein netter Mädchenkreis brachte Lachen und Leben ins Haus. Die Bibelstunde für die deutsche Gemeinde war vorzubereiten. Schriftliche Arbeiten warteten zudem immer auf mich. Ich machte Besuche und erhielt Besuche. Aber des Nachts! Vor dem Haus stand ein hoher Eukalyptusbaum, der tagsüber herrlichen Schatten spendete. Nachts aber rieb er mit seinen Ästen über das Wellblechdach unseres Hauses, und das hörte sich gespenstisch an. Über die ungefugte Holzdecke im Wohnzimmer trippelten die Fledermäuse. Von draußen hörte ich die Schakale aus dem Reet heulen. Eines Morgens in der Frühe, ich war gerade dabei, die nach außen gehenden Fensterflügel zu schließen, bevor die Hitze ins Zimmer strömen würde, sehe ich auf dem Fenstersims, direkt unter meinem Arm, einen fetten, runden Kringel, wie eine dicke Bratwurst, liegen. Eine Schlange! Ich zog meinen Arm sofort zurück, lief in den Garten und holte Theo zur Hilfe. Er kam eilig mit einer Eisenstange und zielte sicher und gekonnt auf den Kopf des Reptils. Noch heute höre ich das harte Knirschen! Der Schlangenleib hat noch lange nachgezuckt. Es war eine Spuckschlange, und es war gut, dass sie von der Nachtkühle her noch steif da gelegen hatte! Nein, die Nächte im Missionshaus in Omaruru so ganz allein, die mochte ich gar nicht gern! Aber auch die Besucher tagsüber ließen manchmal zu wünschen übrig! Da wir die Türen unseres Hauses dazumal nie abgeschlossen hatten, bedeutete es gar nichts besonderes, wenn in der Küche oder im

Wohnzimmer oder in der Studierstube plötzlich ein Gast hinter mir stand. Alle diese Räume besaßen eine Tür nach draußen. So stand eines Tages ein Weißer, ein Hüne von Mann, vor mir in der Küche. Ich kannte ihn nicht. Auch das war an sich nichts besonderes. Aber er stank fürchterlich nach Alkohol! Deutsch sprechen konnte er auch nicht. „Was kann ich für Sie tun?", fragte ich freundlich mutig. Er torkelte und radebrechte auf Afrikaans - und er kam mir bedrohlich nahe dabei -, er wolle ein Huhn kaufen! „Aber wir verkaufen keine Hühner", klärte ich ihn auf. Da wurde er böse. Mir wurde nun doch ein wenig bänglich zu Mute!. Mit Charme und Energie versuchte ich ihn in Richtung Tür zu bewegen, aber er blieb wie ein Klotz stehen. Und dann befahl er mir: „Beten Sie mit mir!" Nun kenne ich mich auf dem Gebiet ein wenig aus! Aber ich möchte doch wissen, was der liebe Gott zu diesem meinem Gebet gesagt hat!? Es hat bestimmt mehr Angst als Glaube und Zuversicht drin gesteckt! Der Mann aber schwankte danach tatsächlich hinaus. Die Tür habe ich hinter ihm diesmal zugeschlossen!

Und alle anderen Türen auch!

Viel lieber mag ich da doch an die anderen Besucher denken, die wir in unserem Missions-Pfarrhaus reichlich empfangen durften. Missionsinspektoren, Missionsdirektoren, Kirchenpräsidenten, Bischöfe, Oberkirchenräte, Chefredakteure, Chöre aus Deutschland und aus Südafrika, allen konnten wir Gastgeber sein, und sie bereicherten unser Leben in Haus und Gemeinde.

Der Freitag war der „Farmertag". Die Farmer kamen in den

Ort, ihre Post zu verschicken und ihre Post zu holen. Sie kauften ein, sie brachten ihren Wagen in die Werkstatt oder erledigten andere Geschäfte. Bei uns im Haus gab es am Freitag immer „großen Mittagstisch“! Der „Farmertag“ sorgte aber auch dafür, dass nun wieder für mindestens eine Woche genug Fleisch im Kühler lag! Die Farmer mussten auf ihrer Farm schießen, zum einen, um für sich und ihre Arbeiter Fleisch zu haben, und zum anderen, weil sie damit ihren Wildbestand unter Kontrolle hielten. Tiefkühltruhen gab es noch nicht, um das Fleisch darin lange aufbewahren zu können. Wir im Ort profitierten von allem! Eine Farmersfrau erzählte es zu gern lachend weiter, wie die junge kleine Missionarsfrau erschrocken die Hände über dem Kopf zusammengeschlagen habe, als sie vom Farmer eine Kudukeule auf ihren Küchentisch gepackt bekam. Entsetzt soll ich ausgerufen haben: „Und was mache ich nun damit?“ Ich habe es übrigens sehr schnell gelernt: Die zartesten Fleischstücke ergaben in der Pfanne gebraten die saftigen Steaks; ein kräftigeres Stück wurde als Sauerbraten eingelegt; ein anderes Fleischstück musste mit Speck gespickt werden und ergab den Sonntagsbraten, aus den kleineren Stücken schnitt ich Fleisch für den Gulaschtopf und der Rest wurde durch den Fleischwolf gedreht und anschließend habe ich Unmengen von Frikadellen gebraten. Warum Rolf und ich trotzdem so dünn blieben, war allem Volk schleierhaft!

Unser Brot habe ich stets selbst gebacken. Nie ist mir in Deutschland je ein Hefeteig so prächtig aufgegangen, wie in der afrikanischen Küchentemperatur. Natürlich habe ich den Quark ebenfalls selbst zubereitet. Und die frische Dickmilch schmeckt nirgendwo leckerer als am Abend nach einem 35 bis 40 Grad heißen Tag in Afrika. Bleibt noch zu sagen, dass ich auch gebuttert habe. Die Milch der afrikanischen Kühe ist gegenüber der Milch von europäischen Kühen so ungleich viel sahniger, dass das Buttern ein Kinderspiel war.

Sie haben es zu Beginn beide nicht leicht, ein neuer Pfarrer und seine Frau in ihrer ersten Pfarrstelle - und die Gemeinde mit diesen Anfängern! Fehler und Missverständnisse auf beiden Seiten sind vorprogrammiert. Einen verständnisvollen und feinen Brief von Frau von Grüter, der mir sehr hilfreich war, habe ich lange aufbewahrt:

Tjirundu, den 20. Dezember 1956

Liebe Frau Schankweiler!

Zu Weihnachten möchte ich Sie um dies bitten: zu vergessen, was ich gesagt habe, als wir in Ihrem Wohnzimmer am Fenster standen, dass Sie zu jung seien, um über innere Schwierigkeiten mit Ihnen sprechen zu können. Es muss Ihnen ja weh getan haben. Man ist zu leicht geneigt, die Schuld bei anderen zu suchen wenn man selbst verwirrt und unsicher ist. Niemand ist zu jung, und niemand ist zu alt, wenn es gilt, von Mensch zu Mensch zu sprechen und zu helfen. Vielleicht ist es dies: Als wir Sie kennen lernten, fühlten mein Mann und ich uns sofort zu Ihnen hingezogen. Nicht nur, weil Sie aus Teck-

lenburg kamen und nicht, weil Sie unsere Pastorsleute werden sollten, sondern weil ein so klares Leuchten von Ihnen Beiden ausging, dass es einem warm ums Herz wurde, wenn man Sie nur ansah. Ich sehe Sie noch wie ein Blumenmädchen da stehen, als jemand Ihnen Blumen schenkte, und wie Ihr Mann sich über den Vergleich freute. Damals sahen wir - ich muss es ehrlich bekennen - in Ihnen kaum die Seelsorger, die uns betreuen sollten. Es war eher umgekehrt: Wir fühlten uns ein wenig für Sie verantwortlich! Wir wünschten, dass Sie es nicht so schwer haben sollten in Südwest, dass Sie sich wohl fühlen sollten, dass Sie heimisch werden sollten, dass jeder Sie gern haben sollte. Und so ist es auch gekommen. Heute gehören Sie der ganzen Gemeinde. Sie haben sie im Sturm gewonnen. Sie haben die Kinder, die Jugend in der Hand und sind nun schwer beschäftigte Leute geworden. Da hat man vielleicht ein wenig das Gefühl bekommen, Sie nicht auch noch überlasten zu dürfen. Wenn ich nur allein bedenke, wie Sie gearbeitet haben müssen, um das Laienspiel so einzuüben, wie es dargestellt wurde. - Was ich Ihnen Beiden zu Beginn des neuen Jahres sagen will, ist dies: Das Vertrauen zu Ihnen ist nicht erschüttert. Ich werde bestimmt kommen, wenn ich etwas auf dem Herzen habe.

Nach Weihnachten kommen für uns alle wieder ruhigere Zeiten. Ich hoffe, dass Sie dann doch einmal wieder zu mir kommen, und wir zusammen nähen, handarbeiten und lesen. Das „Puppenhaus" ist herrlich zugerankt und wie ein kleines, für sich abgeschlossenes Reich! Ich würde mich am liebsten

selbst manchmal dorthin zurückziehen. Wenn es nur nicht so heiß wäre! Überhaupt - wenn es nicht bald regnet, wird es schlecht mit unserer Farmerei.
Doch wollen wir zur Weihnacht nicht daran denken, sondern froh und hoffnungsvoll in die Zukunft blicken. Es kann noch alles gut werden - in jeder Hinsicht. Es ist zunächst an uns, zu danken für das gesegnete, vergangene Jahr. Gott wird wissen, was er uns für das Jahr 1957 zugedacht hat. Und es wird gut so sein. Heiligabend um 11 Uhr werde ich in Gedanken mit Ihnen und wenn Christus mich will, mit ihm in der Kirche sein.
Ihnen Beiden herzliche Weihnachtsgrüße
Ihre Erna von Grüter

GOTTESDIENSTE AUF DER FARM

Der Farmgottesdienst ist jedes Mal ein Gemeindeereignis besonderer Art. Der Farmer lädt zu sich in sein Haus ein, der Pastor lädt ein zum Gottesdienst auf der Farm. Diesmal gab es im Vorfeld da eine kleine Diskussion. In Rolfs Einladungsschreiben stand zu lesen: „.... und so lade ich Sie herzlich ein zum Gottesdienst mit anschließendem Picknick ..." Das Picknick hinterher war immer eine feine Sache. Man saß gelöst und locker auf der Veranda oder unter den schattigen Kameldornbäumen im Garten, trank ein kühles Bier oder probierte den von der Farmersfrau selbst hergestellten Zitronensaft, man sprach über die Predigt, über Gott und die Welt. Das Lagerfeuer am Abend unter dem Sternenhimmel machte die Herzen weit und still. Die alten deutschen Volkslieder klangen durch die Nacht. Also: Gottesdienst mit anschließendem Picknick! „Nein“, beschied uns diesmal der Farmer, „das ist falsch. Es muss heißen: Picknick mit Gottesdienst!“ Wir waren ein wenig konsterniert. „Und warum diese Reihenfolge?“ „Ja“, meinte er, „ein Picknick zieht doch ganz anders! Und für viele ist das Picknick doch die Hauptsache!“ Wie wir an besagtem Tage feststellen konnten, hat die Einladung zum „Gottesdienst mit anschließendem Picknick“ aber der Besucherzahl durchaus keinen Abbruch getan!

Beinahe erregt habe ich heute morgen die *Berliner Morgenpost*, unsere Tageszeitung, in der Hand gehalten. Sie enthielt einen Artikel über das Konzert, das Daniel Barenboim in Jerusalem gegeben hat. Das Bild in der Zeitung zeigte ihn mit einer Rose in der Hand und einem sehr traurigen, aber entschlossenen Gesichtsausdruck vor seinem Publikum stehen. Soeben hatte er Schumann und Strawinsky gespielt, so, wie es auch im Programm angekündigt war. Als Zugabe war Tschaikowskys Blumenwalzer gefolgt. Das Publikum war begeistert. Der Applaus wollte nicht enden. Danach wendet Barenboim sich zum Publikum und sagt: „Ich möchte Wagner spielen.“ Sofort verwandelte sich der Saal in einen Hexenkessel. Buh-Rufe wurden laut. „Wagner!“, schreit einer in den Saal, „das ist Musik aus dem Konzentrationslager, das ist Nazi-Musik!“ „Eine Schande“, und „Faschist“, so schreit ein anderer es dem in Argentinien geborenen und in Israel aufgewachsenen Juden entgegen. Barenboim lässt sich nicht beirren: „Wir Juden sollten den Nazis nicht im Nachhinein einen Sieg gönnen, indem wir Wagner boykottieren! Nur weil Hitler Wagner mochte!“ Die Musikgeschichte des 20. Jahrhunderts sei unverständlich ohne Wagner, und ohne Wagner hätte es weder Mahler noch Schönberg geben können, „übrigens beide Juden“, erklärte er in ruhigem Ton. Und dann erklingen die Takte zur Ouvertüre von Wagners „Tristan und Isolde“ im Saal! Barenboim wollte den Teufelskreis von Unverständnis durchbrechen und verwirrte Ideen zurechtrücken.

Wie oft sahen wir uns in Südwestafrika in ähnlicher Situation. Die Farmer haben den Krieg in Deutschland nicht mitgemacht. Sie haben den Nationalsozialismus nur aus der Ferne kennen gelernt. Die Hybris der braunen Kolonnen, die Lüge und die Verführungsgewalt aus 10.000 Kilometer Entfernung nicht am eigenen Leibe verspürt. Als „Auslandsdeutsche“ waren sie im Gegenteil sogar stolz, dass ihr Deutschland wieder aufblühte! Das Ende der Arbeitslosigkeit nach den 20-er-Jahren sahen sie als ein Gesunden der deutschen Wirtschaft an, die Aufrüstung der Wehrmacht als Wiedergutmachung des „Schandvertrages von Versailles“. Gewiss, es gab auch in Südwest viele, die damals schon mehr sahen. Aber die meisten hatten doch ein verklärtes, glorifiziertes Bild ihres Deutschland. So auch der Farmer im Westen unseres Omaruru-Distriktes.
Wie viele Nachtgespräche hat es dort gegeben! Nun sollte

eben auf dieser Farm Hochzeit gefeiert werden. Rolf war um die kirchliche Trauung gebeten. Dass ich die Choräle auf dem Harmonium oder Klavier zu begleiten hatte, war selbstverständlich! Die Farmersfamilie gestaltete das Gottesdienstprogramm begeistert mit. Die Farmersfrau selbst suchte die Lieder aus. „Ach, bitte, Herr Pastor, lassen Sie uns das Lied Nr. 198 singen: Lobe den Herren, o meine Seele, ich will ihn loben bis in Tod." Dann aber machte sie eine Pause und setzte hinzu: „doch den dritten Vers lassen Sie bitte weg, den möchte ich nicht gern gesungen haben." Warum?? Vers 3 aus besagtem Lied lautet: „Selig, ja selig ist der zu nennen, des Hilfe der Gott Jakobs ist ..." Den Gott Jakobs als Hilfe, nein, damit konnte sie sich nicht abfinden. Rolf tat, was Barenboim getan hat, er hielt sich an das vereinbarte Programm. Am Ende des Gottesdienstes aber sagte er: „Wir wollen zum Schluss den Choral singen ‚Lobe den Herren, den mächtigen König der Ehren'. Wir singen alle fünf Strophen, auch mit dem letzten Vers:`Lobe den Herren, was in mir ist, lobe den Namen; alles, was Odem hat, lobe mit Abrahams Samen! Er ist dein Licht, Seele, vergiss es ja nicht! Lobende, schließe mit Amen!" Alle, auch unsere Farmersfrau, sangen mit! Es hat danach noch viele Gespräche über das Thema gegeben, - und keimende Einsicht auch.

Ein fast normaler Sonntag steht ins Haus. Das dachten wir jedenfalls. Am Morgen fahren wir zum Gottesdienst zur Lokation zur Herero-Damara-Kleurlingsgemeinde. Talar und Gottesdienstagende liegen zwischen uns auf dem Autositz. In der Agende ruht die Hereropredigt. Während ich in der Frühe noch in der Küche zu tun hatte, hörte ich Rolf, sie sich noch einmal laut vorlesen. Im Ort Omaruru sind die Straßen menschenleer. Sonntagsstille - und bereits auch schon Sonnenglutstille. Vor der Schule auf der Lokation, unserer heutigen Gottesdienststätte, tummeln sich bereits die Kinder. Einer von den größeren Jungen läutet die Glocke, das heißt, er schlägt mit der Eisenstange auf eine leere und unten abgeschnittene Propangasflasche. Es klingt beinahe echt! Über die schmalen Sandpads kommen rechts und links die Gruppen der Frauen und Männer zur Kirche. Die bunten Hererotrachten winken farbenfroh durchs graue Gebüsch. Heute halten wir einen ganz gewöhnlichen Gottesdienst. Der Evangelist muss nur einmal dolmetschen, vom Otjiherero ins Nama. Chöre sind keine angesagt. Die Luft im vollbesetzten Raum ist bald stickig. Im hinteren Teil sitzen die Mütter mit ihren Kleinkindern und Babys. Wenn eines schreit, wird es selbstverständlich an die Brust gelegt und gestillt. Pünktlich nach zwei Stunden ist der Gottesdienst zu Ende. Wir halten uns heute nicht lange mit „palavern" auf, denn für den Nachmittag steht auf dem Terminkalender noch eine Farmtaufe an. Die Familie von Seydlitz möchte auf Farm Immenhof ihr viertes Kindlein taufen lassen. Albrecht von Seydlitz, der Taufvater, ist ein Nachfahre des preußischen Reitergenerals von Seydlitz-Kurzbach. Im Jahr 1757 trat dieser General an die Spitze der Kavallerie Friedrich des Großen und entschied die Schlacht bei Rossbach und

Zorndorf. Die Taufe war für 16 Uhr festgesetzt. Die Fahrzeit würde in Anbetracht der schwierigen Sand- und Geröllpisten und der vielen Farmtore, die es zu öffnen und wieder zu schließen galt, etwa eineinhalb Stunden betragen. Wir machten uns auf den Weg. „Bitte, lass uns nur noch schnell an der Kirche in Omaruru vorbeifahren", bat ich Rolf, „ich brauche unbedingt das Choralbuch, damit ich die Lieder nachher am Klavier begleiten kann." An der Kirche angekommen, springt Rolf rasch aus dem Auto, rennt zur Kirchentür – und da passiert es! Ich sehe ihn stehen bleiben, seine Hand vor den Mund halten und höre ein wehes Stöhnen! Über dem Kirchenportal, oben, in der rechten Ecke, hatten sich Omungonguas, das sind sehr gefährliche, große rote Wespen, ihr Lehmnest gebaut. Vom heftigen Türöffnen aus ihrer Sonntagsmittagsruhe aufgeschreckt, ließ sich eins der giftigen Wesen nach unten fallen, - direkt auf Rolfs Unterlippe und stach gleich zu. Wie gebannt sah ich seine Lippe von Sekunde zu Sekunde anschwellen, mit jedem Pulsschlag wurde sie dicker! Sein Gesicht veränderte sich zusehends. Wir machten sofort kehrt, fuhren in den Ort zurück und zum Arzt. Wie gut, der war zu Hause. Er verabreichte Rolf eine Spritze mit einem schnell wirkenden Schlangenserum und verordnete ruhiges Liegen von mindestens einer halben Stunde.

Zum Glück gab es seit einigen Monaten das Telefon auch hin zu den Farmen, und das war gut. Wir konnten von Seydlitzens den Bescheid durchtelefonieren; die Taufe wurde um zwei Stunden verschoben. Wir konnten uns zudem sicher sein, dass die meisten Nachbarfarmen diese Terminverschiebung zeitgleich erfahren würden und dass ihr Pastor von einer Omungongua gestochen ist! Es hingen nämlich in dieser ersten Zeit des Farmtelefons immer mehrere Farmen an einer Linie. (Man musste nur genau auf sein ganz spezielles Klingelzeichen achten: kurz - lang – kurz lang – lang kurz – usw., was durch Kurbeldrehen erzeugt wurde.) Wer bekam aber schon so genau sein Klingelzeichen mit? Also hob man lieber den Hörer einmal zu viel als zu wenig oder gar zu spät ab. Und man war so auch viel besser über alles informiert!

Ein noch etwas benommener Rolf und eine inzwischen ruhig gewordene Ehefrau erreichten zwei Stunden später die Farm Immenhof. Es wurde eine sehr schöne Tauffeier; der Säugling war brav, die Choräle sang man kräftig und voll mit, und die Predigt gelang dem Pastor trotz noch geschwollener Unterlippe! Indes mag Rolf sich gewundert haben, dass mein Blick während seiner Predigt so oft an ihm vorbeiging. Aber auf dem Sims vor dem offenen Kamin, wo der Altartisch aufgebaut war, gleich hinter ihm, stand eine größere Fotografie, auf der ich einen General mit Ritterkreuz zu erkennen meinte. Und ich hatte richtig vermutet: auf dem Foto zu sehen war Walther von Seydlitz, Divisionsgeneral im Frankreich- und Russlandfeldzug! Er war bei Stalingrad in sowjetrussische Kriegsgefangenschaft geraten, und er war der Vizepräsident des Nationalkomitees Freies Deutschland und Präsident des Bundes Deutscher Offiziere. Albrecht von Seydlitz, der Taufvater, war sein Neffe.

TROPENKRANK IN WINDHOEK UND TÜBINGEN

In Windhoek auf der Kaiserstraße hat Frau Dorothea Werner, die Physiotherapeutin, ihre Praxis. „Sie sollten sie unbedingt aufsuchen!“, riet mir Dr. Leitner. Wir waren von Omaruru gekommen. Meine Schulterschmerzen waren unerträglich geworden. Aber auch der an heißen Tagen besonders heftigen Kopfschmerzen wegen, die mit Erbrechen und Durchfall einhergingen, hatte ich ihn konsultieren müssen. Dr. Leitner versuchte dem allen entgegenzuwirken. Bei Frau Werner geriet ich an eine äußerst tüchtige Krankengymnastin. Massagen, besondere Übungen und andere Anordnungen bei intensiven Gesprächen zeigten bald Wirkung. Die Aufbauspritzen taten ein übriges. Daneben genoss ich den Bummel über die Kaiserstraße! Der gar nicht mehr gewohnte rege Verkehr bereitete mir Vergnügen. Ich spazierte durch die Zoo-Parkanlage, wechselte auf die belebte andere Straßenseite, um in der Luisen-Apotheke einzukaufen und erledigte meine Post im Hauptgebäude an der Ecke Kaisertrasse/Göringstraße. Die Göringstraße hat nichts zu tun mit dem nationalsozialistischen Reichsmarschall Hermann Göring, wohl aber mit seinem Vater. Der war in der deutschen Kolonialzeit ein kaiserlicher Beamter und ich denke, dass er sich seines Sohnes wegen - hoffentlich! - geschämt hätte. Auf der Kaiserstraße herrschte stets geschäftiges Treiben. Schwarze, braune, weiße Menschen eilten aneinander vorüber oder standen „palavernd“ vor den Geschäften. Man begegnete Farmern, Freunden und Bekannten aus Omaruru, Okahandja, Tsumeb oder anderswo her. Alle hatten dringende Dinge zu erledigen! Zu Ferienbeginn holten sie ihre Kinder von der Regierungsschule oder der DHPS (Deutsche Höhere Privatschule) und zum Ferienende brachten sie die Jungen und Mädchen wieder ins Hostel.

Immer lag ein blauer Himmel über der 1.700 Meter hoch gelegenen Stadt, immer glühte ein strahlender Sonnenball über Straßen, Häuser und Menschen. Oberhalb der Peter-Müller-Straße, auf einer verkehrsberuhigten Insel, steht die Christuskirche; sie beherrscht vom leicht erhöhten Ort gleichsam das Stadtbild Windhoeks. Sie wurde im Jahr 1910 erbaut. Was einer Kirche besonders gut steht, ihr ward es zuteil: Zum Gottesdienst am Sonntagmorgen finden sich in der Regel so viele Gemeindeglieder der Deutschen Ev.-Luth. Gemeinde ein, dass sie bis zum letzten Platz besetzt ist. Hinter der Christuskirche, noch ein wenig höher gelegen, befindet sich inmitten einer Parkanlage mit vielen blühenden Sträuchern, Büschen und bunten tropischen Blumen der "Tintenpalast", das Regierungsgebäude aus deutscher Zeit. Die deutschen Beamten sollen angeblich dort so viel Tinte verspritzt haben. Der Volksmund nannte ihn darum kurzerhand Tintenpalast!

Auf den Hügeln über der Stadt künden gar drei Burgen, die Schwerinsburg, die Heinitzburg und die Sanderburg aus alter Kolonialzeit! Ja, schön waren sie immer, die Besuche in unserer entzückenden kleinen Weltstadt Windhoek, der Hauptstadt unseres Landes!

Nach vier Wochen Behandlung durch Dr. Leitner und Frau

Werner fühlte ich mich kräftiger. Ich freute mich auf die Heimkehr, auf Omaruru, auf die Gemeinden. Leider war der Erfolg der medizinischen Betreuung nur von kurzer Dauer. Die Beschwerden wurden wieder häufiger und heftiger. Frau Werner schrieb sich ihre Gedanken dieserhalb vom Herzen, - und wir mussten sie wohl oder übel akzeptieren.:

DOROTHEA WERNER — *P.O. Box 1749*
Phone 2689

staatl. gepr. Gymnastiklehrerin
und Krankengymnastin — *Windhoek, S.W.A*
(Med. Council) — *23.11.58*

Herrn Pastor Schankweiler
OMARURU Box 22

Sehr geehrter Herr Pastor Schankweiler,
ob Sie mir Ihrer kleinen, lieben Frau nach ihrer Rückkehr zufrieden waren? Es ist sehr schwer, ihr ein bisschen mehr auf die Beine zu helfen, weil ihre ganze Konstitution - seelisch und körperlich - nicht für dieses harte, trockene Land geschaffen ist. Es erschöpft sie ja beinahe alles, und man möchte ihr am liebsten immer Feuchtigkeit und Saftigkeit zuströmen lassen.
Den Rücken konnte ich ganz gut bessern, wenngleich die Hauptarbeit in einer gezielten Übungsbehandlung besteht, die lange Zeit in Anspruch nimmt. Ich habe ihr wohl viele Übungen mitgegeben, aber alleine übt es sich nicht so leicht, als unter Anleitung. Aber von dem richtigen Üben und von der richtigen

Haltung hängt nun alles ab. Dr. Leitner erkannte den Zustand Ihrer Frau sehr gut und bat mich noch einmal, Ihnen und Ihrer Frau sehr ans Herz zu legen, dass sie nach zwei Monaten zu einer nochmaligen biologischen Aufbaukur hierher nach Windhoek kommt. Was der Arzt und ich diesmal machen konnten, ist geschehen. Es wurde der Boden bereitet. Nun muss die Saat noch einmal gehegt und gepflegt werden, damit sie auch wirklich zur Stärkung der physischen Kräfte Ihrer Frau führen kann.

Sie will es nicht recht wahr haben und wie alle vitalen, idealistischen Menschen möchte sie gern das Hemmnis ihrer zarten Gesundheit überspringen. Das kann man aber nicht. So bleibt mir nur noch der Weg, mit Hilfe von Menschen dieses Hemmnis in eine nicht mehr hemmende Erstarkung umzuwandeln. Es läge Dr. Leitner und mir viel daran, wenn Sie es fertig brächten, ihr das klar zu machen. Sie tut es wirklich nicht für sich und aus egoistischen Gründen, sondern einfach für ihre Familie und Sie selbst, die Sie sie neben sich brauchen.

In zwei Wochen sollte sie wiederkommen, bei Dr. Leitner eine nochmalige biologische Aufbaukur machen, und diese Zeit benutzen wir beide dann zum Üben für den Rücken. Das ist doch gut! Niemand wird ihr das verargen, jeder wird sich freuen, wenn sie kräftiger und gesunder wird! Sagen Sie bitte Ihrer Frau, dass mir ihr kleines Büchlein sehr viel Freude gemacht hat.

Mit herzlichen Grüßen

Dorothea Werner

Die medizinische Behandlung zwei Monate später brachte keinen Erfolg. Dr. Leitner riet dringend zu einer Kur in Deutschland. Inzwischen gab es eine sehr preiswerte Flugreise. Die Trek Airways, eine viermotorige Propellermaschine, flog günstig nach Europa, allerdings brauchte sie vier Tage dazu! Wir buchten für mich den Flug, wenn uns der Abschied auch arg schwer wurde. Am letzten Abend saß ich vor meinem gepackten Koffer, ein wenig sehr trübsinnig. Da höre ich plötzlich junge, helle Stimmen durch die afrikanische Nacht singen: „Alle Birkenzweige schwenken lustig nun ihr Maiengrün! Und in vollen gelben Dolden alle Schlüsselblumen blühn....“

In meinem Innern erschienen urplötzlich in der kalten Südwester Zeit frühlingshafte Bilder und ich dachte zum erstenmal daran, dass ich wieder Birken, Maiglöckchen und Schlüsselblumen und grüne Wiesen und Wälder sehen würde! Aber wer hatte diese Bilder in mir wachgerufen? Woher kam der schöne Gesang? Draußen, auf der Veranda vor dem Missionshaus, standen sie alle, Egon, Freda-Marie, Gisela, Klaus, Lothar, Lotti, Gudrun, Dietmar und...und...und, der ganze Jugendkreis, und sangen mir ihren Abschiedsgruß! Und sie wünschten sich, so meinten sie verschmitzt, dass ich ihnen den Frühling aus Deutschland mit nach Afrika bringen müsse, - und zwar per Dias! Ich bekam einen Fotoapparat geschenkt! Tatsächlich besaß ich noch keinen!

Die Trek Airways startete vom Eros - Flughafen Windhoek.

Der Evangelist Markus Ngelenge war mit uns zum Flughafen gefahren. Für ihn war das eine neue Welt, und er bestaunte fasziniert die Flugzeuge. Rolf erzählte mir später: als das Flugzeug am Himmel kleiner und kleiner wurde und schließlich den Blicken entschwand, seien heiße Tränen geflossen, - bei Markus Ngelenge!

Der 4-Tage-Flug war nicht nur eine rechte Anstrengung, er schenkte mir auch bleibende und schöne Eindrücke: Zwischenlandung in Luanda in Angola, in Kano in Nigeria und auf Palma de Mallorca. Bei klarer Atmosphäre und in nur 4000 Meter Flughöhe flogen wir über den Urwald, sahen den Ogowe und sogar die Hütten von Lambarene, in denen der Urwalddoktor, Albert Schweitzer, lebte. Als würde eine Landkarte langsam unter uns hinweggezogen, glitten wir dahin. Die zehn Stunden über der Sahara allerdings werde ich auch nicht vergessen. Das Flugzeug fiel von einem Luftloch in das nächste, immerzu und immer noch einmal. Dank der Tabletten von Dr. Uli Schmid hielt ich mich tapfer. Aber neben mir, vor mir, hinter mir sah und hörte ich Tüten rascheln, und die begleitenden Geräusche kündeten von der Not meiner mitfliegenden Passagiere!

Ich stand auf dem Flughafen in Düsseldorf-Lohausen! Ich bin in Deutschland, nach über vier Jahren! Wolken stehen am Himmel. Es weht ein frischer kühler Wind. Es riecht nach Frühling! Der Missionsinspektor der Rheinischen Mission, Pastor Gustav Menzel, - und natürlich meine Geschwister waren zur Begrüßung angereist. „Wir haben Sie, liebe Frau Schank-

weiler, bereits im Tropengenesungsheim in Tübingen angemeldet. Aber erholen Sie sich zuerst einmal vom Flug!", meinte Gustav Menzel.
Im Tropengenesungsheim findet man gar bald, was man nach den Berichten aus Windhoek vermutet hatte: „Sie haben Amöben!", eine Tropenkrankheit also. Amöben, das sind einzellige, winzig-kleine Ungeheuer. Sie nisten sich in den Taschen des Dickdarms ein, später dann auch im Dünndarm und schließlich, wenn man ihnen nicht vorher den Garaus gemacht hat, in der Leber. Die Ursache meiner Krankheit war entdeckt; ich war glücklich. Jetzt galt es nur brav zu „schlucken"! Manchmal waren es bis zu 20 Tabletten am Tag, Antibiotika und immer wieder Antibiotika, einmal um die Amöben auszutreiben und zum andern, um den Darm wieder zu beruhigen.
Wann immer ich die Möglichkeit fand, erkundete ich Tübingen, diese hübsche Universitätsstadt am Neckar.
Eine Südwesterin aus Windhoek, die ihres Malta-Fiebers wegen in Deutschland weilte, war - ebenso wissbegierig - mit mir unterwegs. Wir drangen selbst bis in die Hörsäle der Universität vor, unsern Wissensdurst zu stillen. So sitzen wir eines schönen Morgens - mit Schreibzeug wohl versehen - in einer theologischen Vorlesung und harren dem geistigen Genuß entgegen Der Professor tritt ans Pult, schaut in die Runde: „Guten Morgen, meine Damen und Herren! Bitte, teilen Sie die hebräischen Bibeln aus, wir schreiben heute eine Fleißprüfung!" - So schnell haben wir noch nie einen Raum verlassen, wie den Hörsaal in der Uni Tübingen! Aber die amüsierten und

schmunzelnden Blicke der Studenten haben wir noch gut mitbekommen!
Der Kampf gegen meine Amöben war wohl zu heftig geführt worden. Am Ende der Sechs-Wochen-Kur erfolgte ein totaler physisch-psychischer Zusammenbruch. Ich konnte plötzlich nicht mehr laufen und kaum noch sprechen. Rolf wurde aus Afrika gerufen. Man überwies mich ins St. Vinzens-Krankenhaus nach Köln. Dort übernahm Professor Dr. Uhlenbruck, ein bekannter Herzspezialist, die Behandlung. Für mich war wichtig, Rolf war da! Er fuhr zu meinen Eltern, ihnen zu berichten und ihnen ihre Sorge zu nehmen: „Margrit ist in den besten Händen! Professor Dr. Uhlenbruck ist ein berühmter und tüchtiger Arzt. Er ist der, der bei Nacht und Nebel zu Eva Peron nach Argentinien gerufen wurde!“ Bemerkte mein Bruderherz trocken dazu: „Ja, aber die ist gestorben!“! - Mir aber half er wieder auf die Beine. Als köstliche Zugabe zu seiner medizinischen Behandlung verabreichte er mir rheinischen Humor! Ein „es-doch-nur-gut-meinender Besucher“ brachte mir eines Tages eine Flasche Möhrensaft mit. Prof. Uhlenbruch sieht sie auf dem Nachttisch stehen, nimmt sie in die Hand, nickt anerkennend und sagt: „Oh ja, Möhrensaft! Fördert die Durchblutung und gibt dem Hintersten eine gesunde Gesichtsfarbe!“ Ein andermal hatte mir jemand Pralinen mitgebracht. Er sieht sie, und sein Kommentar: „Wir verordnen Diät, - und die frisst Pralinen!“ Anschließend an den Krankenhausaufenthalt schickte er mich für drei Monate ins Sanatorium. In Oberursel im Taunus, in „Hohe Mark“, wurde ich end-

lich ganz gesund. Nur, - die Tropentauglichkeit wollte mir das Tropengenesungsheim Tübingen nicht mehr erteilen. Man gestand uns zur Abwicklung unserer Dienste noch einmal ein- bis eineinhalb Jahre Afrika zu. Meine Schwiegermutter fuhr mit uns, und sie war mir für das nächste halbe Jahr eine unschätzbare Hilfe.

Im März des Jahres 1959, als in Deutschland die Schneeglöckchen aus der Erde schauen, gehen wir zu dritt in Rotterdam an Bord der „Rhodesia-Castle“, ein englisches Schiff, und fahren über den Atlantik gen Süden.

In Kapstadt gehen wir von Bord und fliegen weiter nach Windhoek. Ich wusste nicht, dass ich den bängsten Minuten meiner Reise entgegensah! Wir bestiegen die Dakota und glitten leicht und ruhig unter dem blauen Himmel und zwischen einzelnen weißen Wolken durch die Lüfte. Ach, es hätte ein nur schöner Flug werden können! Doch da regte sich in Rolf seine alte Leidenschaft: Fliegen! Er erbat sich von der Stewardesse einen Aufenthalt im Cockpit. Und er bekam die Erlaubnis vom Flugkapitän (so etwas war damals noch möglich!), und ich durfte mit nach vorn. Das große Armaturenbrett mit den verwirrend vielen Schaltern und Knöpfen beeindruckte mich sehr; der direkte Blick in eine unendlich erscheinende Ferne und hinunter in eine schwindelerregende Tiefe, den Piloten und Copiloten zum Greifen nah am Steuer, das alles war mir fast zu gewaltig! Da sagte der Flugkapitän zu Rolf (Rolf hatte ihm erzählt, dass er im 2. Weltkrieg Flieger war.): „Wollen Sie mal das Steuer übernehmen?“ Mir stockte der Atem. Er wird doch nicht!?! Aber mein Mann sagt: „Ja!“ Der Flugkapitän stellt den Autopiloten ab, der Copilot räumt seinen Platz, und Rolf nimmt die Steuersäule in die Hand! „Und jetzt deuten Sie eine ganz leichte Kurve an!“ - Auch das noch! Und Rolf deutet die leichte Kurve an.

Für Rolf war dieser Flug natürlich ein Erlebnis; meine Ängste haben ihn und die Piloten nur köstlich amüsiert! Wir landeten sicher in Windhoek! Die Weide war gelb, der Busch trocken und grau, der Sand gelb-braun, der Staub wirbelte um unser Auto. Aber wir waren in der Sonne! Wir fuhren nach Omaruru, wir fuhren nach Hause!

ETOSHA - EIN BESUCH BEI DEN „GESCHÖPFEN DER FREIEN NATUR“

Das Fernsehen strahlte heute eine recht interessante Sendung aus zu dem Thema: „Artgerechte Tierhaltung - und der Zoo“. Laien und professionelle Experten diskutierten über die Frage, ob es richtig sei, Tiere ihrer Freiheit zu berauben, sie in Käfige zu sperren und sie in also nicht artgemäßer Umgebung gefangen zu halten. Andererseits aber, so gab man zu bedenken, sollten unsere Kinder die Möglichkeit haben, Tiere aus fernen Zonen, in die sie nie kommen würden, kennen zu lernen.

Diese Fragen stellten sich uns in Südwestafrika nicht. Im Norden des Landes liegt einer der natürlichsten, größten und schönsten Tierparks der Welt, das Etosha-Wildreservat! 1907 wurde das Gebiet von etwa 22.000 Quadratkilometer von der deutschen Kolonialregierung zum „Wildschutzgebiet" erklärt. In dieser fast unberührten Steppenlandschaft breitet sich in einer Größe von ca. 8.000 Quadratkilometern die Etosha-Pfanne selbst aus: ein riesiger, ausgetrockneter Salzsee. In der Regenzeit steht diese Senke oftmals voller Wasser; in der Trockenzeit aber verdunstet das Wasser und zurück bleibt eine weiße Salzschicht. Wenn die Sonne darauf scheint - und das tut sie tagaus und tagein - gleicht die Salzschicht einer Decke aus lauter winzigen Kristallsplittern. Es glitzert und funkelt auf der weißen Fläche. Der Artenvielfalt und der Kopfzahl nach zählt die Tierwelt zu den reichsten der Erde. Jagen ist im gesamten Gebiet strengstens verboten. Etosha ist ein Paradies für Tiere! Und wenn sie sich entsprechend benehmen, auch ein Paradies für Menschen! Es gibt darum Verordnungen, die zum Schutz von Menschen und von Wild unbedingt zu befolgen sind!

Meine Schwiegermutter hatte sich erstaunlich gut und schnell in Omaruru eingelebt. Sie war mit uns unterwegs zu den Farmen und pflegte im Ort mit den deutschen Frauen regen Kontakt. Als sie zurück nach Deutschland musste, dachten wir uns für sie ein besonderes Abschiedsgeschenk aus, eines, das von bleibender Erinnerung für sie sein könnte! Wie wäre es mit einer Safari in den Etosha-Wildpark?! Die Unternehmung würde zwar nicht frei von Strapazen sein, aber wir würden diese so gering wie möglich halten! So planten wir, und wir bereiteten die Fahrt in den Norden gründlich vor, erhielten auch das Permit zur Einreise und zum Aufenthalt und träumten uns den Elefanten, Löwen, Nashörnern, Leoparden und anderen wilden Tieren entgegen! Eines Tages war es dann so weit, der ¾-to-Chevrolet stand beladen und abfahrbereit auf dem Hof. Ein Reserve-Benzinkanister, ein Erste-Hilfe-Kasten und natürlich Wasser gehörten zur Standardausrüstung. Hinzu kamen Verpflegung für zwei Tage, Getränke reichlich, Fotoapparat, Tonbandgerät, Sonnenschutzmittel und Bettzeug und Bretter, um evtl. im Auto übernachten zu können. Für die erste Nacht waren wir im Camp Okaukuejo angemeldet. Dazumal gab es im Wildreservat nur die beiden Touristencamps Okaukuejo im Westen und Namutoni im Osten, sie waren ehemals in deutscher Kolonialzeit Militärstationen.

Als erstes sahen wir im Wildpark bald die Giraffen wie Telegraphenmasten aus dem Gebüsch ragen. Ständig veränderte sich das Bild: eine Herde Zebras stob über die Pad, zur Rechten weideten Impalas, links im Busch standen Kudus, wobei die Bullen unter ihnen stolz ihr Korkenziehergeweih trugen. Den weiblichen Kudus fehlt diese männliche Pracht, doch wirken sie vielleicht gerade darum noch eleganter und graziler. Das Stangengeweih der Oryxantilopen stach gefährlich in die Luft. Alles aber hat man dann erst gesehen, wenn man den "Fünf Großen" auch begegnet ist, als da sind: Elefant! Löwe! Nashorn! Büffel! Leopard! Früh am nächsten Morgen fuhren wir von Okaukuejo zu den Wasserstellen, wo das Wild in der Trockenzeit am ehesten anzutreffen ist und sich beim Trinken beobachten lässt. Es gibt natürliche, nicht austrocknende Wasserlöcher. Zur Erhaltung des Wildbestandes aber in der Trockenzeit wurden zusätzlich Bohrlöcher mit Windmotoren und Brunnen angelegt. An den Wasserstellen steht man oft stundenlang mit seinem Auto. Es braucht Geduld, oft sehr viel Geduld, bis das Wild zum Wasser kommt. Der Motor des Autos wird abgestellt, man unterhält sich nur im Flüsterton, damit das Wild nicht durch fremde Laute scheu wird und sich auch näher heran traut.

Es war z. B. in Leeubron wunderschön zu beobachten, wie sich zuerst eine und dann eine zweite Giraffe mit wiegendem Gang zur Wasserstelle bewegte, und wie sie sich breitbeinig zum Wasser hinab beugte und trank. In der Nähe weideten Zebras. Ein wenig vom Ufer entfernt entdeckten wir unter dem Gebüsch eine Löwenfamilie; ein Bild des Friedens! Die Löwin lag wie eine Königin auf dem Kanapee, während die Jungen um sie herum spielten. Der große, starke Mähnenlöwe trabte gemächlich daher, als überlege er noch, ob und wie er seine Familie ernähren könne! Dabei verläuft die „Zubereitung der Mahlzeit" und die Mahlzeit selbst nach einem festen Ritus! Die Löwin schlägt das Wild! (Auf der Wildfarm Harnas, östlich von Gobabis, in der Kalahari, hat uns die Wildwärterin darauf aufmerksam gemacht, dass die Löwin am Ende ihres langen Schweifes einen Stachel hat, mit dem sie sich zur Jagd auf ihre Beute anreizt. Im Wildgehege und unter Aufsicht durfte ich diesen Dorn selbst fühlen!) Also: die Löwin sorgt für die Speise und der Mähnenlöwe frisst als erster! Wenn er satt ist, sorgt er mit bewundernswerter Fürsorge für seine Jungen. Immer wieder mal sahen wir die Überreste eines solchen Mahles, die Knochen von gerissenen Springböcken, von Gnus oder Zebras.

An der Wasserstelle von Okaukuejo waren wir geradezu überwältigt: Weit über tausend Springböcke, Herden von Zebras, dazwischen Kudus, Impalas und Oryxantilopen boten sich unseren Blicken dar. Wie gebannt schauten wir und auch die anderen Besucher an der Wasserstelle auf dieses friedliche, zauberhafte Bild. Da, plötzlich, in diese Ruhe und Idylle hinein klatscht wie ein Peitschenschlag ein heller, greller Laut. Die Menschen an der Wasserstelle schrecken zusammen. Durch die Rudel der Tiere geht ein Ruck und im Nu sind die Tausende von Springböcken, die Zebras, Gnus und alle anderen auf und davon. Kein Wild ist mehr zu sehen. Die Touristen alle sehen mich entsetzt und vorwurfsvoll an, und dann doch ein wenig schmunzelnd: Ich hatte doch nur einmal laut und heftig niesen müssen! Am Abend im Schwimmbassin in Okaukuejo taucht plötzlich ein Mann neben mir aus dem Wasser, sieht mich und meint: „Aha, vom Schwimmen also die Erkältung!"

Das mit dem „Elefant im Porzellanladen" kann so nicht stimmen. Lautlos kommen diese mächtigen Kolosse aus dem Busch, und wir haben kaum einen Ast knacken hören, wenn sie zum Wasser ziehen. Das Baden und Plantschen im kühlen

Naß macht ihnen mindestens so viel Spaß, wie meinen Enkelkindern heute! Sie steigen ins Wasser, bespritzen und beprusten sich gegenseitig (nicht meine Enkelkinder, natürlich die Elefanten!), und wie aus einem Duschkopf sprüht der Wasserstrahl aus ihrem Rüssel, den sie mit Schwung nach hinten werfen um sich abzukühlen. Ärgern darf man diese klugen Tiere nicht, das mögen sie gar nicht, und es könnte einem auch übel bekommen. Es sind ja schließlich die wilden afrikanischen Elefanten, die mit den großen Ohren und nicht die indischen Elefanten mit den kleinen Ohren.

Vom vielen Erleben, vom Schauen und Fahren, waren wir erregt und müde zugleich. Langsam fuhren wir mit unserm Auto durch Busch und Steppe, durch die stille Weite, unserm Camp für die Nacht, Namutoni, zu. Doch wer weiß schon, was in solch spannungsreichen Momenten für Gedanken im Manne wohnen!? Rolf lenkt plötzlich unser Auto von der Hauptpad ab, biegt in einen kleineren Nebenpfad ein und zielt geradewegs auf die weiße Pracht, auf die Salzpfanne zu! Erschrocken rufe ich aus: „Rolf, was tust Du?? Warum machst Du das?!“ Seine Antwort kurz und logisch: „Weil es mir Spaß macht!“ Und er fährt, wie ein Sieger, auf das Ufer zu und auf die trockene Salzfläche! Es war verboten, von der Hauptpad abzubiegen! Es war auch verboten, aus dem Auto zu steigen! Und Rolf fährt mit uns in die unendlich scheinende weiße Welt! Waren wir Frauen wieder einmal nur zu ängstlich? Eigentlich war es doch ein großartiges Schauspiel, das sich uns auftat?! Aber leider nicht sehr lange! Die Räder unseres „Chev“ drehen sich langsam langsamer, und dann noch langsamer. Rolf schaltet in den 2. Gang um, dann zurück in den 1. Gang - und dann bleibt unser Auto stehen! Wir saßen fest! Besser noch, wir klebten fest und das auf der Salzpfanne! Wir waren allein im weiten, großen Wildpark; die Hauptpad, wo evtl. ein Auto hätte vorbei fahren können, einige hundert Meter entfernt und zudem von Büschen und Mopanebäumen verdeckt.

Bei uns im Auto war es ganz still geworden! Wir sahen auch nur noch grau-bräunlichen, klebrigen, schmutzigen Schlamm. Bei jedem Versuch zu fahren, setzte sich dieser Schlamm fest und fester in das Profil der Autoreifen. Mit unserem Taschenmesser versuchten wir, die Räder zu säubern, doch der nächste Fahrversuch verklebte sie wieder. Wir holten unsere Staubkittel hervor und unsere Fußmatten und legten sie unter die Autoräder; wir rissen und robbten trockenes Gras und kleines Geäst am nahen etwa 30 Meter entfernten Ufer der Salzpfanne, um den Rädern festen Boden zu verschaffen, - alle Mühe aber war vergebens! Die Hinterräder waren bis auf die Achse und das Differential eingesackt. Was tun?? Ein Handy oder etwas Ähnliches gab es damals noch nicht. Eine Möglichkeit wäre auch die gewesen, dass einer von uns Dreien zur Hauptpad liefe, um ein vielleicht vorbei kommendes Auto anzuhalten und um Hilfe zu bitten!? Aber so einfach durch den afrikanischen Busch laufen? Im Wildpark? Auf jedem Baum könnte ein Leopard liegen, unter jedem Strauch ein Löwe, ein Elefant könnte einem begegnen - und was sonst noch alles in dieser freien Natur kreuchte und fleuchte!

Rolf wäre natürlich mutig genug gewesen, den Weg zu wagen! Aber was würde aus uns Frauen, wenn er nicht wieder zurück käme??

Wir robbten also in der Mittagshitze weiter Gras und trockene Zweige, und wir säuberten weiter die Räder. Doch sobald Rolf den Motor startete, drehten die Räder durch und blieben wieder dick verschmiert stehen. Die Stunden gingen hin. Die Sonne stand längst nicht mehr im Zenit. Uns war klar: Das Camp Namutoni, wo wir für die Nacht angemeldet waren, würden wir bis zum Sonnenuntergang nicht mehr erreichen. Würde man unser Nichterscheinen bemerken? Würde man vielleicht nach uns suchen? Es wurde dunkel. Wir richteten uns unser Nachtlager im Auto ein, legten dazu die breiten Bretter aus, packten die Luftmatratzen darauf, - und versuchten zu schlafen. Nur einmal habe ich die Gemüter strapaziert! Ich schlug voller Galgenhumor vor, wir sollten doch schon mal unser Testament aufs Tonband sprechen! Das kam gar nicht gut an! - Wir schliefen aber tatsächlich in dieser Nacht, erschöpft und tief. Das Lachen der Hyänen, das Heulen der Schakale und all die anderen fremden Geräusche in der afrikanischen Nacht begleiteten unsern Schlaf und unsere unruhigen Träume.

Ein neuer Tag begann. Von meinem Matratzenlager aus schaute ich durch das Autofenster nach draußen, - und ich hielt meinen Atem an! Ich sah einen Sonnenaufgang, wie ich ihn nie wieder erlebt habe! Die Schönheit dieses Morgens werde ich mein Leben lang nicht vergessen. Eine unendlich weite, weiße Fläche lag vor mir, und auf ihr glitzerte und funkelte es, und über ihr stieg ein goldener Sonnenball auf und blickte von einem wunderbar blauen Himmel majestätisch auf diese zauberhafte Welt! Ich habe in diesem Moment nicht an Beethovens Vertonung: „Die Himmel rühmen des Ewigen Ehre..." gedacht, aber wenn ich den Text heute singe oder höre und komme an die Worte: „....und läuft den Weg gleich als ein Held...", dann sehe ich diese Sonne und diesen Himmel über dem weißen Etosha-Salzsee in Afrika vor mir. Auch Rolf war hoffnungsfroh aufgewacht. In der Nacht waren ihm gute Gedanken gekommen. Er erläuterte uns seinen Plan: Wir würden die vier Bretter, auf denen wir in der Nacht geruht hatten, je unter ein Autorad legen, die Reifen gut vom Schlamm befreien, unter die Hinterräder eine Rampe in Richtung Vorderräder vorher ausheben, damit sie etwas tiefer fallen können und - wenn der Motor anspringt, die zwei Meter auf den Brettern abfahren, dann die vier Bretter wieder vor alle Räder legen, darauf rollen, abfahren, wieder die Bretter hervor holen, abfahren und so weiter, bis die ca. 30 Meter zum Ufer geschafft seien und wir wieder festen Boden unter uns haben würden. Der Plan schien uns gut. Wir gingen ans Werk. Nach etwa zwei Stunden war die Vorarbeit geleistet: Die Reifen sauber, zwei Rampen ausgehoben, die Bretter gelegt, - und Rolf drehte den Zündschlüssel! Wir wagten kaum Luft zu holen: Macht die Autobatterie nach den vielen Startversuchen gestern und nach der Nacht noch mit?? Der Motor sprang an! Die Räder drehten sich! Meterweise arbeitete sich das Auto ans Ufer! Es war

dreckig, lehmbespritzt. Wir waren fast am Ende unserer Kraft, aber wir waren glücklich, überglücklich und sehr dankbar!
Im Camp Namutoni hatte man uns nicht vermisst. Wir stellten es erleichtert fest, - aber auch zugleich ein wenig enttäuscht! Hatte man gar nicht nach uns suchen wollen?? Als wenn nichts gewesen wäre, nahm der Wildhüter im Büro unsere Papiere entgegen, stempelte in unser Permit ordnungsgemäß das Datum der Ausfahrt aus dem Wildpark Etosha ein, - wir waren entlassen! Die 450 Kilometer nach Omaruru schafften wir an diesem Tag nicht mehr. Wir fuhren zur Missionsfarm unserer Rheinischen Mission nach Gaub in der Nähe von Tsumeb. Geschwisterlich lieb nahm man uns dort auf, und wir begannen zu entspannen. In der Nacht wurde ich von einem eigenartig dumpfen Geräusch geweckt. Erschrocken fuhr ich hoch! **Rolf war aus dem Bett gefallen!**

ABSCHIED VON OMARURU

Die uns zugestandene Zeit in Südwestafrika ging ihrem Ende entgegen. Die vergangenen heißen Monate von November 1959 bis März 1960 haben mich die Entscheidung des Tropeninstitutes Tübingen nicht nur respektieren sondern auch bejahen lassen. Ein Kindlein hatte sich angemeldet, doch ich habe es nicht austragen können.
Das Abschiednehmen von Afrika war sehr schwer, sowohl von unseren schwarzen wie von unseren weißen Gemeindeglie-

dern, Freunden und Bekannten. Rolf stellte unseren letzten Gottesdienst unter das Wort aus Hebräer 13, Vers 14: „Wir haben hier keine bleibende Stadt, sondern die zukünftige suchen wir.“ Es spiegelte die Stimmung so ziemlich genau wieder, die sich uns während der Tage des Sich-trennenmüssens und des Packens, Ordnens und Abschließens so unendlich vieler Dinge bemächtigte. Der letzte Abend, die letzte Nacht in Omaruru brach an. Die Überseekisten waren zum Schiff nach Walvis Bay unterwegs. Das Haus war geräumt, kein Stuhl, kein Tisch, kein Bett mehr darin. Inzwischen zeigte der Uhrzeiger lange nach Mitternacht an. Wir gingen wehmütig und müde durch die leeren Räume. Zum Schlafen hatte uns für diese letzte Nacht die Missionarswitwe Elisabeth Kuhlmann eingeladen. Weil wir wussten, dass es bei uns sehr spät werden würde, haben wir sie gebeten, sich aber bitte zu ihrer gewohnten Zeit zur Ruhe zu begeben. Müde tappten wir im Dunkel der Nacht zum alten Missionshaus hin. Im kleinen Wohnzimmer brannte noch die Petroleumlampe, und am Tisch saß die alte Frau, den Kopf auf ihren Arm gelegt, und schlief. Dieser Anblick hat mich sehr bewegt. Unwillkürlich musste ich an die Begebenheit denken, die man sich von Friedrich dem Großen und Hans Joachim von Zieten erzählt. Der alte Reitergeneral war bei einer Einladung in Sanssouci an des Königs Tafel eingeschlafen. Darüber zutiefst entsetzt, wollen die anderen Gäste ihn wecken. Doch der König winkt ab: ,,Lasst ihn schlafen, er hat genug für uns gewacht!“ - Wir waren unserer guten, alten Freundin in diesem Moment besonders und von

Herzen sehr zugetan! Am nächsten Morgen, - das Auto, das uns zum Schiff nach Walvis Bay bringen sollte, stand schon zur Abfahrt bereit - legte sie uns die Hände auf den Kopf und gab uns den Liedvers auf den Weg:

„Zieht in Frieden eure Pfade! Mit euch des großen Gottes Gnade und seiner treuen Engel Wacht! Wenn euch Jesu Hände schirmen, geht's unter Sonnenschein und Stürmen getrost und froh bei Tag und Nacht. Lebt wohl, lebt wohl im Herrn. Er sei euch nimmer fern, spät und frühe. Vergesst uns nicht in seinem Licht, und wenn ihr sucht sein Angesicht."

Das war im Jahr 1960, in der kalten Zeit in Südwestafrika. In Deutschland würde Sommer sein. Wie unser Weg weiter gehen würde, wussten wir nicht. Zunächst durften wir das Geschenk vom Kirchlichen Außenamt, damals noch in Frankfurt, ausleben! Der Kirchenpräsident, D. Adolf Wischmann, der während unserer letzten Südwester Zeit zur Visitation dort weilte, meinte zum Abschluss einer Tagung zu uns: „Das Kirchliche Außenamt möchte Ihnen gern aus Dankbarkeit für Ihren Dienst eine Woche London schenken!" Es war ein wunderbarer Übergang vom Alten zum Neuen!

Mit Dag Hamarsjöld möchte ich sagen:

„Dank für das Gewesene, Ja für das Kommende!"

NEUBEGINN IN DEUTSCHLAND

Wie war das eigentlich noch damals, Mitte der sechziger Jahre? Als wir Afrika verlassen haben und uns in Deutschland neu einrichten und orientieren mussten?

Ich komme soeben aus unserem Garten hinter unserem Haus in Falkensee. Ich habe den Goldfischen im kleinen Teich zugesehen, wie sie munter hin und her geschwommen sind, hin und her und her und hin, in dauernder Bewegung. In der Ligusterhecke dahinter saßen die Spatzen, zirpten, zwitscherten und schimpften, flatterten auf und ließen sich wieder auf der Hecke nieder. Ich dachte an „die Vögel unter dem Himmel..." aus Matthäus 6, die nicht säen und nicht ernten, und die unser himmlischer Vater doch ernährt, und dass uns dieses Beispiel von unseren Sorgen ablenken will.

Hab ich mir damals zu viele Sorgen gemacht?

Oben in meinem Zimmer, im Aktenschrank, den ich schon so lange aufräumen und entrümpeln wollte, fand ich dieser Tage einen Brief, den ich damals nach Afrika schrieb und der mich an diese erste Zeit in Deutschland erinnerte:

4722 Ennigerloh/Westfalen, den 28. November 1962

Neubeckumerstraße 6

Ihr lieben Freunde in Südwestafrika!

Wie gut, dass wir uns unserer Verbundenheit mit Euch über die Zeit hin so herrlich gewiss sind. Wir würden nach dieser langen Schreibpause es sonst kaum wagen, uns wieder zu Wort zu melden!

Wie sehr haben wir uns über all Euer Gedenken zu Anne-Verenas Geburt gefreut! Eure Briefe liegen in einem Kästchen aufbewahrt für die Zeit, da Anne selber lesen kann! Es tut uns nur so sehr leid, dass wir Euch unser Goldstück nicht in natura zeigen können. Aber sobald der nächste Film entwickelt ist, kommen die Fotos als lebendiger Gruß zu Euch. Unser Kindlein ist uns täglich neu ein Wunder unseres himmlischen Vaters! Seit Annes Geburt lebe ich beinahe in einem andauernden Glücksgefühl.

Nur leider drehen wir bald durch vor Arbeit. Seit wir wieder in Deutschland sind, stürmen die Umwälzungen nur so auf uns ein. Nachdem Annes Geburt gut verlaufen war und wir uns unserer kleinen Familie in immer neuen Variationen erfreuten, bekam kurz darauf mein Mann vom Landeskirchenamt der Evangelischen Kirche von Westfalen die Nachricht, er dürfe sich zum 2. theologischen Examen in Form eines Kolloquiums vorbereiten. Das bedeutete für ihn, neben der Gemeindearbeit tüchtig zu studieren. Am 25. Juli 62 aber kam er dann auch befreit und glücklich vom Landeskirchenamt aus Bielefeld zurück: das 2. theologische Examen war bestanden! Der Anstellung als Pfarrer in ein Pfarramt der EkvW stand nichts mehr im Wege. Am Abend des Tages standen bei uns 2 Sektflaschen „Henkel-Trocken" auf dem Tisch; die eine hatte Rolf von Bielefeld mitgebracht, die andere habe ich besorgt! - Muss ich dazu schreiben, dass ein Rest übrig blieb?!!

Nach etlichen Vorgesprächen und nach einer Gast- und schließlich Probepredigt ist mein Mann zum Pfarrer der Kirchengemeinde Ennigerloh im Kirchenkreis Gütersloh gewählt worden. Am vergangenen Sonntag fand die feierliche, sehr würdige Einführung in die Gemeinde durch den Superintendenten des Kirchenkreises, Pfarrer Lohmann, und durch den Missionsinspektor, Dr. Weth, als Vertreter der Rheinischen Mission statt.
Wir bewohnen in Ennigerloh in der Neubeckumerstraße ein Haus mit im Parterre drei und im ersten Stock ebenfalls drei Räumen. Rings um das Haus ist ein Garten mit einem Rasen und vielen Apfel- und Kirschbäumen. Die Kirche liegt gleich nebenan.
Mit stets wachem Interesse und oft auch großer Sorge lesen wir die politischen Nachrichten über Südwest und seine Zukunft. Unsere Welt ist gegenwärtig wieder einmal so zerrissen und von Krieg bedroht. Auch hier hatten wir in den vergangenen Wochen oft Angst und Sorge.
Ein wenig aber muss ich doch noch von unserm Töchterlein Anne erzählen: Gerade eben war ich oben bei ihr, ihr das 4-Uhr-Fläschchen zu geben. Sobald sie Tritte auf der Treppe hört, juchzt sie los oder ruft: hähä! Wenn dann die Tür zu ihrem Zimmer aufgeht, hebt sie neugierig das Köpfchen über die Bettdecke. Mein Mann meint, dass man daran schon das kleine Frauenzimmer erkenne! Wenn ihr Hunger nicht sehr groß ist, lacht sie mich während des Trinkens einfach an, und ich bin machtlos! Mit meinem Mann kann sie es besonders gut.

Die beiden schäkern um die Wette, bis Anne einen Schlicks kriegt! Sie ist dick und rund, hat rote Bäckchen und blaue Augen und eine süße Stupsnase.......
Wir drei grüßen Euch alle in Afrika zum Weihnachtsfest,
Eure Rolf und Margrit Schankweiler mit Töchterlein Anne-Verena

ENNIGERLOH, EINE STADT IM MÜNSTERLAND

Münsterland, das Wort steht für Agrarland. Man sieht sie gleichsam vor sich, die grünen Weiden und grasenden Kühe, die Pferdekoppeln und die blitzsauberen Dörfer. Ennigerloh 1962 war das alles nicht. Es war eine graue Stadt, von der Zementindustrie beherrscht und gezeichnet. Im Südwesten der Stadt liegt das Werk „Germania" und im Nordosten das Werk „Anneliese", sie sorgten dafür, dass über Ennigerloh praktisch stets ein grauer Schleier ausgebreitet war. Ging man mit blankgeputzten Schuhen über einen vermeintlich grünen Rasen, kam man garantiert mit grau bepuderten Schuhen wieder herunter. Aber die Zementindustrie sorgte - und das war das wesentliche - für Arbeitsplätze. Man arbeitete in der Regel bei „Germania" oder bei „Anneliese" oder bei der Matratzenfabrik „Profilia".. Die evangelische Kirchengemeinde Ennigerloh ist eine Diasporagemeinde im katholischen Münsterland. Das war damals noch ein wichtiges Kriterium. Der größte Teil ihrer Gemeindeglieder bestand aus Flüchtlingen, die nach dem 2. Weltkrieg hauptsächlich aus Schlesien und Westpreußen gekommen waren. In Ennigerloh war eigentlich alles im Werden! Es vibrierte dauernd! Ob es das Zusammenwachsen in der evangelischen Gemeinde von Alteingesessenen und Neuzugezogenen war, oder ob es das „Einander-annehmen“ der verschiedenen Konfessionen oder das Miteinander der westfälischen und seit je hier ansässigen Bürgern mit den ihrer Heimat beraubten Flüchtlingen war, das Problem mit der Tradition auf der einen und den neuen Gegebenheiten im „Wirtschaftswunderland“ auf der anderen Seite, alles musste durchlebt und durchlitten werden. Ennigerloh war damals eine sozial unruhige Stadt im Werdeprozess. „In Ennigerloh“, so raunte man sich zu, „da liegt der Teufel auf dem Stroh!“ Wir fanden es bei unserm Einzug eigentlich gar nicht so schlimm, wenngleich uns der Unterschied zwischen unserm Leben im menschenleeren, weiten Südwestafrika zu dem rege pulsierenden, engen Dasein in Deutschland schon zu schaffen machte.

Die Hauptverkehrsstraße ging dazumal mitten durch den Ort. Die Neubeckumerstraße, an der unser Pfarrhaus lag, war ein Teil dieses Verkehrsärgernisses. Ob Industrie-, Stadt- oder Durchgangsverkehr, ob Pkw oder Lastwagen, alles raste und brauste an unserm Haus vorbei. Es war unmöglich, bei geöffnetem Fenster zu schlafen. Ohropax löste dieses Problem auch nicht. Dennoch, wir waren gespannt auf die neue Gemeinde, auf das Leben in Ennigerloh und im Münsterland. Wir freuten uns auch besonders, nun in Deutschland am kulturellen Geschehen teilhaben zu können. Der Pfarrdienst hatte natürlich viele andere Schwerpunkte gegenüber dem in Afrika. Allein zehn Stunden wöchentlich hatte Rolf an der Realschule Religionsunterricht zu erteilen. Jede Woche war ein Schulgottesdienst, später waren es sogar drei, zu halten. Die evangelischen Schulklassen erschienen dazu geschlossen, von ihren Lehrern oder Lehrerinnen begleitet, in der Kirche.

Rolf war der alleinige Seelsorger, das heißt, ein Kanzeltausch mit einem Amtsbruder war nicht möglich, allenfalls an einem zweiten Feiertag der großen Festtage, dann predigte er in Beckum oder Neubeckum, und sein Kollege war bei uns in Ennigerloh. Ansonsten stand er Sonntag für Sonntag auf der Kanzel seiner Gemeinde und hielt anschließend in einer voll besetzten Kirche den Kindergottesdienst. Zweimal wöchentlich kam eine stattliche Konfirmandenzahl zusammen. Den Katechumenenunterricht nahm ihm unsere äußerst tüchtige Gemeindeschwester, die Betheler Diakonisse Anneliese Althoff, ab. Neben ihrer Pflegetätigkeit an Alten und Kranken gestaltete sie auch die gesamte Frauenarbeit. Sie war für die Gemeinde wie auch für uns privat ein rechter Segen! Sie wachte an Annes Bettchen, wenn wir Dienst hatten, und bereicherte Annes Kinderjahre. Übergemeindlich stand auf Rolfs Dienstprogramm das Amt als Polizeiseelsorger für den Landkreis Beckum. Doch, sie war sehr vielschichtig und sehr lebendig, die Kirchengemeinde Ennigerloh. Die freiwillige Laienmitarbeit oft überwältigend. Und der Gemeindegesang machte manchen Amtsbruder neidisch! Fremde Kirchenbesucher zuckten unwillkürlich zusammen, wenn die Gemeinde zum Singen ansetzte! Vom Volumen her, meine ich, müssten die Choräle aus unserer Ennigerloher Kirche bis zu Gottes Thron gelangt sein!

DER GAST UM MITTERNACHT

Es geschah in der ersten Woche unseres Wohnens in Ennigerloh. Das Pfarrhaus war noch nicht ganz fertig renoviert. Jeden Morgen gaben sich die Handwerker ein Stelldichein. Das große Wohnzimmer mit den Fenstern zur Neubeckumer Straße hatten wir noch gar nicht einrichten und auch keine Gardinen aufhängen können, obwohl gerade Letzteres sehr nötig gewesen wäre! Das Interesse am Pfarrhaus war beträchtlich, und es war besonders ausgeprägt bei den Besuchern der Kneipe, gleich schräg gegenüber! Bis spät in die Nacht hinein wurde dort gesungen, gegrölt und randaliert. Aber wir dachten uns noch nichts Arges dabei. Wenngleich Anne des Nachts oft weinend aufwachte, weil „die Onkel wieder singen“! Schließlich waren wir doch aus der afrikanischen Wildnis in ein kultiviertes, zivilisiertes, westliches Deutschland gekommen! Und wir gedachten, daran teilzuhaben! Kulturell auftanken, das war unser Gedanke! So freuten wir uns denn auf unsern ersten Theaterbesuch! Gerhard Hauptmanns Schauspiel: „Die Ratten“ wurde in Ennigerloh aufgeführt. Es war zwar nicht gerade das, was wir uns als erstes Stück in Deutschland ersehnt hatten, aber es würde uns gewiss irgendwie bereichern. Wir waren immer noch recht wohlgemut. Das Stück war äußerst trist und trostlos. Es endete denn auch mit einem Selbstmord. Im letzten Akt springt ein Arbeiter aus dem dritten Stockwerk eines elenden Miethauses in den verkommenen Innenhof. Die depressive Stimmung der „Ratten" legte sich uns aufs Gemüt. Wir zogen still durch die dunklen Straßen Ennigerlohs nach Hause, immer noch dem dumpfen Geschehen und den schrecklichen Bildern nachsinnend. Da fiel mir ein, was ich ja Rolf noch hatte berichten wollen: Beim Einrichten des Studierzimmers am Nachmittag hatte ich einen seltsamen Fund gemacht. Im gemeindeeigenen Schreibtisch lag ein Revolver! Ein Revolver? Im Pfarrhaus? Ich war erschrocken! Dann aber hatte ich die Sache vergessen; es war so viel anderes zu bedenken, zu besorgen und zu erledigen. Jetzt, auf dem abendlichen, dunklen Heimweg erzählte ich Rolf davon. Bewegt von all diesen düsteren Gedanken, von den „Ratten" und dem „Revolver", betraten wir unser Heim. Es kam mir aber so gar nicht heimelig vor. Durch die offenen, dunklen Fensterhöhlen, vor denen ja weder Gardinen noch Jalousien angebracht waren, schaute die undurchsichtige Nacht. Aber wir hatten das Gefühl, nicht nur sie. Wir fühlten uns beobachtet. Ich dachte voller Heimweh und Sehnsucht an Afrika, wo wir wochenlang unser Haus nicht abzuschließen brauchten. Ich dachte an den klaren, weiten afrikanischen Sternenhimmel, der uns mehr Licht geschenkt hatte, als die trüben Straßenlaternen Deutschlands. An eine Waffe haben wir in Afrika nie gedacht, - wenngleich Pastor Josua Rolf im Reservat Omatjette oft humorvoll gefragt hat: „Muhonge, wo hast Du Dein Gewehr? Sieh nur das viele schöne Wild!“ Dabei hatte er aber nur die leckeren Fleischportionen im Sinn für seinen Dreifuß-Kochtopf zu Hause! Hier, in der zivilisierten Stadt, in der modernen Neubeckumer Straße, schallte das Grölen aus der Kneipe durch die Mitternacht!

Wir gingen ins Haus, schlossen die Tür und wollten uns gerade zum Schlafen nach oben begeben, da klingelt es an der Tür. Jetzt? Um Mitternacht? Wir sehen uns an. Aber wie gewohnt geht Rolf zur Tür und öffnet sie. Ich stand ein wenig abseits und hörte nur eine Stimme: „Ich will Sie umbringen!“ Ich traute meinen Ohren nicht. Rolf mag es ähnlich ergangen sein, denn er fragte zurück: „Was wollen Sie?“ Eine Tonlage tiefer kam die Stimme: „Ich will Sie jetzt umbringen!“ Ich rannte in die Küche, griff mir den Besenstiel und eilte zur Haustür, meinen Mann zu retten! Dort bekam ich nur noch mit, dass Rolf dem Unbekannten die Tür vor die Nase drückte mit den Worten: „Reden Sie keinen Unsinn und gehen Sie nach Hause!“ Und der Mann ging! Er ging wirklich! - Nach einer gewissen Zeit konnten wir sogar wieder lachen!

Wir hielten, was wir so gern nach wichtigen Begebenheiten tun, „Nachbesprechung“! Haben wir uns richtig verhalten? Was hätten wir sonst tun sollen? Den Revolver von oben holen? Ich hatte in der Aufregung gar nicht mehr an ihn gedacht. Aber Übung hatten wir ja mit dem Ding sowieso nicht! Wir konnten aber den Mann mit seinem Vorhaben doch auch nicht ins Haus bitten und sagen: „Kommen Sie herein, wir wollen die Sache in Ruhe besprechen!"? „Nein", meinte ich zu Rolf - und man mag daran sehen, dass ich die Diasporasituation bereits voll im Griff hatte! - „Du hättest ihn fragen sollen: „Waren Sie denn auch schon bei den katholischen Pfarrern?"!

Einige Tage später fand Rolfs Einführung in die Kirchengemeinde Ennigerloh festlich im Gottesdienst statt. Zum anschließenden Empfang wurde in den „Stavernbusch", einer hübschen, münsterländischen Gaststätte, eingeladen. Alles, was in Ennigerloh Rang und Namen in Kirche, Gesellschaft, Schule und Politik hatte, und natürlich und selbstverständlich die Amtsbrüder aus der katholischen Kirchengemeinde, war gekommen. Nach den Festreden, Grußworten, Segenswünschen ließ es sich Rolf in seiner abschließenden Bedankungsrede nicht entgehen, von unserem „Mitternachtsbesucher" zu berichten - und vom Ergebnis unserer Nachbesprechung! Das war ein Gaudi für die Ökumene! Nein, bei den katholischen Pfarrern war der Bösewicht nicht erschienen!

EIN GEMEINDEAUSFLUG

„Man soll die Kirche im Dorf lassen.“ - In Ennigerloh stand sie eher am Rande der Stadt. Solide und stabil, von schlichter Architektur, erbaut im Jahre 1914. In der Sakristei lag eine von der Kaiserin Auguste Victoria gestiftete und signierte Bibel. Unsere Kirche war wirklich Mittelpunkt und Treffpunkt der Gemeinde. Es erfüllte mich immer wieder mit dankbarem Verwundern und auch mit Freude und Hoffnung, dass sie in der Regel gut besucht war. Ich denke zum Beispiel gern an die stillen Andachten wöchentlich in der Passionszeit, an den großen Abendmahlsgottesdienst am Gründonnerstag. Ostern blies der Posaunenchor bereits um 7.00 Uhr auf dem Friedhof und war um 10.00 Uhr zum Festgottesdienst selbstverständlich wieder zur Stelle.
Am 2. Feiertag konnte der Pastor Luft holen, denn da gab es endlich einen Kanzeltausch mit den Nachbarpfarrern. Aber nicht nur an Sonn- und Feiertagen traf sich die Gemeinde in der Kirche. Jährlich einmal fand der große Gemeindeausflug statt; mit drei Omnibussen ging die Gemeinde auf Fahrt, aber nicht ohne Morgenandacht in der Kirche! Helgoland stand für diesmal auf dem Programm. Die Busse der Firma Kottenstette parkten auf der Neubeckumer Straße. In der Kirche versammelte sich die erwartungsfroh gestimmte, zu allem Erleben fest entschlossene Gemeinde andächtig zu Gebet und Gesang! Der Uhrzeiger stand auf 5.00 Uhr in der Frühe! Unserer kleinen Anne wegen konnte ich die Fahrt nicht mitmachen;

den Morgengesang auf der Orgel zu begleiten aber war ich mit in die Kirche gekommen. Anne lag derweil nebenan im Pfarrhaus sicher in ihrem Bettchen und schlief. Passieren konnte in der kurzen Zeit meiner Abwesenheit also nichts. Die Morgenandacht war vorüber, alle Ansagen getan, die Frauen und Männer strömten fröhlich lärmend zu den Bussen. „Jetzt gönne ich mir noch in aller Ruhe ein schönes kleines Orgelstück!", fuhr es mir durch den Sinn. Zum Schluss noch ein frischer Morgenchoral, dann hüpfte ich leichtfüßig die Emporentreppe hinunter. Ich komme ans Kirchenportal, drücke die schwere Klinke runter - und finde die Kirche verschlossen. Ich hatte keinen Kirchenschlüssel bei mir. Die Küsterin gehörte mit zur Ausflugschar. Beim Hinausgehen hatte sie gewohnheitsmäßig verriegelt. Was tun? Sie saß bestimmt fröhlich und unbeschwert im Bus nach Wilhelmshaven. Ich lief durch die Kirche und suchte nach einer Möglichkeit in die Freiheit! Die Kirchenfenster waren geschlossen und auch viel zu hoch, als dass ich sie hätte erreichen können. Die Sakristeitüren fand ich ebenfalls verschlossen. Ich war gefangen! Was sollte, was konnte ich anstellen? Die Glocken läuten? Aber wen würde das stören? Die Küsterin war ja weit weg. Langsam kroch die Sorge in mir hoch. Was, wenn Anne wach wird und ruft oder weint und ich bin nicht da? Da klappert plötzlich das Schloss des Kirchenportals, die Tür öffnet sich und Frau Weldin, die Küsterin, steht da und starrt mich an! Sie hatte etwas Wichtiges in der Kirche liegen lassen und der Busfahrer war deswegen noch einmal zurückgekehrt. Wir fielen uns beide vor Erleichterung in die Arme!

Am Abend spät nach seiner Rückkehr erzählte Rolf mir von seinen Erlebnissen. Begeistert und voll des Lobes über den wunderschönen Tag war die Ausflugschar in Wilhelmshaven auf das Schiff gestiegen, das sie nach Helgoland bringen wollte. Viele der Gemeindeglieder hatten noch nie das Meer gesehen. „Herr Pastor“, habe es immer wieder geheißen, „was Sie uns nicht alles bieten!“ Am liebsten hätten sie ihre Ansichtskarten nach Hause sofort losgeschickt! Der Himmel war klar, das Wasser blau, das Schiff weiß, es war eine Lust zu leben! Dann aber kam die Überfahrt. Das Schiff verließ die Trichtermündung der Ems und es fuhr aufs offene Meer hinaus und es wiegte und wogte durch die hohen Wellen der Nordsee. Auf Deck wurde es eigenartig ruhig. Die Gesichter wurden blass und blässer, und dann war den meisten einfach nur speiübel! Wieder auf festem Boden in Helgoland gab es die leckersten Fischdelikatessen. Bratheringe, Matjes, Krabben, Schillerlocken, Makrelen lachten an den Fischständen den Vorübergehenden entgegen. Doch die munteren Ausflügler vom Morgen, sie zogen an all den Herrlichkeiten, für die sie doch so lange gespart hatten, mit gequält ausschauenden Gesichtern vorüber. Der Appetit war ihnen vergangen! Auch die Schifffahrt von der Insel hin zum Festland verlief in gedämpfter Stimmung! Sie haben es nicht gesagt, aber wahrscheinlich hat es manch einer von ihnen gedacht, nur jetzt mit einer etwas anderen Betonung: „Was Sie uns auch alles bieten, Herr Pastor!“

DIE „LIEBEN KLEINEN“ UND DIE GROSSEN

Nach fast acht Jahren Ehe wurde uns unser Kind geschenkt. Eine gute gynäkologische Betreuung im Bethesda-Krankenhaus in Bethel hat das ihre dazu getan. Die Freude über unsere Tochter Anne-Verena war übergroß. Wer immer im Verwandten-, Bekannten-, Gemeinde- oder Freundeskreis erreichbar war, wurde zur Mitfreude eingeladen, ja, manchmal sogar dazu genötigt! Eines Tages hatte sich der Superintendent des Kirchenkreises Gütersloh zu einer sehr wichtigen, dienstlichen Besprechung angesagt. Natürlich führten wir als stolze Eltern den geistlichen Herrn auch ans Kinderbett. Der würdige, tüchtige Kirchenmann beugte sich ein wenig unbeholfen und ungelenk über den Kissenberg mit dem schlafenden Säugling, suchte nach passenden Worten und rang sich schließlich die drei äußerst bedeutsamen Worte ab: „Unsere lieben Kleinen!“

„Wie einen seine Mutter tröstet“, davon schreibt der Prophet Jesaja in seinem 66.Kapitel. Meinen mit Anne erlebten Erfolg in dieser Disziplin möchte ich nicht gern noch einmal erleben. Anne wurde zwischen Pfarrhaus und Kirche groß. Sie konnte bald alleine krabbeln, aber noch nicht alleine laufen. Ich schwitzte immer Blut und Wasser, wenn ich mit ihr in den oberen Räumen beschäftigt war, und unten im Haus entweder das Telefon klingelte oder es an der Haustür schellte, oder auch, was noch schlimmer war, beides zusammen geschah. Und genau das passierte eines Morgens. Was sollte ich tun? Anne allein oben lassen? Sie hätte geweint oder wäre mir gar die Treppen nachgepurzelt. Kurz entschlossen packte ich sie mir unter den Arm und lief zur Treppe. Ich war aber gerade auf Strümpfen, ohne Schuhe, im Raum und es geschah, was geschehen musste: Ich rutsche auf der übrigens recht steilen Treppe aus und sause auf dem Po in einem Höllentempo abwärts! Das Kind fest an mich gepresst. Wir kamen heil unten an. Gott sei Dank! Anne war über diese seltsame Treppenabfahrt genau so erschrocken, wie ihre Mutti. Sie wollte weinen, doch ich tröstete sie: „Annelein, es ist ja gar nichts passiert! Mutti ist nur mit dir die Treppen runtergerutscht, es ist alles gut, wie schön!" Drauf strahlend das kleine Annelein (sie hatte gerade ein wenig sprechen gelernt!): „Noch mal, Mutti!?" Das Läuten des Telefons hatte inzwischen aufgehört; das Klingeln an der Haustür ebenfalls. Ich hatte einen total blauen Po und konnte sechs Wochen nicht richtig sitzen!

Die etwa vierjährige Anne war mit mir zu Besuch in Tecklenburg. Das nahe hübsche Bergstädtchen im Teutoburger Wald war zum „kurz-mal-tief-Durchatmen" nach Leib und Seele geradezu ideal. Zudem war es mir seit meiner Kindheit vertraut. Alljährlich hatte ich dort meine Schulferien verbracht. Später, während meiner Ausbildung zur Gemeindehelferin, hat mich Pfarrer Bleek in der Kirchengemeinde durchs Praktikum geleitet. Nun tollte und spielte Anne hingebungsvoll und mit Ausdauer mit den Tieren auf Brönstrups Bauernhof. Doch diesmal hatte die Kleine sich wohl maßlos geärgert. Sie schimpfte und räsonierte auf dem Heimweg: „Also, diese Tabea, Mutti! Die war heute auch da, und alles wollte sie mir vorsagen und alles vormachen und alles besser wissen! Als ob ich das nicht selber könnte! Ich bin doch nicht dumm, ich bin doch eine Pastorentochter!" Ich verbiss mir das Lachen. Gab es da vielleicht ein Teufelchen auszutreiben? Vorsichtig meinte ich: „Ach, weißt Du, Anne, es gibt auch dumme Pastorentöchter!" Doch auch die Kleine muss bereits etwas von der Diasporasituation mitbekommen haben! Blitzschnell, wie aus der Pistole geschossen, kam ihre Antwort: „Ja, aber das sind dann die von den katholischen Pfarrern!" Wenig später erzählte ich meiner Nichte von dem Gespräch. Ihre katholische Freundin, die gerade bei ihr zu Besuch weilte, lachte laut auf: „Richtig, unser Pfarrer sagt auch immer zu mir, ich sei sein liebstes Kind!"

Eigentlich war Anne mit ihren vier Jahren für den Kindergottesdienst noch ein wenig zu klein. Sie musste dennoch häufig mit in die Kirche, weil ich ja die Orgel zu spielen hatte und sie nicht gern allein im Pfarrhaus zurück ließ. Sie saß dann neben mir auf der Orgelbank, malte oder hörte auch der Katechese zu. Oft gingen wir aber vorzeitig nach Hause; es sollte ja nicht zu lang für sie werden. Und außerdem musste auch das Mittagessen zubereitet werden. Den kurzen Weg von der Kirche bis zum Pfarrhaus benutzte auch Anne gern zur „Nachbesprechung" des Gehörten. Ich spürte, es brodelte mal wieder in dem kleinen Köpfchen: „Also, Mutti, was der Papi da vorhin erzählt hat..." (Rolf wusste den Kindern von einer Missionars-

frau zu berichten, die auf Borneo unter den Jalis tätig war. In einem Brief in die Heimat hatte sie geschrieben, sie könne vor Freuden springen, dass sie die Jalis lieb habe, diese schmutzigen und primitiven Jalis!), „Also, ich habe die Jalis aber nicht lieb!“ Ich stimmte ihr zu: „Anne, das kannst du auch nicht. Das kann man überhaupt nicht so einfach...“, und ich begann ihr zu erklären, dass die Liebe zum Nächsten, zum Mitmenschen, ein Geschenk sei. Sie ging zum Gegenangriff über! Sie wollte „wider den Stachel löcken“! Noch ein wenig trotziger kam es aus ihrem Mund: „Ich habe aber den lieben Gott auch nicht lieb! Und überhaupt, er ist ja gestorben! Das hat Papi ja selber gesagt! - Wann ist er überhaupt gestorben?“ Mir wurde allmählich heiß! Was konnte ich ihr zumuten, was konnte sie verstehen? Also, sachlich bleiben! „Anne, er ist am Karfreitag gestorben.“ Ehe ich mehr sagen und erklären konnte, fiel sie mir ins Wort: „Das meine ich nicht! Wie alt ist er denn geworden?“ Ich, inzwischen ein wenig unsicher geworden: „33 Jahre alt.“ Darauf Anne: „Na, da hat er ja noch ganz schön was von seinem Leben gehabt!“ O, Anne!
O, wir kleinen und wir großen Trotzkinder!

„Unsere lieben Kleinen!“ - Sie wurden größer.... Im Schulanfängergottesdienst spielte Anne, den neuen Schulranzen stolz und selbstbewusst auf ihrem Rücken tragend, zum Eingang ihr erstes kleines Musikstück auf der Orgel. Es waren eigentlich nur wenige Takte, diese aber doch recht ordentlich. Der Schulrektor der Martin-Luther-Schule, Herr Rieger, flüsterte seiner Frau während des Spiels ins Ohr - sie hat es uns nach dem Gottesdienst lachend erzählt: „Der Herr Lutter (das war der Organist und Kantor aus Oelde) scheint extra heute morgen zum Orgelspiel gekommen zu sein!“

Der Kindergarten der evangelischen Kirchengemeinde lag genau am anderen Ende des Ortes. Es war ein heller und freundlicher Neubau, sehr hübsch eingerichtet, und er lag sehr ruhig, - wie sich bald heraus stellte, zu ruhig! Und zu weit entfernt vom eigentlichen Wohnort. Er stand hinter einem Wall in einer ehemaligen Kiesgrube. Die Mütter stöhnten über den viel zu weiten Weg. Es gab ja weder eine Straßenbahn noch S-Bahn oder Buslinie. Autos besaßen nur wenige Gemeindeglieder. Folglich war der Kindergarten ständig unterbelegt. Für die Kindergärtnerin war im Haus eine nette und praktische Wohnung eingerichtet, aber sie fürchtete sich in der einsamen Umgebung. Soeben hatte wieder eine Kindergärtnerin gekündigt, und es war bei dem Überangebot an offenen Stellen nicht abzusehen, wann wir eine neue Kraft bekommen würden. Schließlich aber gelang es uns doch, eine nette, junge und qualifizierte Kindergärtnerin für uns in Ennigerloh zu interessieren. Nun hatte in der letzten Frauenhilfsstunde Frau Lemm in der Kaffeepause dem Pastor ihren Kummer geklagt: „Ach wissen Sie, Herr Pastor, unser Kurt wird hier nie eine evangelische Frau finden!“ Kurt, das war ihr zweiundzwanzigjähriger Sohn, ein prächtiger junger Mann, ein guter Bläser im Posaunenchor. Wir nahmen ihre Sorge auf unser Herz! Und es arbeitete in Rolf und in mir! Könnten wir da vielleicht zwei wichtige Dinge miteinander verbinden? Da schien doch etwas gut zusammen zu passen: hier ein tüchtiger, junger Mann und dort eine nette tüchtige Kindergärtnerin!? Kurt verschloss sich nicht „unserer sehr herzlichen Bitte“, die neue Kindergärtnerin zum nächsten Einstellungsgespräch doch mit seinem Auto abzuholen! Die Bahnverbindungen nach Ennigerloh seien so arg umständlich! Hilfsbereit sagte Kurt sofort zu. Ob er etwas ahnte? Es wurde eine wunderschöne, starke Liebe! Gesprochen haben wir über diese „Führung“ nie. Viele Jahre später aber bekamen wir einen langen Brief nach Afrika, voller Schalk und Humor, in dem sich Kurt Lemm dankbar des Beginns seiner Liebe und Ehe erinnert!

Der Kindergarten war aber und blieb unterbelegt und bereitete uns weiterhin Sorge. Überlegungen wurden angestellt, Pläne entworfen, verworfen. Da ergab sich eine überraschende Gelegenheit, einen VW-Kleinbus zu erwerben, und es taten sich ungeahnte Möglichkeiten auf! Der Bus konnte morgens durch die Straßen Ennigerlohs fahren, die Kinder abholen, und mittags wieder nach Hause zurück bringen. Der Pastor fand im Presbyterium offene Ohren. Der Bus wurde gekauft. Der Pastor fand auch offene Ohren für eine zweite Bitte: Wenn wir denn einen kircheneigenen Kleinbus besitzen, dann wünsche er sich diesen einmal im Jahr für seinen Kindergottesdiensthelferkreis! Der Kindergottesdiensthelferkreis, das waren etwa zehn bis zwölf junge Mädchen und junge Männer, die sich jeden Freitagabend zusammenfanden und sich vom Pfarrer zurüsten ließen, um am Sonntagmorgen den Kindern im Kindergottesdienst - es waren über 100 Kinder - die biblischen Geschichten zu erzählen. Der Kindergottesdienst fand stets im Anschluss an den Hauptgottesdienst statt, so hatten die Helfer und Helferinnen einerseits die Möglichkeit zur Teilnahme vorher am Hauptgottesdienst, und der Pfarrer konnte die Liturgie im Kindergottesdienst halten sowie nach den Gruppenkatechesen die Zusammenfassung leiten. Mit einer bewundernswerten Liebe und Hingabe nahmen sich die Jungen und Mädchen ihrer Aufgabe an und opferten Zeit und Kraft freudig und gern.

Mit dieser Schar also ging es nun einmal im Jahr auf Fahrt. Meistens nach dem großen Erntedankfest. So waren wir nach Prag, Bozen, Berlin oder London gefahren, hatten ökumenische Kontakte und waren als Junge Gemeinde in Gottes schöner Welt unterwegs.

Die wohl wichtigsten, aber auch am meisten unter die Haut gehenden Unternehmungen waren die Fahrten nach Berlin - richtiger die Kontaktfahrten nach Ost-Berlin! Es waren die Jahre nach dem Mauerbau. Schmerz und Wut über den „Eisernen Vorhang“ und der ungebrochene Wille, die Brüder und Schwestern im anderen Teil unseres Vaterlandes nicht abzuschreiben, ließen uns immer wieder Wege finden, „hinüber“ zu fahren. Unzählig viele Stunden haben wir in den Kellerräumen, den Unterführungen des Bahnhofs „Friedrichstraße“, gestanden, unser Nümmerchen in der Hand haltend, haben uns den

hämischen Fragen der Vopos ausgesetzt oder haben uns am Übergang der Heinrich-Heine-Straße Schikanen gefallen lassen. Heute kann ich es nicht mehr begreifen, wie wir uns so haben einschüchtern lassen! Wir waren doch freie Menschen. Wir kannten die Worte des Jesaja: „Wer bist du denn, dass du dich vor Menschen fürchtest, die doch sterben und vor Menschenkindern, die wie Gras vergehen und vergissest des Herrn, der dich gemacht hat!?" Bischof Dibelius, der weise alte Mann, hat damals gesagt: „...in hundert Jahren spricht keiner mehr vom Kommunismus!" Wir haben ihn nicht ernst genommen und gelächelt über den guten „weltfremden" Mann! Dabei waren es dann nicht einmal 20 Jahre nach seinem Ausspruch, dass der Kommunismus zusammengebrochen ist!

Es hätte uns einfach nicht passieren dürfen, was am Übergang im Bezirk Reinickendorf an der Bornholmer Brücke geschah: Unsere Diakonisse Anneliese Althoff hatte für uns Wochen vorher in Köpenick den Kontaktbesuch vorbereitet. Für den Sonntagmorgen war ein Gottesdienst in der Köpenicker Stadtkirche geplant. Präses Figur wollte die Predigt halten, und unsere Ennigerloher Gruppe hatte das Verkündigungsspiel „Der Ruf" eingeübt und sollte es zur Aufführung bringen. Früh am Sonntagmorgen machten wir uns vom Westen her auf den Weg zur Sektorengrenze. Wir stellten uns auf schikanöse Fragen der Vopos ein, überlegten evtl. Antworten; wir wollten uns recht schlau und diplomatisch verhalten. Uns war bewusst, dass wir als christliche Gruppe Schwierigkeiten bekommen könnten, darum gingen wir einzeln durch die verschiedenen Sperren und Kontrollen, immer fremde Besucher zwischen uns lassend. Dabei hätten wir wissen müssen, dass die Wachtposten längst an den Pässen haben feststellen können, dass da eine Gruppe unterwegs war, aus dem kapitalistischen, dem feindlichen Westen! Wir passierten die Posten ohne inquisitorische Fragen und schöpften schon Hoffnung, diesmal unbelästigt durch die Absperrungen zu kommen und pünktlich in der Kirche zu sein. Doch dann fischten sich die Vopos zwei der Unsrigen heraus, einen unserer jungen Männer und ein Mädchen, je zu Einzelverhören in getrennten Räumen. Der eine wusste nichts vom anderen. Die Einschüchterung tat ihr Werk. „Was wollen Sie hier?" - „Besuche machen!" - „Was haben Sie in Ihrer Tasche?" - „Apfelsinen und Bananen!" - „Warum?" - „Als Geschenk!" – „Brauchen wir nicht, haben wir selber! - Gehören Sie zu einer Gruppe?" -

„Nein!“ - Die Türen öffnen sich, und unsere Zwei stehen sich gegenüber. „Kennen Sie sich?“ Und höhnisch herablassend: „So was wäre bei uns in der FDJ nicht vorgekommen, geht ab!“ Mit blassen Gesichtern, beschämt und sehr kleinlaut kamen wir zur Kirche, kurz vor Beginn des Gottesdienstes, aber noch rechtzeitig, um Präses Figur unsere Blamage zu beichten! Ich weiß es nicht mehr genau, wie uns der gestandene Kirchenmann aus Ost-Berlin, der den Spitzeln der Stasi Tag und Nacht ausgeliefert war, aus unserm Tief empor geholt hat. Er wusste, dass gleich unter seiner Predigt mehrere Stasi-Informanten jedes seiner Worte bespitzeln würden, aber in souveräner Freiheit gab er uns mit auf den Weg: „Merkt Euch eines ganz fest und für alle Zeiten: die Wahrheit ist die beste Lüge!“
Unsere Gruppe spielte dann übrigens das Laienspiel, „Der Ruf“, so gut wie noch nie! („Der Ruf“ -nach Lk. 14, 15-24, „ Die große Einladung“). Ja, und bei der Predigt, da hätte ich mir am liebsten so viele Stasi-Informanten wie nur möglich gewünscht! Präses Figur sprach von der „Ohnmacht der Mächtigen“ und von der „Macht der Ohnmächtigen“ und jeder wusste, wer oder was gemeint war! Ich vernahm wieder einmal neu das Evangelium, als er den Satz formulierte: „Wer das Sterben hinter sich hat, der braucht den Tod nicht zu fürchten!“ Ich meinte, die Stasileute könnten einfach keine Lust mehr verspürt haben, dem Unsinn des Kommunismus noch weiterhin zu folgen!

Die Kirchengemeinde besaß also eine schöne Kirche. Sie besaß auch einen schönen Kindergarten, der sich jetzt dank des VW-Kleinbusses stetig steigender Kinderzahl erfreute. Und gleich neben der Kirche stand das Pfarrhaus. Aber ein Gemeindehaus hatten wir nicht; wir hatten keine Räume für die Männer-, Frauen-, Jugend- und Kinderarbeit, keinen Saal für Gemeindefeste. Zwar lag der Kirche gegenüber die Martin-Luther-Schule. Durch die Genehmigung der kommunalen Gemeinde durfte dort im Dachgeschoss unsere Gemeindeschwester wohnen und von dort aus ihren Dienst versehen; und neben ihrer Wohnung war unter der Dachschräge der Kirchengemeinde ein Raum zur Verfügung gestellt, in dem das Presbyterium seine Sitzungen abhalten konnte und wir die Frauenarbeit notdürftig gestalteten. Aber es war alles ein Behelfen. Zum Katechumenen- und Konfirmandenunterricht zum Beispiel mussten wir in die Klassenzimmer der Schule ausweichen. Das gab bei allem guten Wollen Komplikationen.
Von hinterher gesehen ging es fast zu wie beim „Wunder des Malachias“: Eines Tages stand da wirklich neben Kirche und Pfarrhaus der fast fertige Klinkerbau, unser fast fertiges, neues Gemeindehaus. Es stand da Dank einer zu großen Opfern bereiten Kirchengemeinde, Dank eines prächtigen Presbyteriums, dank der Beratung und Hilfe des Kreisdirektors, Dr. Thöne, und es stand da - bestimmt nicht zuletzt - dank eines nicht locker lassenden, unentwegt dafür einstehenden und unverwüstlich gottvertrauenden Pfarrers! So sahen denn Pfarrer und Gemeindeglieder der Fertigstellung des Gemeindehauses

voller Spannung und Vorfreude entgegen. Wie fein würden wir in den neuen Räumen arbeiten, wie festlich im neuen Saal feiern können! Die einen sahen sich schon würdig bei den Sitzungen, die anderen lesend in der gut bestückten Bibliothek - die Konfirmanden richteten sich im Geist in ihrem Lehrsaal ein, und die Frauen konnten es kaum erwarten, ihre neue Küche neben dem Gemeindesaal in Betrieb zu nehmen. Auch ein Gemeindebüro würde es künftig geben!

In diese Stimmung von Vorfreude, in dieses Denken, Planen und Vorbereiten hinein erreichte uns die Bitte der Vereinigten Evangelischen Mission (frühere Rheinische Mission), Wuppertal, um einen erneuten, zweiten Einsatz in Afrika, diesmal im Osten Südwestafrikas, mit Sitz in Gobabis, am Rande der Kalahari.

Der Ruf ging an Rolf, den ehemaligen Missionar, der die Sprache, das Otjiherero, beherrschte und die Verhältnisse in Kirche und Gesellschaft, der Land und Leute kannte. Im Jahr 1957 war die Junge Kirche selbständig geworden, aber es bedurfte doch noch für eine gewisse Zeit der Hilfe und Begleitung erfahrener Theologen. „Uns wäre geholfen, wenn Sie auch nur zwei bis drei Jahre zu uns kommen könnten!", hieß es. Kann, oder darf man überhaupt diesen Ruf überhören?

Auf der anderen Seite waren wir inzwischen fest verankert in der Gemeinde Ennigerloh. Es gab nach schwierigem Beginnen fruchtbare Zusammenarbeit in den verschiedenen Gremien. So manches Problem war erfolgreich gelöst. Die Querelen

mit der Kommune um den Bau und vorher um den Platz waren in der Phase der Fertigstellung einfach vergessen; Frieden und Harmonie waren angesagt! Sollten wir dieses alles nun eintauschen gegen eine ungewisse Zukunft im unruhigen Afrika, dort am Rande der Kalahari? Wie würde sich die Schulsituation für Anne gestalten? Gab es in Gobabis eine deutsche, ja, gab es dort überhaupt eine Schule? Sie in ein Internat evtl. nach Windhoek geben zu müssen, dazu war sie uns mit ihren sieben Jahren zu klein. Ja, und wie sah es mit meiner Tropentauglichkeit aus? Würde sie mir erteilt werden? Das Tropeninstitut, Tübingen, gab „Grünes Licht“, ich erhielt die Tropentauglichkeit! Auf die Frage nach den schulischen Gegebenheiten erhielten wir die Antwort: in Gobabis gibt es eine afrikaanse Schule mit 400 weißen Kindern und eine deutsche Abteilung mit zurzeit 13 Kindern. So sagten wir Ja zu einem zweiten Einsatz in Südwestafrika.
Eine herzliche Bitte allerdings verbanden wir mit unserer Zusage: in diesem zeitlich begrenzten Term möge man uns uneingeschränkt in der Jungen Kirche unter den farbigen und schwarzen Gemeindegliedern arbeiten lassen.
In den letzten Wochen in Ennigerloh ging es folgerichtig hektisch zu. Das Gemeindehaus sollte bis zu unserm Abschied fertig gestellt sein. Architekt, Bauarbeiter, Handwerker jedweder Art und vor allem die Gemeindeglieder liefen gleichsam zur Hochform auf! Das Gemeindehaus wurde rechtzeitig fertig! In baulicher und gemeindegerechter Einheit standen die drei Gebäude, die Kirche, das Pfarrhaus und das neue Gemeinde-

haus beieinander.
Drei Tage vor unserer Abreise, am Sonnabend, dem 26. Oktober konnten wir es festlich einweihen und in Dienst stellen. Die Gäste freuten sich mit der Gemeinde, in vielen Grußworten und Ansprachen wurde des Beginns und der Vollendung gedacht. Es war nie und nimmer vorher jemand gegen dieses so schöne und so wichtige und das Ortsbild Ennigerloh bereichernde Bauwerk gewesen!! Der Kirchenchor sang das „Vater unser". Wir waren sehr dankbar und sehr froh! Am darauf folgenden Sonntag wurden wir in unserer Versöhnungskirche zum Dienst in der Jungen Kirche in Südwestafrika verabschiedet. Landeskirchenrat Dr. Freese vom Landeskirchenamt, Bielefeld, hielt die Predigt. Noch einmal stimmten wir mit ein in den kräftigen, stimmgewaltigen Gemeindegesang unserer Ennigerloher. Wir wussten uns von der Gemeinde gesandt, getragen und geleitet.

DER RUF NACH GOBABISI/SÜDWESTAFRIKA – ALS PASSAGIERE AUF DER MS-EUROPA

Für mich war eine Seereise immer so etwas wie eine therapeutische Wohltat. Und der erste Tag auf dem Wasser ist der allerschönste. Die emotionale Spannung des Abschiednehmens beginnt sich zu lösen. Das Vergangene schmerzt nicht mehr. Die ganz andere Welt auf einem Ozeandampfer zwingt zu erfrischender Neugier. Nirgendwo kann man sein Leben so ruhig bedenken und Vergangenes leichter bewältigen, als wenn man zum Beispiel an der Reeling steht und dabei den Blick auf das weite, unendlich erscheinende Meer in die Ferne schweifen lässt. Nirgendwo findet man auf so friedsame und bezaubernde Weise Zeit und Muße, sich auf die Zukunft einzustellen, „... dass uns werde klein das Kleine und das Große groß erscheine ...", – ich habe dem gern nachgedacht nach den letzten turbulenten Wochen und überhaupt nach den Jahren in Ennigerloh. Dann wieder schäumten die Wogen, springende Fische schossen aus dem Meer, ich schaute aufs Wasser, träumte, las, schrieb... Wir saßen, wenn es dunkel wurde, auf Deck unter dem klaren Sternenhimmel. Und eines Abends entdeckten wir es wieder: das Kreuz des Südens!

Unsere Drei-Bett-Kabine Nr. 93 in der Touristenklasse mit dem runden Bullauge findet das ganze Entzücken von Anne. Sie fährt zum halben Preis, aber sie freut sich wie zum doppelten Preis! Alles ist neu, alles ist anders als an Land. Die Rettungsringe schaut sie sich skeptisch an. Als eine Seenotübung stattfindet, vergewissert sie sich, ob das wirklich auch nur „Spiel" ist! Wir holen unsere Bücher hervor. Rolf vertieft sich schon einmal in seine Herero-Grammatik, die Zukunft hat begonnen! Anne denkt nur noch an ihre Schule zurück, wenn sie das Abschiedsgeschenk ihrer Klassenlehrerin in die Arme nimmt, ein Igel-Steifftier. Oder wenn sie sich die hübsch aufgeklebten bunten Herbstlaubblätter anschaut, die ihr die Klassenkameradinnen zur Erinnerung an den deutschen Herbst in ein Album geklebt haben. Je weiter unser Schiff gen Süden zieht, desto tiefer blau wird der Himmel über uns. Ein beson-

deres Kuriosum wurde uns eines Tages bei einem ziemlich heftigen Seegang zuteil. Wir holten die Personenwaage, die ich zum Schluss noch in Ennigerloh in den Kabinenkoffer gepackt hatte, hervor, um unser Gewicht zu testen. Mein Mann stellt sich darauf und konstatiert beglückt: „Abgenommen! Donnerwetter, und das bei der guten Küche an Bord! Nur noch 68 Kilo!" Im nächsten Moment - das Schiff stampft ziemlich stark - wird er unter seiner schönen, unter der Tropensonne gewonnenen Bräune ganz blass, denn der Zeiger der Waage wandert rauf bis auf 88 Kilo! Eine gewaltige Meereswoge hatte vorher das Schiff gehoben, so dass er ganz leicht geworden war, ähnlich wie ein Mondfahrer im Weltraum; dann aber war das Schiff ins nächste Wellental gefallen, und man wurde gleichsam von einer schweren Last zu Boden gedrückt, sodass die Waage demzufolge nichts anderes als das große Übergewicht registrieren konnte!
Nach fast drei Wochen fuhr unser Schiff in den Hafen von Kapstadt ein. Wir waren an diesem letzten Morgen früh aufgestanden und aufs oberste Lidodeck gestiegen, um das langsame, beinahe majestätische Hineingleiten der MS-EUROPA ins „Kap der Guten Hoffnung" mitzuerleben. Um uns herum standen viele andere Mitpassagiere. Der Morgenkühle wegen hatten wir uns in wärmende Decken gehüllt, aber wir wollten einfach die Sonne aufgehen sehen über diesem einmaligen Panorama von Bergen, Felsen, Großstadt und blauem Meer. Wie ein steiler Schiffsbug ragt der senkrechte Abhang des Tafelberges über Kapstadt empor, flankiert von Lion-Head und

Devils-Peak. Kapstadt schien uns noch schöner und moderner geworden. Hohe Kaufhäuser, Bank- und Versicherungspaläste überragen die alten, burischen, im holländischen Stil vor Jahrhunderten erbauten Häuser aus der Zeit der Gründerjahre.

Der Flug am nächsten Morgen nach Windhoek war gebucht. Mit einer viermotorigen Viscount flogen wir in 5.000 Meter Höhe über das trockene, rotbraune, weite afrikanische Land mit nur einer kurzen Zwischenlandung am Oranjefluss in Upington. Am Flughafen in Windhoek stand der Präses der Jungen Kirche, Hans-Karl Diehl, uns willkommen zu heißen. Neun Jahre waren vergangen, seit wir Afrika verlassen hatten; nun mussten wir uns wieder im Land zurecht finden. Das Linksfahren auf den Straßen Südwests war dabei wohl das kleinste Problem!

WANDERER ZWISCHEN DEN KONTINENTEN

In Windhoek steht das Dienstauto der Missionsstation Gobabis für uns bereit. Wir drei, Rolf, Anne und ich, lassen die Landeshauptstadt und fahren durch Busch, Steppe, Hitze und Trockenheit auf einer Sandpad die gut 200 Kilometer gen Osten, an den Rand der Kalahari. Nach etwa drei Stunden Autofahrt blinken im Sonnenschein Wellblechdächer und Kirchtürme ragen auf: Gobabis kommt ins Bild! Am Ortseingang prangt ein Spruchband über der Straße: „Ex Oriente Lux“. - Sollen wir es ernst nehmen? Wir schmunzeln.

Unter Prosopisbäumen auf einem großen Grundstück finden wir bald die Missionsstation, das Missionshaus, die Kirche, einen Kindergarten und einen Windmotor mit Wasserbassin! Unter schattenspendenden Bäumen im Garten sitzt Aaron Xamseb, der Damarapastor, uns zu begrüßen. Am Abend dieses ersten Tages, als sich nach all dem vielen Fremden und Neuen die erste Nacht hernieder senkt, durch die geöffneten Fenster das Zirpen der Grillen eindringt, die Heuschrecken in das Zirpkonzert einstimmen und das leichte Schlagen des Windmotors gleichsam den Takt dazu gibt, als Rolf und ich uns mit Anne ein wenig beklommen im großen fremden Haus zu Tisch setzen, fragt Anne uns: „Darf ich heute Abend das Tischgebet sprechen?" Dann faltet sie ihre Hände und sagt laut und fröhlich: „Ich danke dir, lieber Gott, dass wir nach Hause gekommen sind!"

Ja, manchmal ist man schon da zu Hause, wo man es noch nicht weiß und fühlt. Es muss einem manchmal erst gesagt werden!

Anne bewältigte manches Problem in der Anfangszeit dank ihres Teddy und ihrer Lieblingspuppe Bärbel! Eines Morgens höre ich sie vor ihrem Schulweg mit Bärbel sprechen: „...und dann, Bärbel, drück mir mal schön den Daumen, dass wir heute nicht so viele Schularbeiten aufkriegen!" Mittags kommt sie nach Hause und erklärt mir freudestrahlend: „Unser Lehrer ist krank, wir haben nichts auf!" Klar, dass ich der Bärbel das „Däumchendrücken" verbieten musste!

EINLEBEN UND DIENST IN GOBABIS

Neben der Seelsorge und den Amtshandlungen im ganzen großen Bezirk Gobabis mit den Orten Leonardville und Witvlei bestand Rolfs Aufgabengebiet in der Hauptsache in der Schulung der Mitarbeiter. In Gobabis hatten wir drei Pastoren, den tüchtigen und sehr verantwortungsbewußten Pastor Gabriel Dawids, von zu Hause aus Ovambo, jetzt aber Pastor für die Herero, den Damarapastor Aaron Xamseb, der nach ausgeheilter Trunksucht nur eine kleine Kraft war, in der Kleurlingsgemeinde tat Willem de Klerk Dienst, in Leonardville Pastor Strydom und dann waren da noch die vielen Evangelisten und - was mich besonders anging, die Kindergärtnerin Peninna.

Im Wohngebiet Epako stand der Kindergarten, und es wimmelte dort von schwarzen und farbigen Kindern. Peninna war im Kindergartenseminar in Karibib ausgebildet worden von den Missionsschwestern der Rheinischen Mission. In bezug auf die Arbeit mit den Kindern hat diese gründliche Ausbildung gute Früchte getragen, die Verwaltung der Kassengeschäfte aber wollte und wollte nicht gelingen. Die Einnahme- und Ausgabenzahlen purzelten durcheinander, die Rechnungen und Quittungen flatterten herum. Im Zigarrenkästchen lagen neben den Münzen alle möglichen Dinge: Knöpfe, Schlüssel, Steinchen... Ich versuchte mit Geduld, Geduld und noch mal Geduld und mit meinem aus meinem früheren Beruf noch vorhandenen kaufmännischen Wissen Licht ins Dunkel der Zahlen zu zaubern, aber es war nahezu unmöglich. Die Buchhaltung war und blieb Peninna ein Buch mit sieben Siegeln. Und ich konnte ihr einfach nicht böse sein, wenn sie am Montagmorgen im Missionshaus erschien und mir lachend erst die Zigarrenkiste auf den Tisch legte, dann das Rechnungsbuch und nichts weiter sagte, als: „Da, Juffrou!", das hieß so viel wie: „Da, siehe du zu!"

Peninna war nicht verheiratet. Und wieder hatten wir das Problem! Ein Kind war unterwegs! Die Kirchenältesten waren streng, immer noch, die Kirchenzucht bestand, und besonders die Leitung im Kindergartenseminar wollte die Ordnung gewahrt wissen, das hieß: Eine unverheiratete Kindergärtnerin, die ein Kind erwartet, kann ihren Dienst nicht weiter ausüben. Was tun? Eine Kündigung des Dienstes würde finanziell Peninna in große Not bringen. Sie besaß ja keinerlei soziale Absicherung. Rolf verhandelte mit den entsprechenden Stellen, und er konnte es erreichen, dass sie in ihrem Beruf bleiben durfte.

Peninna war ein dankbares Mädchen!: sie machte Rolf für seinen Einsatz zum Patenonkel!!

„Ich habe Deine Bitte sehr wohl vernommen, lieber Bruder Schankweiler", meinte Präses Diehl bei unserem ersten Informations- und Einweisungsgespräch in Windhoek, „und ich habe Deinen Wunsch gehört, dass Du in diesen drei Jahren nur in der Jungen Kirche unter den schwarzen Brüdern und Schwestern Dienst tun möchtest, aber das geht leider einfach nicht. Wir kommen an dem weißen Farmer als Arbeitgeber der Schwarzen nicht vorbei. Zudem wartet die deutsche Gemeinde in Gobabis im Ort und im weiten Hinterland dringend auf einen Seelsorger!“

Und es war gut so, bei aller Fülle an Arbeit und Problemen. Vielleicht darf ich sagen: „Wem der Herr ein Amt gibt, dem gibt er auch die Kraft“! - Auf jeden Fall wussten wir uns gebraucht!

Die Arbeit in der deutschen Gemeinde in Gobabis war nicht nur eine Aufgabe, sie war in vielem auch eine gute Gabe. Zudem begegneten wir dort unsern alten Freunden aus dem Omaruruer Jugendkreis, Egon und Freda, wieder, die nun dort wohnten. Keine Frage, dass wir also unser Worpsweder Hirtenspiel von Manfred Hausmann, dieses zentral christliche und literarisch so feine Verkündigungsspiel, das wir vor Jahren in Omaruru aufgeführt hatten, zum ersten Weihnachtsgottesdienst in Gobabis neu einstudierten. Ich höre den alten Hirten Klaas noch heute die zeitlos wertvollen Worte über den Menschen sagen: „Ich habe bedacht mich her und hin, die schwerste Frage zu ergründen, weshalb ich wohl auf der Erde bin, und konnte die Antwort nirgends finden. So gar nichts bedeuten wir Menschen doch. Wir wähnen uns mächtig überall und planen und raten und rechnen noch und sterben doch hin wie ein Hall und Schall. Ach, wenn ich an den Menschen gedenke, des mitternachts bei meinen Schafen, den Kopf ich in die Hände senke und kann vor Bangen und Seufzen nicht schlafen. Er mag nun seine Speise schmecken, er mag im Gebet sich zum Himmel recken, er mag nun erregen das Kriegsgeschrei, er mag sich ergötzen auf seiner Schalmei, er mag nun im Traum und Schlaf sich wiegen, er mag über Büchern der Weisheit liegen, er habe sich Niedres, sich Hohes erkoren, es gilt doch gleich, er ist doch verloren, er liegt doch im dunkelsten Dunkel innen, er kann doch der Sünde nicht entrinnen.“ Und nach der Verkündigung der Christusgeburt durch den Engel und an der Krippe: „Wie hatte ich so einen bangen Mut und schauderte so im Todeswind! Nun neige ich mich, o heiliges Kind, und knie vor dir, und alles ist gut!“

Ja, Weihnachten in Afrika, das war immer so ganz anders als in unseren nordischen Landen. Weder Schnee noch Eis zauberten uns eine „weiße Weihnacht“ ums Haus. Ein Gemeindeglied schickte mir zum ersten Weihnachtsfest das kleine Gedicht zu:

„Die Heilige Nacht ist da, so seltsam schön, wie ich sie niemals sah. Es fällt kein Schnee, die Luft streicht lau und warm wie deutscher Frühling schmeichelnd um die Farm und funkelt in den Scheiben. So fern, so fern liegt alles Menschentreiben. Kein Laut wird wach, nur dass im nahen Kral das Vieh sich regt, wie träumend noch einmal. Rings dehnt der Busch sich unabsehbar weit in seiner stillen, großen Einsamkeit; und immer leuchtender schickt durch das nächtge Dunkel das Kreuz des Südens klar sein fremdartig Gefunkel.“

Es war weit nach Mitternacht, ehe wir in unserer kleinen Familie endlich still für uns beieinander sein konnten. Die verschiedenen Gottesdienste lagen hinter uns. Für 19.00 Uhr war die Weihnachtsfeier für die Herero-, Damara- und Kleurlingsgemeinde in der Missionskirche angesetzt gewesen, um 18.00 Uhr waren die ersten Gottesdienstbesucher bereits dazu erschienen, - die letzten um 20.00 Uhr! Es war dennoch eine bunte und schöne Feier! Die Damaragemeinde hatte ein Krippenspiel eingeübt. Sie führte es sehr zuchtvoll auf, dabei aber in einer Leichtigkeit und Freiheit, die uns steife Europäer in Staunen und Freude versetzte. Der Männerchor der Ovambo war kräftig, volltönend, fast ein wenig schwermütig in seiner Klangfolge, - der Chor der schwarzen Hilfsschwestern dagegen leicht und beschwingt. Vom Singen der vielen Chöre angesteckt, stellte auch Anne sich ganz allein vorne hin und sang frisch und fröhlich zwei Verse aus dem Weihnachtslied: „Vom Himmel hoch..." Durch das beifällige: „iii" der Gemeinde erhoben meinte sie: „Und hinterher in der deutschen Kirche singe ich auch!"

Der „wichtigste Akt" für die Mitarbeiter hatte leider in aller Eile geschehen müssen: das Austeilen der Geschenke! Denn, schon wartete die deutsche Gemeinde in der Kirche auf den Pastor und seine Frau!

Ich nahm zwei Stufen auf einmal die Treppe zur Empore hinauf, brachte das vorher getippte Festprogramm eilig mit meinem Choralbuch in Einklang und sah auch schon Rolf mit Agende und Gesangbuch am Altar stehen!

Es hat mir an jenem Heiligabend besonders viel bedeutet, die lieben alten Weihnachtslieder auf dem Harmonium zu begleiten, denn ich wusste, dass bei unserer häuslichen Feier hinterher - zum erstenmal in unserer Ehe - kein Instrument aufjubeln oder auch nur erklingen konnte. Dafür aber hatten wir einen ganz besonderen Weihnachtsbaum! Nein, keine Blautanne, Edeltanne oder eine Fichte! Die wachsen nicht in Südwestafrika! Wir hatten einen Dornbusch mit spitzen langen Dornen und ganz winzigen Blättern, wenn man das zarte kleine Grün überhaupt „Blätter" nennen darf! Aber dazu trug er goldgelbe Blüten, die wie kleine Wattebällchen an den Zweigen prangten! Am Tag zuvor noch hatte Rolf ein wenig sorgenvoll den jungen Farmerssohn gefragt: „Wo bekomme ich hier in Gobabis einen Weihnachtsbaum her? Eine Gärtnerei, die gibt es doch gar nicht." - „Sie müssen sich unten am Rivier einen ‚besorgen'", bekam er zur Antwort „und Sie müssen wissen, nur ein geklauter Weihnachtsbaum duftet!" Rolf fuhr also ins „Veld", zerkratzte sich Hände und Arme, fand einen wunderschönen Dornbusch - und unser ganzes Haus war erfüllt von einem wundersamen, herbsüßen Duft! Und was die Weihnachtsbotschaft angeht, vielleicht hört man sie in einer andersartigen, neuen Welt noch einmal wieder ganz neu!

KURZER ARBEITSBERICHT VON UNTERWEGS

Rolf war bald wieder in den Sprachen Afrikaans und Otjiherero zu Hause. Die ersten Informationswochen lagen hinter uns. In einem Bericht nach Deutschland hält er fest: „...Ich selber habe ganz den Eindruck, wieder einmal mitten in spannungsgeladene Verhältnisse hineingestellt zu sein, wie sie z.B. auch nach Bekanntwerden des „Offenen Briefes“ an Premierminister Vorster so notvoll deutlich geworden sind. Und ich bin dankbar, hier in Südwestafrika zu sein und mithelfen zu dürfen bei der Suche nach Lösungen für all diese schwierigen mitmenschlichen Fragen. Die Haltung der Kirche und die des einzelnen Christen kann meines Erachtens nur die Bewährung des Glaubens zwischen Resignation und Revolution sein. Es besteht darum für niemanden, der Jesus Christus seinen Herrn nennt, Anlass zu Hoffnungslosigkeit oder gar Angst vor blutigem Aufruhr mit Hass und Mord. Dagegen weiß der Glaube sich gerufen zu gelassenem und mutigem Tun in der Nachfolge. Zudem halten wir fest daran, dass Gott Menschenherzen lenken kann. Ich möchte im folgenden es riskieren, vom vorgeschobenen Post aus in einigen kurzen Bildern nach drüben zu signalisieren, wie es hier draußen in meiner Weltecke am Rande der Kalahari aussieht. Anhand meines Padbuches, in das auf meinen Dienstreisen die Amtshandlungen so wie wichtige Eintragungen über geführte Gespräche und Begegnungen notiert werden, gebe ich hier schlicht einige Gedanken und Überlegungen weiter:

Unterwegs auf der Fahrt ins große Epukiro-Reservat bittet mich auf der letzten Polizeistation im weißen Farmland ein schwarzer Polizist (ein Ovambo in südafrikanischer Polizeiuniform) um die Taufe. Er hat sich lange darauf vorbereitet und

sogar den Kleinen Lutherischen Katechismus fast ganz auswendig gelernt. Während ich mich nach einem Schattenbaum für den Gottesdienst umsehe, bieten mir zwei freundliche junge weiße südafrikanische Polizeibeamte den Bezirksgerichtssaal als Gottesdienststätte an. Dankbar gehe ich auf diesen Vorschlag ein. Ein seltener und bewegender Gottesdienst: vor den Schranken des Gerichts der erwachsene Täufling, dazu zwei weitere schwarze Christen auf den hinteren Bänken, vor dem Fenster im Hof draußen die Nationalflagge Südafrikas als Symbol der staatlichen Autorität, ich selber im Talar vor dem Richterpult, auf das ich mein hölzernes Altarkreuz gestellt hatte. Kaum jemals zuvor ist mir so sichtbar demonstriert worden wie an dieser Stelle, dass der Mensch unter der christlichen Botschaft von der Gnade im Gericht unseres Gottes leben darf und dass er dabei zugleich im Spannungsfeld zwischen den Mächtigen dieser Welt und der Kraft und Herrlichkeit Gottes steht - und hier zu Glaube und Gehorsam gerufen ist. Beim Verlassen des Gerichtssaales am Ende des Gottesdienstes spürten wir alle die Gewissheit beinahe physisch: Wir sind im Glauben königlich freie Leute und über alle Schranken der Rassen und Völker hinweg vereint und gleichgesinnt. Fazit: eine winzige Gemeinde mit großer Kraft - zugleich Zeichen und Garant des anbrechenden Gottesreiches!
Ich bin im neuen Herero-Heimatland Epukiro. Anmeldung beim weißen Herero-Hauptkommissar, einem Juristen, in Otjinene, der künftigen Hauptstadt des Heimatlandes für alle Herero in Südwestafrika. So sieht es das Apartheidsgesetz je-

denfalls vor! Drei neue Dörfer sind in letzter Zeit hier entstanden durch die Übersiedlung aus anderen Reservaten im Süden des Landes. Dankbarkeit herrscht unter den Leuten über die kirchliche Betreuung. Am nächsten Morgen sitze ich in einer primitiven und baufälligen Lehm-Kuhmist-Hütte, ein niedriges Wellblechdach über mir. Die Hitze drückt, obwohl es erst 10.00 Uhr ist, sehr stark auf Leib und Seele. In den Wänden sind große Löcher, da der Kuhmist als Bindematerial zwischen den Rundstäben herausgebröckelt ist. Heißer Wind pfeift durch die Hütte. Vielleicht bringt dieser heiße Nord-Ost den ersehnten Regen. Da hier in der Gegend das Gras restlos abgeweidet ist, bringt der stärker aufkommende Wind bald den Sand mit sich; und kurze Zeit später erleben wir auch einen perfekten Sandsturm. Alle paar Minuten schüttele, schlage und blase ich aus Padbuch, Agende und Abendmahlskelch den Sand heraus. Zwischen den Zähnen knirscht es. Meine Brille muss ich mit einem nassen Tuch säubern, da sonst der statische Magnetismus, der beim Reiben mit einem trockenen Tuch entstehen würde, den feinen roten Flugstaub erst recht anziehen und schon nach kürzester Zeit die Brillengläser wieder undurchsichtig machen würde. Aber ich sitze wenigstens im Schatten - und warte mit Hunden und Hühnern neben mir auf das Erscheinen der Gemeindeglieder, die jetzt noch die abgemagerten Rinder zur Tränke treiben.

Gestern Abend waren es die zahllosen Motten und Nachtfalter, Käfer und Krabbelquälgeister, die mir beim Notieren der Amtshandlungen das Schreiben fast unmöglich machten. Und wie soll man zudem predigen und ganz bei der Sache sein, wenn einem oben am Talarkragen die Falter einsteigen und direkt auf der Haut fatal belästigend sich vorarbeiten? Da gibt es nur einen Ausweg: von außen durch den Talar direkt auf der Haut zerdrücken. Während der Predigt werden die Kinder gesäugt, was in gelassener Selbstverständlichkeit vor sich geht; andere weinende Kinder werden von Erwachsenen zur Ruhe ermahnt, was wiederum nicht ohne Störung vor sich geht. Auch die Bitte um die starken Nerven ist stets mit Inhalt des kurzen Gebets vor jedem Gottesdienst in der Steppe! Wenn dann jedoch im Verlauf der Predigt in der Bantusprache bei einigen Hörern die Wende geschieht vom „Nur-Zuhören" zum vorgeneigten Lauschen, von gespielter Teilnahmslosigkeit hin zu sichtbarer Aufmerksamkeit, vom Zweifel zur Gewissheit, von Unzufriedenheit hin zur Getrostheit, von Angst zur Freude, von nomadenhafter Heimatlosigkeit zur Geborgenheit in der Gemeinde, wenn eben durch das Evangelium alles gut wird - dann sind Hitze, Schwitzenmüssen und Strapazen auch beim Prediger verdrängt und vergessen.

IN POLITISCHEN AUSEINANDERSETZUNGEN

Neulich im Aminuis-Reservat. Ich begrüße in einem Dorf an der Grenze zu Botswana einige Männer der Herero und zwar, wie ich es immer tue, mit Handschlag. „Warum geben uns die anderen Weißen nicht die Hand?" Ich habe ganz offensichtlich eine Oruuano-Gruppe vor mir, was ich an der aggressiven Art zu fragen leicht erkennen kann. Es sind also Anhänger der nationalistischen Kirche, die sich immer mehr zu einer rein politischen Partei wandelt. Ich versuche, mit den Männern ins Gespräch zu kommen. Es gelingt, und wir diskutieren lange miteinander. Vorurteile können nur vorsichtig abgebaut werden, allen Ressentiments gegen die Mission begegne ich mit Aufgeschlossenheit und versuche sie zu verstehen. Und ich denke daran, dass meine Gesprächspartner ja alle einmal in unserer Missionskirche getauft worden sind. Um der Wahrhaftigkeit willen verweise ich in diesem Gespräch auch auf die in vielen afrikanischen Staaten in letzter Zeit stark hervortretende Identitätsentdeckung der nichtweißen Völker. So entgegne ich: „Es ist Euer selbstverständliches Recht, von den Weißen menschlich und brüderlich anerkannt und gleichberechtigt behandelt zu werden. Warum nur aber behandelt Ihr selber die Buschleute in Eurer Mitte so verächtlich als Eure Arbeitsknechte, herablassend und ungerecht im täglichen Leben?" Mein Gegenüber schweigt - und lacht dann verschmitzt. Wir verstehen einander, und in dieser Aufrichtigkeit können wir an jenem Nachmittag noch vieles ansprechen.

Meine Stellung als Pastor der Hererogemeinde ermöglicht es mir, nach allen Seiten hin - nicht nur zwischen Schwarz und Weiß - Verständigung weckend und versöhnend zu wirken. Anderntags Besuch beim Principal der Staatsschule an der großen Salzpfanne. Samuel Murangi hat gerade Radio Suidafrika mit dem Nachrichtendienst eingeschaltet, den wir gemeinsam hören. Es folgen Mitteilungen über Stellungnahmen von Vertretern aus Staat und Kirchen Südafrikas zur finanziellen Unterstützung revolutionärer afrikanischer Befreiungsbewegungen durch den Weltkirchenrat. Wie viel Staub hat diese Sache hier im südlichen Afrika doch aufgewirbelt. Gleich nach Ende der Nachrichtensendung frage ich Principal Murangi, was er als Vertreter der schwarzen Intelligenz und als Christ unserer lutherischen Kirche dazu sage? Antwort: „Das können doch keine Kirchen Jesu Christi sein, die Gewaltanwendung mit Hass und Mord unterstützen. Wir sind verwirrt. So kann man uns doch nicht helfen!“ In der Tat hat der Beschluss des Weltkirchenrates unter schwarzen und weißen Christen Schaden angerichtet. Man kann eben nur unter Verlust des Kreuzes, der Liebe und Geduld Christi mit uns und damit zugleich nur unter Verlust der wahren Hoffnung der Christenheit dem Phantom der Weltverbesserung um jeden Preis und mit allen Mitteln nachjagen. Wir sollten das Vertrauen in die kleinen Schritte nicht verlieren, denn sie sind in Wirklichkeit die großen und bedeutsamen - und nichts anderes ist uns meines Erachtens verheißen. Sogar die anglikanischen Kirchen Südafrikas, die in Genf beim ökumenischen Rat

Mitglieder sind, haben sich in diesem Punkt vom Beschluss des Weltkirchenrates unbefriedigt gezeigt und distanziert.
Ich bin in diesen Adventstagen damit beschäftigt, das bei Kontaktbesuchen mit meiner Ennigerloher Kindergottesdienst-Helfergruppe in Ost-Berlin gelernte Lied ins Otjiherero zu übersetzen:
„Ich möchte gerne Brücken bauen, wo tiefe Gräben nur zu sehn, ich möchte über Zäune schauen, um auch den andern zu verstehn.
Ich möchte gerne Hände reichen, wo harte Fäuste drohen heiß, ich suche unablässig Zeichen des Friedens zwischen Schwarz und Weiß.“
So weit Rolfs Bericht von seiner letzten Dienst- und Besuchsreise im Aminuis- und Epukiro-Reservat.

LEID UND FREUD MIT SCHULE, LEHRERN UND KINDERN

Es war für Rolf und mich ein rechtes Geschenk, dass Anne sich vom ersten Tag an in Südwestafrika zu Hause fühlte. Vielleicht kam es mit daher, dass sie von klein auf durch Erzählen und Berichten, durch die Briefe, die zwischen Deutschland und Afrika hin- und herflogen, mit vielem bereits vertraut war. Sie spielte mit den weißen Kindern in Gobabis und mit den schwarzen auf der Lokation Epako. Nur mit der Schule tat sie sich anfangs schwer. Sie fürchtete sich vor den vielen Kindern auf dem Schulhof, deren Sprache sie nicht ver-

stand. Auch die zwölf deutschen Kinder verständigten sich draußen auf dem Schulhof mit den afrikaansen Schülern nur in deren Sprache. Sie kam sich arg verloren vor. Ich habe sie einige Wochen mit sehr schwerem Herzen morgens weinend in die Schule gebracht. Aber eines Tages dann kam sie wie ausgewechselt, fröhlich und sprühend vor Leben nach Hause. Mit Schwung schleuderte sie ihre Schuhe von sich und lief barfuß, wie die andern Kinder. Sie sprach mit ihnen afrikaans, und ich bekam von ihr zu hören: „Mutti, Dein afrikaans ist schrecklich! W i e Du das Wort aussprichst?!" Das „Onse Vader, wat in die hemele is" konnte sie auswendig, und „Die Stem van Suid-Afrika" schmetterte sie laut und kräftig mit.
Ihr Lehrer war der Herr Marbach, vor noch nicht allzu langer Zeit aus Deutschland gekommen. Wir Eltern hatten ganz den Eindruck, dass es nicht so sehr die Liebe zu den Kindern und zum Unterrichten war, die ihn nach Afrika gezogen hatte, sondern vielmehr das „Abenteuer Süd-West". Zu verstehen war das in gewisser Weise schon, denn wer als junger Mann geht schon gern zwölf deutscher Kinder wegen in die Kalahari, unweit der Grenze zu Botswana, in die Weite, Stille und Einsamkeit Afrikas?! Wer verzichtet freiwillig auf so mancherlei - wenn auch oft fragwürdiges - Vergnügen einer großen deutschen Stadt und auf Annehmlichkeiten der Zivilisation?! Eines Tages war er denn auch weg, ohne Abschied, ohne Kündigung, ohne irgend ein Wort, ganz einfach weg! Das afrikanische Lehrpersonal nahm sich der verwaisten deutschen Schulabteilung an und versuchte die Kinder zu beschäftigen. Eine Lehrerin kam

auf die gute Idee, die Kinder einen Brief schreiben zu lassen; das konnten sowohl die Kleinen wie die Großen. Ein paar Tage später las diese Lehrerin einen der Briefe lachend im Kollegium vor: „Liebe Tante Päule! Wir sitzen hier in der Schule und müssen einen Brief schreiben, denn Marbach, dieser Knaller, ist abgehauen ...“ - Und diesen Brief hat - wie könnt es anders sein! - „die Dogter van die duitse Predikant“, unsere Anne, geschrieben!

Wie sollte, wie konnte es nun weitergehen mit den deutschen Kindern in Gobabis? Die Schulleitung spielte lange schon mit dem Gedanken, die stark unterbelegte deutsche Schulabteilung zu schließen. Einige Eltern, besonders die der größeren Kinder, machten sich mit dem Gedanken vertraut, ihr Kind in der nächsten deutschen Schule anzumelden. Die nächste deutsche Schule aber war 200 Kilometer entfernt, in Windhoek! Es hätte für Anne bedeutet, dass sie dort in ein Schülerheim gemusst hätte und nur noch in den Ferien und allenfalls an einem „langen Wochenende“ zu Hause sein könnte

„Wenn Sie uns einen Lehrer besorgen, können wir noch einmal über die Sache reden...“, ließ uns die Schulleitung wissen. Ja, aber wie??? In dieses Bangen und Sorgen hinein fiel der Name: Hermann Redecker! Redecker? Den Namen kannten wir aus der Missionsgeschichte im Land. Sehr gut! Aber weiter? Er wäre ein junger Lehrersmann mit allen Examina, übe aber seinen Beruf nicht aus. Er säße viel lieber auf einer Farm im Norden des Landes, führe Jagdgäste durch „Busch und Veld“, jage, hege und pflege mit Lust und Leidenschaft das

Wild. „Das ist ein Naturbursche“, sagte man uns, „den kriegt keiner in ein Schulzimmer!“ Wir versuchten uns zu erinnern: Da waren die Jugendsonntage in Omaruru, und da gab es einen jungen Schüler namens Hermann Redecker. Wir erinnerten uns intensiver und uns fiel der Vater von Hermann ein, Armin Redecker, ebenfalls Lehrer, der in Okahandja die Singwochen geleitet hatte. Wir telefonierten zur elterlichen Farm und bekamen seine Schwester an den Apparat. Sie ist ebenfalls Lehrerin, und sie verstand unser Gobabiser Schulproblem sofort. Auch meinte sie, ihrem Bruder täte es gewiss gut, wenn er endlich einmal in seinem Beruf arbeiten würde! Und Hermann ließ sich von uns rufen! Er ließ tatsächlich die Farmerei und die Jagd zurück!: „Sie haben damals in Omaruru so viel für die Jugend getan, jetzt bin ich dran!“, meinte er schlicht und bedacht! Er kam zu uns nach Gobabis, und er wurde ein wunderbarer Lehrer für die deutschen Kinder.

Die Kinder mochten plötzlich ihre Schule, und sie liebten ihren Lehrer! Sie lernten neben ihrem Unterrichtsstoff Busch und Veld, die Tiere auf der Farm und das Wild im Busch und den Südwester Sternenhimmel kennen und lieben! Hermann Redecker ging mit den Kindern auf Fahrt, sie schliefen unter freiem Himmel, sangen am Lagerfeuer und genossen von Herzen ihr „Braaivleis“, zu deutsch: Fleisch grillen! Eltern und Kinder hatten eine gute Zeit mit der Schule. Hermann war am Sonntagabend des öfteren bei uns zu Gast. Einmal mussten wir lange mit dem Abendessen auf ihn warten. Seine Entschuldigung breitete er uns auf unserer Veranda draußen aus: Eine

Schlange! Eine 1,85 Meter lange Kobra! Eine Nahja-Hahja-Anchitye! Er hatte sie im Scheinwerferlicht seines Autos auf der Pad gesehen und gleich den Kampf mit ihr aufgenommen! Gekonnt und mit Farmergeschick vermochte er sie zu töten. Am nächsten Morgen brachte er die Schlange mit in die Schule. Vor den Kindern sezierte er sie. Die zwei Giftzähne wurden entfernt und 28 Tropfen Gift herausgepresst. Alle waren hellauf begeistert von dieser interessanten Biologiestunde. Als Hermann Redecker ihnen dann aber ankündigte: „Beim nächsten Mal bringe ich euch eine lebendige Schlange mit, daran kann ich euch noch mehr erklären und zeigen!“, wurden einige bedenklich still!

Dann schien eines Tages dieses schöne Schultreiben getrübt. Der junge Lehrersmann saß uns still und nachdenklich in unserm Wohnzimmer gegenüber: „Ich kann leider nicht immer in Gobabis bleiben. Ich muss an meine Zukunft denken, eventuell an eine Weiterbildung in Südafrika. Und zudem möchte ich ja auch mal heiraten. Wo soll ich hier in Gobabis eine Frau finden? Am kommenden Wochenende findet zum Beispiel in Gobabis das Schlachtfest statt; ich möchte gern hin, aber ich habe niemanden, der mit mir geht!“

Ja, da hatte er recht! Wo sollte er in Gobabis schon ein Mädchen finden!?

Ich verstand ihn ja so gut!, und in meinem Kopf arbeitete es darum mächtig! Hatten wir nicht schon mal ein ähnliches Problem lösen müssen? Und lösen können?! Sollte uns das nicht auch hier gelingen? „Hallo, Rolf, hast Du mir nicht neulich von einer jungen deutschen Lehrerin erzählt, die Du auf der Farm bei Brami Andrae kennen gelernt hast? Die zu Besuch aus Deutschland gekommen ist?! Ob die noch dort weilt?“ Die beiden Männer horchten auf; es gelang mir, sie zu begeistern, und plötzlich machten wir gemeinsam Pläne!: Wie wäre es, wenn wir die junge Lehrerin einfach zum Schlachtfest am kommenden Samstag einladen würden? Gesagt, getan! Rolf griff zum Telefonhörer und es klingelte bei Andraes. Es mag zudem auch wohl in den Ohren der Farmersleute ob der Einladung, mit ihrem Besuch zum Fest zu kommen, geklingelt haben! Aber Pastor und Lehrersmann schienen ihnen solide Einlader zu sein und sie sagten zu.

Sie erbaten sich aber doch, am Mittwoch vorher, an dem sie ohnehin in den Ort kommen müssten, um einige Dinge zu erledigen, sich zu einem kurzen Kennenlernen im Missionshaus treffen zu dürfen. Rolf musste in der kommenden Woche dienstlich unterwegs sein, ich aber konnte sehen, - und ich habe gut aufgepasst! - wie bei diesem ersten Zusammensein die Augenpaare von Hermann und Gundel immer wieder erst neugierig, dann interessierter und schließlich sympathisch einander suchten! Beim Schlachtfest am Sonnabend dann sah es die gesamte deutsche Gemeinschaft: es tat sich was mit unserm Lehrersmann! Und am Schluss des Abends erzählte es einer dem anderen, er habe Hermann und Gundel Händchen-haltend nach Hause gehen sehen! Gundel musste noch einmal zurück nach Deutschland, um ihr 2. Lehrerinnenexamen zu bestehen, dann wurde geheiratet! Rolf hat die beiden auf der elterlichen Farm Westfalenhof getraut. Es war ein sehr schönes Hochzeitsfest und, wie nicht anders zu erwarten, auch in kultureller Hinsicht ein Hochgenuss! Bei so vielen Lehrern! Der Brautvater meinte: „Ich habe mein Haus schon mal voller gesehen; ich habe es auch schon leerer gesehen, aber ich habe es noch nie so voller Lehrer gesehen!" Natürlich haben die zwei auch eine Hochzeitsreise unternommen, aber die ging nur wenige Kilometer weit in den afrikanischen Busch! Es gab Natur pur! Gundel erzählte uns später lachend: „Ich habe einen komischen Mann geheiratet! Hermann wollte eine Straußenherde beobachten, aber beileibe nicht mit Fernglas oder vom Auto aus! Er hat sich ein Straußenfell umgehängt, einen ausgestopften Straußenkopf auf einen langen Ast gesetzt und sich so als Strauß(!) unter die Herde gemischt!" Seine Beobachtungen und Erfahrungen kamen später den Kindern in der Schule zugute!

Lehrersleute konnten die Beiden leider nicht bleiben.

Die deutsche Schulabteilung schrumpfte zusammen; die erforderliche Kinderzahl wurde nicht mehr erreicht. Sie musste geschlossen werden. Alle deutschen Kinder, auch die Erstklässler, siedelten nach Windhoek über, kamen ins Schülerheim und besuchten von dort aus die Schule.

Hermann ist ein sehr tüchtiger Farmer - und Gundel eine sehr tüchtige Farmerin geworden. Bis heute verbindet uns ein freundschaftlich-herzliches Miteinander.

Anne wurde Schülerin in der DHPS, der Deutschen Höheren Privatschule, in Windhoek. Sie bezog einen Platz im deutschen Schülerheim und kam zu den „Nüffels", wie die größeren Kinder die Abteilung für die Kleinen herablassend bezeichneten. Tapfer versuchten die Kinder den Wechsel vom wohl behüteten Elternhaus in den zunächst sehr unpersönlich erscheinenden Schul- und Internatsalltag zu bewältigen. Aber es war schwer, oft sehr schwer, für die Kinder - und auch für die Eltern! Viele Tränen mussten getrocknet werden! Anne hatte sich gefreut, dass ihre Freundin Gerlind aus Gobabis mit nach Windhoek zog, aber leider konnten sie nicht in einem Zimmer schlafen; sie waren auf verschiedenen Fluren untergebracht. Am Nachmittag ihres ersten Windhoeker Schulalltags bat Anne mich, bevor ich mich wieder auf den Heimweg, die 220 Kilometer nach Gobabis, machte: „Bitte, Mutti, lass uns noch einmal zu Gerlind gehen!" Gerlind lag im Bett, mit hoch-rotem Fieberkopf! Ihre beiden älteren Schwestern saßen auf der Bettkante. Birgit hatte ihr ein feucht-kaltes Tuch auf die Stirn gelegt und hielt sie liebevoll im Arm. Christiane saß auf der anderen Seite und versuchte die kleine Schwester mit van-der-Merve-Witzen aufzumuntern! Ich bekam gerade noch mit: „Warum nimmt van der Merve immer ein Messer mit, wenn er Auto fährt? - Na klar, damit er die Kurven besser schneiden kann!!" Gerlind bekam kein Lächeln ins Gesicht! Anne sah sich diese Szene entsetzt an! Draußen meinte sie: „Nun hab ich doch mit der Gerlind gebetet, und ich habe ihr den Psalm 23 gesagt, wenn das alles nichts nützt, dann weiß ich auch nichts mehr!" Als ich mich kurze Zeit später von ihr verabschieden musste, hat auch bei ihr der Psalm 23 versagt!

Sie weinte bitterlich! Bei ihrem ersten Telefonanruf nach zu Hause schluchzte sie in den Hörer hinein: „Papi, komm doch!" Klar, dass der sehr bald einen Grund fand und sein Töchterchen besuchte!

ZURÜCK IN DEUTSCHLAND – ES WANDELN SICH DIE REICHE

„Es wandeln sich die Reiche, es wandelt sich die Welt, nur Er, er bleibt der gleiche, der sie in Händen hält..."
1969 bis 1972, das schien uns eine lange Zeit, die uns für den Dienst in Gobabis zugemessen war. Wir waren voller Elan, Pläne und Wünsche zu diesem Einsatz aufgebrochen. Als die Jahre sich ihrem Ende zuneigten, bemächtigten sich unser bei aller Dankbarkeit auch bange Fragen und Zweifel: War es uns gelungen, den Erwartungen gerecht zu werden? Haben wir die anvertraute Zeit in guter Weise genutzt? Sind wir allen Anforderungen gerecht geworden? Ich weiß es nicht.
In Epako konnte eine Kirche gebaut und eingeweiht werden. In Epukiro war der Kirchbau dank der Finanzierungspläne sicher geworden. Spendengelder sind aus Deutschland reichlich geflossen. Heute steht dort ein schmuckes, kleines Kirchlein. Vor dem Altar hängt übrigens das grüne Antependium aus dem Siegerland, das mit dem Großen Fischzug. Es ist so lustig anzusehen, wie die Fische ins goldene Netz ziehen und es ist wunderschön, den Hintergrund der Geschichte dabei zu bedenken.

Als „Kringraadsekretaris“ hat Rolf die Mitarbeiter regelmäßig zusammengerufen und zu schulen versucht; gemeinsame Predigtvorbereitungen fanden statt und auf Mitarbeiterkonferenzen zum Beispiel in Swakopmund waren Referate oder ähnliches zu halten. Aber im Nachhinein hätte man gern noch eifriger „bekannt, geglaubt und gearbeitet“!

Heute morgen war ich mit Rolf zusammen zum Gottesdienst im Berliner Dom, oder, wie die Berliner ihn immer noch nennen: im Kaiserdom.
Immer, wenn ich auf der Schloßbrücke über die Spree gehe, den Lustgarten vor dem Alten Museum durchschreite, den gewaltigen Dom vor mir habe, die Treppen empor steige und ins Innere des Domes komme, überfällt mich irgendwie ein geschichtlicher Schauer. Gut, der Bau, vom letzten Kaiser um die Jahrhundertwende anberaumt, ist nicht unser heutiger Stil. In unserer Zeit und Welt hätte der Dom so nie erstehen können, - und vielleicht auch nicht dürfen? Aber ich bin jedes Mal gern dort, setze mich in eine der Bankreihen und lasse die Mauern, die Säulen, die vielen hellen Kerzen, die farbenfrohen, leuchtenden Bilder zu mir sprechen! Im Chorraum die drei großen bunten Altarfenster, links die Geburt Jesu, rechts die Himmelfahrt und in der Mitte hinter dem Altar die Kreuzigungsgruppe. Die vier Reformatoren, in Lebensgröße aus Stein gehauen, Luther, Melanchthon, Zwingli und Calvin, schauen ernst auf uns kleines Kirchenvolk herunter. Dem Chorraum gegenüber die Kaiserloge. Ob er, der Kaiser, von

dort aus oft dem Wort gelauscht hat?

Und ich kann die Domruine nicht vergessen, wie sie 1945 ausgesehen hat! „....in den öden Fensterhöhlen wohnt das Grauen, und des Himmels Wolken schauen hoch hinein..." Es war entsetzlich, was der Krieg, was unsere Zeit angerichtet hatte. Unter den Trümmern, in der Krypta, habe ich noch den Oberhofprediger Döring predigen gehört. In vier Epochen deutscher Geschichte hat dieser Gottesmann gepredigt: im Kaiserreich, in der Weimarer Republik, im Nationalsozialismus des 3. Reiches und in der DDR!

Der Dom ist wieder aufgebaut, Schönheit und Verpflichtung zugleich! Anne und Udo haben heute morgen in der Kantorei unter dem Domkantor, Herbert Hildebrandt, zum Gottesdienst gesungen; Wiebke und Dörthe saßen in der Bankreihe neben uns.

Ich musste bei allem - weil ich ja gerade meine Erinnerungen schreibe - an Afrika denken.

Im großen, schönen Kaiserdom sah ich mich plötzlich in unserer kleinen Missionskirche in Gobabis zum Abschied von Südwestafrika sitzen. Das Kirchlein voll bis übervoll; hinter den Bankreihen saßen auf dem Boden die Mütter mit ihren Kindern und viele Männer noch hinter ihnen. Vier Chöre sangen! Pastor Gabriel Dawids predigte, deutsche Vertreter sprachen Grußworte. Es wogte und es pulsierte in der Kirche. Alles atmete Leben - und zugleich Abschied..... Auf dem Bahnhof in

Windhoek standen sie, die uns den Abschied von Südwestafrika leichter machen wollten: Hans-Karl Diehl, der Präses der Jungen Kirche, Kurt Kirschnereit, der Landespropst der Deutschen Ev.-Luth. Kirche, die Missionsgeschwister und vor allem Annes beste Freundin, Gerlind. Ein wenig verloren standen die beiden kleinen Mädchen auf dem Bahnsteig; erst als der Zug dann wirklich anruckte und sich in Bewegung setzte, strömten befreiende Tränen!
Voraufgegangen war die entsetzliche Packerei. Ich habe sie nie gemocht! Als wir Anne am Telefon nach Windhoek hin gesagt haben: „Die Seekisten sind gepackt, und Dein Teddy ist auch drin und träumt schon von Deutschland!", schluchzte sie los: „Ich will aber nicht nach Deutschland!" Auf meine Frage: „Aber warum denn nicht?" kam es noch ein wenig heftiger: „Afrika ist soo schön!"

Auch nach Rolf und mir hatte die Zukunft bereits Ausschau gehalten. Die Leitung der Vereinigten Evangelischen Mission, Wuppertal, bat Rolf zu bedenken, ob er nicht für sie in den Gemeindedienst für Weltmission treten wolle. Dagegen schrieb uns Landeskirchenrat Brehmer von der EkvW, Bielefeld, die Rolf für den Dienst in Afrika beurlaubt hatte: „...in Westfalen haben wir über 80 vakante Pfarrstellen!" Aber noch mussten wir uns nicht entscheiden.

Mit der Eisenbahn fuhren wir von Windhoek nach Kapstadt. Im Hafen lag die MS-EUROPA, der uns von der Ausreise her noch bekannte italienische Dampfer, bereits vor Anker.

Am Kai spielte sich die ganze Sinfonie von Abschiedsschmerz und Zukunftshoffnung wider, am Kai, auf der Gangway, auf dem Schiff. Der Tafelberg hoch über der Stadt hatte sein weißes Tafeltuch ausgebreitet und die Wolkendecke spielte im Wind. Bunte Papierschlangen flatterten durch die Luft vom Schiff aus zum Land - und zerrissen, als sich das Schiff langsam vom Land entfernte und immer weiter in See stach. In Teneriffa legte die EUROPA für einen Tag an. Uns blieb Zeit zu einem Landgang und wir schauten uns Puerto de la Cruz an. Durch die „Straße von Gibraltar" schifften wir nach Barcelona, dann südlich an Korsika vorüber und durch die „Straße von Messina" nach Brindisi. In Venedig, wo wir 1969 an Bord gegangen waren, um nach Afrika zu reisen, gingen wir nun von Bord an Land! „So oft ich Land und Sand verlaß, so oft läuft auch mein Stundenglas...", geht es mir durch den Sinn.

WOHIN SOLL ICH MICH WENDEN......

„Wo man gebraucht wird, da gehört man auch hin!", hörte ich einmal jemanden sagen. Ja, aber wer weiß das schon immer so genau? Wir waren uns ganz und gar nicht sicher, als wir von Afrika zurück nach Deutschland gekommen waren, wo wir gebraucht wurden und wo wir dann hingehören würden. Von dem Gedanken an ein übergemeindliches Pfarramt hatten wir

schon mal Abstand genommen; dazu war Rolf viel zu sehr und gern Gemeindepfarrer. In Oberkirchenrat Dr. Danielsmeyer im Landeskirchenamt Bielefeld fand er einen verständnisvollen, brüderlichen Berater: „Wägen Sie jetzt gut ab, lieber Bruder Schankweiler, in welch eine Pfarrstelle Sie gehen wollen. Seien Sie ruhig ein wenig wählerisch!", meinte er. Er ging, wie wir selbst auch, von der Tatsache aus, dass diese neue Pfarrstelle unsere letzte vor Rolfs Pensionierung sein würde. Zu der Zeit waren in der Westfälischen Kirche sehr viele Pfarrstellen vakant. Die Presbyterien der Kirchengemeinden mühten sich oft lange, ehe sie einen Pfarrer bekamen. Rolf nahm sich also von OKR Danielsmeyer das Verzeichnis mit, in dem die freien Pfarrstellen vermerkt waren. Rolf und ich reisten durch Westfalen. Wir besichtigten Städte, Kirchen, Gemeindehäuser, Pfarrhäuser, sprachen mit Presbytern und Kirchenältesten, aber wohl war uns bei dieserart Suche ganz und gar nicht. Nach welchen Kriterien sollten wir vorgehen? Modernes Pfarrhaus? Nahe Schule für Anne? Die ging in dieser Zwischenzeit in Tecklenburg aufs Gymnasium, wo ihre Tante Elli geschickt für sie mit Latein- oder Sportlehrer zu verhandeln wusste! - Suchten wir eine schöne Kirche? Gute Luft? Oder kulturelle Möglichkeiten? Ging es vielleicht darum, welche Gemeinde am längsten schon ohne Seelsorger hatte sein müssen?
In diese zermürbende Gedankenwelt hinein klingelte eines Morgens das Telefon. Am andern Ende der Leitung meldete sich Pastor Horstmeier von der früheren Rheinischen Mission,

heute Vereinte Evangelische Mission, Wuppertal: „Bitte, lieber Bruder Schankweiler, lassen Sie sich heute von uns rufen! In Neunkirchen im Siegerland wird für den 2. Pfarrbezirk Zeppenfeld-Wiederstein dringend ein Pfarrer gebraucht! Das Gebiet ist altes Missionshinterland. Neun Missionare sind allein von dort aus nach Indonesien oder Afrika gegangen. Wir stehen dort irgendwie in der Pflicht!" Danach ging eigentlich alles sehr schnell! Ein Besuch im Pfarrhaus Zeppenfeld bei Pastor Beel, einem ehemaligen Missionar der Rheinischen Mission in Indonesien, Gespräche mit den Amtsbrüdern der anderen Pfarrbezirke, den Presbytern und dem Kirchmeister folgten, dazu kam die Probepredigt, und wir wurden Siegerländer! Und das ist wirklich etwas ganz Besonderes!

WIR WERDEN SIEGERLÄNDER

„Das Siegerland ist eine Welt für sich", hat der ehemalige Reichskanzler, Dr. Michaelis, einmal gesagt. Wie recht er hatte! Schon in meiner Bibelschulzeit habe ich meine Freundin Lore aus Niederschelden angestaunt und bewundert. Wenn sie von dem geistlichen Leben dort in ihrem Elternhaus, in der Schule, in der Kirche oder im Vereinshaus sprach, begegnete mir eine Frömmigkeitshaltung, die ich so noch nicht kennen gelernt hatte. Ein Nachbarort von Niederschelden, Oberfischbach, war mir allerdings aus der jüngsten Kirchengeschichte bekannt und geläufig. Im 3. Reich hatte sich dort eine denkwürdige Begebenheit zugetragen: Die Bekennende Kirche war hier wie allerorts im Nationalsozialismus den Machthabern ein Dorn im Auge. Sie wurde beobachtet und wo es nur anging, behindert. Wieder einmal hatte sich das Presbyterium mit einem Bekenntnisschreiben bei der staatlichen Behörde in Berlin kräftig zur Wehr gesetzt. Als Unterschrift unter dieses Dokument aber setzte nicht ein einzelner Presbyter seinen Namen, sondern alle unterzeichneten das Schreiben. Und unter den Namen stand groß und sehr deutlich zu lesen: „Die Bischöfe von Oberfischbach". Das hat selbst die macht- und arroganzstrotzenden „Führer im Großdeutschen Reich" irritiert!

In kirchlichen Kreisen im übrigen Deutschland kennt man das Siegerland und spricht mit Respekt von ihm. Köstlich ist die kleine Begebenheit, die der Prediger Wunderlich in seinem Büchlein: „Ich komme aus dem Siegerland" erzählt.

Zur Illustration möchte ich sie hier gern einfügen: „Es geschah nach dem letzten Krieg. Die Arbeit des CVJM - Christlicher Verein junger Männer - wurde neu aufgebaut. Sie hatte im nationalsozialistischen Deutschland in die Hitlerjugend überführt werden müssen. Jetzt geschah ein gesegneter Neuanfang. In einer Stadt in Westdeutschland fand eines Tages eine Konferenz statt, zu der sich Vertreter aus allen Landesteilen zusammengefunden hatten. Zunächst wurde ein Referat gehalten über das Thema: „Die Stellung des Christen zur Welt". In weltoffener Weise wurde ausgeführt, dass man mit der Zeit gehen müsse, auch die Grenzen nicht so eng ziehen dürfe, um dadurch viele junge Menschen zu erreichen. Dann kam die

Aussprache. Pastor Johannes Busch, der Bundeswart des Westbundes des CVJM, leitete die Tagung. Er sagte: „Nun bitte ich, sich zum Thema zu äußern und frei und offen seine Meinung auszusprechen. Ich bitte aber die Brüder, die sich zu Wort melden, uns zunächst immer zu sagen, woher sie kommen, ob aus dem Rheinland, dem Lipperland oder aus dem Hessenland, damit wir wissen, wie die Meinung in den einzelnen Bundesländern ist." Kaum hatte Pastor Busch das Wort freigegeben, da sprang ein eifriger, bibelfester Siegerländer Bruder auf. Mit donnernder Stimme und mit erhobenem Arm gestikulierend rief er aus: „Der Apostel Paulus schreibt...." - und plötzlich fiel ihm ein, dass er ja seine Heimat noch nicht genannt hatte- „...ich komme aus dem Siegerland!...", worauf ein schallendes Gelächter unter den Tagungsteilnehmern ausbricht! Pastor Busch meisterte die Situation und meinte: „Lieber Bruder, das fehlte uns gerade noch, dass der Apostel Paulus auch noch aus dem Siegerland wäre!"

Im Siegerland bietet sich dem Auge eine überaus reizvolle Landschaft dar. Eingebettet in grüne, bewaldete Höhen - die Hauberge früherer Zeiten sind aufgeforstet - wird es von der Sieg durchflossen, woher auch der Name abgeleitet ist. Nördlich grenzt es an das Sauerland, im Südwesten liegt der Westerwald. Wie dort, so herrscht auch hier ein relativ rauhes Klima. Am Erntedankfest hatten wir in der Kirche oft unsre liebe Not, Gaben und frische Blumen aus dem Garten für den Altar zu bekommen, weil bereits am ersten Sonntag im Oktober der Frost eingesetzt hatte. Die Häuser im Siegerland sind in der Regel an den Außenwänden dunkelgrau, meist mit echtem Schiefer, beschindelt. Das gibt dem Ortsbild ein strenges Aussehen. Bunte Blumen vor den Fenstern und in den Vorgärten hellen das Bild freundlich wieder auf. Ich meinte gern, dass das alte Volkslied: „Im schönsten Wiesengrunde steht meiner Heimat Haus..." nur im Siegerland entstanden sein konnte!

Im Siegerland heißt man „Zöllner, Jung, Klein, Weller, Reinschmidt oder Judt"! Von der Reformation geprägt fand vor gut 200 Jahren dort eine „Erweckungsbewegung" statt, deren Segensströme noch heute kräftig und lebendig fließen. Das Herzensanliegen Martin Luthers, der persönliche Glaube an den ganz persönlichen Herrn und Meister Jesus Christus, hier wurde es angenommen und der Glaube gelebt. Die Kirchen sind noch heute gut besucht. Das christliche Vereinswesen blüht! Manchmal auch schießt es ein wenig ins Kraut und wuchert schon mal sehr! „Der geht ja am Sonntag nur in die Kirche!" ist fast schon eine Verurteilung! Man geht am Sonntag nachmittags zur Stunde ins Vereinshaus! Es gibt die „nur-Kirchgänger" und die „nur-Vereinshauschristen" und es gibt diejenigen, die Sonntagmorgens und Sonntagnachmittags gehen! Daneben erfreuen sich „Baptisten", „Freikirchliche", „Thomasisten" und „Außerkirchliche" eines regen Vereinslebens, und viele halten sich ihrer besonders strengen Frömmigkeitsausrichtung wegen gleichsam für die Elite! Die Jugend wird hervorragend betreut durch den CVJM, heute „Christlicher Verein junger Menschen"! Jede Woche trifft sich der Po-

saunenchor, probt der Gemischte- und der Männerchor und findet die Bibelstunde statt. Die Kreise werden von freiwilligen Helfern geleitet. Am Sonntagmorgen fährt ein Bus durch den Ort und holt die Kinder ab zur Sonntagsschule. Man feiert gern, als da sind das Jahresfest der Gemeinschaft, das Jahresfest des CVJM, das Heckenfest, das Posaunenfest, das Winterfest des Mädchenkreises, das Missionsfest des Frauenmissionsvereins, das und noch manches mehr... Aber diese alle sind nur die örtlichen Feste! Daneben gibt es in Siegen die Hammerhütte, wo über 2.000 Menschen Platz finden, und dort finden die übergemeindlichen Feste statt! Was mich aber besonders beeindruckt hat, waren die christlichen Veranstaltungen für junge Menschen in der Karnevalszeit: Während der „drei tollen Tage" strömten junge Männer, Frauen und Mädchen am Abend in die große Siegerlandhalle, um zu singen, zu musizieren, zu hören und zu beten! Sie kamen in Scharen, freiwillig, ja, sie bezahlten sogar für den Abend, nur um sich die Verkündigung vom Heil in Jesus Christus zusagen zu lassen. Nur??? Sie hätten bestimmt geantwortet: „Nein, sogar!"
Gewöhnen musste ich mich erst daran, dass ich zum Beispiel beim Fleischeinkauf in der Schlachterei von der Metzgersfrau über die Wursttheke hin auf die Predigt vom Sonntagmorgen angesprochen wurde! Ohne Rücksicht auf die anderen Käufer! Das „Laienpriestertum" nahm sich unter Umständen auch den Pfarrer vor! Man muss wissen, dass die Erweckungsbewegung im Siegerland nicht „über die Kanzel", d.h. in der Kirche ausgebrochen war, wie im Ravensberger Land in Ost-

Westfalen, sondern praktisch „neben der Kanzel“, durch Laien und nicht durch Pfarrer. Wie ein „Sturmwind Gottes“ wehte der Geist der Erweckung durch ihre Häuser und Gemeinden. Manche Pfarrer standen diesem Wirken und Wehen hilflos, ja, oft sogar ablehnend und feindlich gegenüber. In Neunkirchen amtierte dazumal ein guter Theologe. Das Presbyterium aber merkte gar bald, dass seine „gute“ Theologie sie nicht satt machte. Sie hörten von ihm nicht das Evangelium. Eines Sonntagmorgens kommt der Pfarrer zur Predigt auf die Kanzel. Er breitet sein gut ausgearbeitetes und wohlformuliertes Predigtmanuskript vor sich aus. Da findet er auf dem Kanzelbrett einen kleinen, weißen Zettel liegen. Er nimmt ihn auf und liest: „Herr, wir möchten Jesus gerne sehen!!“ Als kluger Theologe kennt er natürlich die Bibelstelle aus Johannes 12, und er sieht die dort beschriebene Szene vor sich: die Griechen, die nach Jerusalem gekommen waren, um Jesus kennen zu lernen. Und er weiß, wenn der Apostel Johannes so etwas erzählt, hat er mehr im Sinn, als nur etwas zu erzählen! Es geht ihm darum, den Wunsch und die Sehnsucht der Griechen nach Erfüllung und Erlösung zu zeigen, sie wollen den Herrn der Welt sehen! Dem Johannes geht es um das „Wunder der geöffneten Augen“, so hat es jemand einmal sehr schön gesagt. Den Pfarrer mögen all diese und noch mehr Gedanken bewegt haben. Der Heilige Geist mag kräftig gewirkt haben. Am folgenden Sonntag spürte es die Gemeinde: Es ist etwas neu geworden! Und noch einen Sonntag weiter, da findet der Pastor wieder einen kleinen, weißen Zettel auf

der Kanzel! Er nimmt ihn hoch und liest befreit und sehr glücklich: „Da wurden die Jünger froh, dass sie den Herrn sahen!"
Im allgemeinen ist das Miteinander von Kirche und Gemeinschaft im Siegerland ein gutes und ein brüderliches. Es ist nicht nur so, dass man einander a b h ö r t, sondern sehr wohl auch einander a n h ö r t ! Dennoch, als ich meine erste Bibelarbeit in der Frauenhilfe in Altenseelbach zu halten hatte, war mir arg bange! Ich wusste: „Dort hinter dem Tunnel" hört man besonders kritisch zu! So bereitete ich mich sehr gründlich vor; und schließlich freute ich mich auch auf die Stunde. Die Frauen hörten aufmerksam und gut zu. Das Amen zum Schluss sprachen alle laut und kräftig mit. - Nein, ein Lob hatte ich nicht erwartet, aber die Reaktion einer Bezirksfrau war doch verblüffend: „Da kann aber keiner was gegen sagen!"

Gern denke ich an die großen gemeinsamen Gottesdienste und Kirchenfeste aller drei Pfarrbezirke, Neunkirchen, Salchendorf und Zeppenfeld-Wiederstein, zurück, wenn zum Beispiel das Reformationsfest oder das Missionsfest oder die Goldene Konfirmation gefeiert wurden. Diesmal hatte Rolf den Tag der Goldenen Konfirmation auszurichten. Am Sonntagmorgen saßen sie alle in den vorderen Bänken, die Goldkonfirmanden, ganz der Predigt hingegeben. Aber auch auf den Nachmittag freute sich die Jubelschar noch besonders. Da ging es im Gemeindehaus bei Kaffee und Kuchen gemütlich her. Erinnerungen wurden ausgetauscht und alte Moritaten aufgefrischt. Vorher jedoch kam noch die Andacht! Und man nahm sie ernst! Der Pastor schritt mit seiner Bibel zum Lesepult. Auf den Tischen lagen die kirchlichen Gesangbücher zum Mitsingen. Und für den gemütlichen Teil hinterher lagen auch schon die kleinen roten „Mundorgel“-Büchlein parat.

„Wir singen Lied Nr. 231!“, kündigte Rolf an. Ich sehe, wie ein Bruder aus Altenseelbach Rolf wie versteinert anblickt. Rolf stimmt das Lied an, der Bruder knickt gleichsam ein, kommt wieder hoch - und stimmt erleichtert in den Choral ein: „Nun danket all und bringet Ehr, ihr Menschen in der Welt...“ Hinterher erzählte er uns von seinem Schrecken: Er hatte bei der Liedansage nicht das Gesangbuch ergriffen, sondern die „Mundorgel“ und sich dann bei Nr. 231 sehr verwundert, dass der Pastor dieses Lied zur Andacht singen lassen wollte. Unter Nummer 231 steht nämlich in der „Mundorgel“: „Die Affen rasen durch den Wald...“!

Der Weltgebetstag der Frauen fand in der Regel bei uns ein gutes Echo. Wir ließen die Veranstaltung in den Pfarrbezirken reihum gehen und bereiteten uns jeweils gründlich darauf vor. Mir selbst zur Erinnerung möchte ich eine meiner Andachten hier festhalten:

Der Text, der dem Frauenweltgebetstag zugeordnet war, stand im 2. Korintherbrief, Kapitel 12, in den Versen 9 - 10:

„Lass dir an meiner Gnade genügen, denn meine Kraft ist in den Schwachen mächtig! Darum will ich mich am allermeisten rühmen meiner Schwachheit, auf dass die Kraft Christi bei mir wohne. Darum bin ich guten Mutes in Schwachheit, in Misshandlungen, in Nöten, in Verfolgungen, in Ängsten um Christi willen; denn, wenn ich schwach bin, so bin ich stark."

Es ist schon lange her, ich war noch sehr klein, aber ich vergesse das Gespräch nicht, dem ich als Kind einmal gelauscht habe. Die Erwachsenen hatten es gar nicht bemerkt, dass ich dabei war. Die Kinder bekommen ja sehr oft viel mehr mit, als die „Großen" ahnen. Es war zur Zeit des Nationalsozialismus. Irgend ein Parteiführer hatte meinen Vater aufgesucht und sagte: „....aber es ist doch in der Natur auch so, dass sich nur das Starke und Gesunde durchsetzt! Die Natur selbst nimmt die Auslese vor. Das ist in der Tierwelt so, und das ist auch in der Pflanzenwelt so. Das Schwache muss sterben, damit das Starke leben kann!" Das klang so vernünftig und so natürlich , dass ich mich verwunderte, dass meine Eltern nicht damit einverstanden waren, ja, sogar heftig protestierten. Ich wusste damals noch nichts von der frivolen Idee, eine Menschenauslese vorzunehmen; ich wusste nichts von dem Größenwahn, einen sogenannten „Herrenmenschen" zu züchten! Ich lernte sie aber später kennen, die Idee, den starken, kräftigen, arisch-reinen und vollkommenen Menschen zu schaffen. Folgerichtig waren damals im Nationalsozialismus die Alten, die Behinderten, die Kranken und Schwachen nur „nutzlose Esser"! Die Kranken in Bethel zum Beispiel waren „lebensunwertes Leben", an welchen Zeit, Geld und Kraft nur nutzlos verschwendet war.

Angesichts dieser Ideen nimmt sich das heutige Thema des Frauenweltgebetstages: „Liebe wird zur Tat", das ausgerichtet ist im Blick auf Schwache und Behinderte, und das den 2. Korintherbrief hinter sich hat, wie Hohn aus. Aber so einen Abend wie heute mit einem solchen Thema hat es denn damals ja auch nicht gegeben! Auf der einen Seite also sehen wir den großen, schönen, starken, gesunden und vollkommenen Menschen, - auf der anderen ist da das Wissen um den schwachen, elenden, sündigen Menschen, nach Leib und Seele. Ein Unterschied, wie Tag und Nacht, wie Himmel und Hölle. Welches Bild vom Menschen haben wir? Vom Apostel Paulus wissen wir: Wer selbst groß sein will, kann Gottes Größe nicht erfahren. Wer selbst stark sein will, in dem kann Gottes Kraft nicht wirken. Gott liebt die leeren Hände, auf dass er sie fülle aus seinem Reichtum, auf dass er sie fülle mit Liebe, mit Gnade und mit Kraft! „Ich bin gerufen zu den Kranken", sagt Jesus Christus, „nicht zu den Gesunden!" Und Gott sagt zu seinem Volk: „Nicht habe ich dich erwählt, weil du so groß bist, Israel. Du bist das allerkleinste unter den Völkern. Ich habe dich erwählt, weil ich dich lieb habe!" Was der Mensch wegwirft, das hebt Gott auf! Darum konnte Pastor von Bodelschwingh in Bethel, der „Stadt der Barmherzigkeit", seine Kranken, die Krüppel und Epileptiker „Gottes geliebte Kinder" nennen! Das Thema des heutigen Abends: „Liebe wird zur Tat" geht darum auch nicht zuerst von unserer Tat aus. Zuerst sprechen wir von der „zur Tat gewordenen Liebe", die als ganz schwaches, kleines Kind in unsere Welt gekommen ist! Gottes Liebe und seine Tat für uns sind die Geburt Jesu, sein Sterben und seine Auferstehung! Das Motto von heute Abend ist darum beileibe kein moralischer Appell, etwa so: „ran ans Werk, wir schaffen es schon!“, sondern vielmehr: „Dass ich die Liebe, von der ich lebe, liebend an andere weitergebe.“ „Weil uns denn Barmherzigkeit widerfahren ist, darum werden wir nicht müde!“ Wir sind heute Abend hier nur als Frauen beieinander. Frauen werden so gern als das „schwache Geschlecht“ bezeichnet. Das ist sehr kurz geschossen! Richtig verstanden und von Gott angenommen ist unsere Schwachheit unsere Stärke! Es hat einmal jemand gesagt: „Das Wunder der Schwachheit ist stärker als die Kraft des Heldentums“. Dieser Tage las ich noch einmal wieder die bewegende Novelle von Gertrud von le Fort: „Die Letzte am Schafott.“ Sie berichtet aus der Zeit der Französischen Revolution. Auch da hatte man sich verrannt. Blut und Tränen flossen in Strömen. In Frankreich lebte etwa um 1790 das Mädchen Blanch, die Tochter eines begüterten Aristokraten. Dieses Kind leidet unter einer fast übermenschlichen Angst. Sie hat Angst, wenn sie über die Straße geht. „Rutscht die Treppe auch nicht ab?“, fragt sie, obwohl die alte Treppe im Turm bereits sieben Jahrhunderte überdauert hat und auch noch sieben Jahrhunderte überdauern kann. „Fällt die Gondel auch nicht runter?“ - „Muss ich auch nicht sterben?“ Das Mädchen wird von Christus ergriffen. - Die Angst bleibt. Sie wird Ordensschwester, sie betet, aber sie wird nicht von ihrer Angst befreit. Die blutigen Tiraden der französischen Revolution feiern Triumphe. Hass und Verfolgung treffen die Kirche mit aller Macht. Der Weg der Christen geht ins Martyrium. Der Orden, zu dem Blanch gehört, wird ausgehoben und unter fadenscheinigen Motiven verurteilt.

Sechzehn Ordensschwestern sollen hingerichtet werden. Da verliert Blanch die Nerven und flieht. Die sechzehn Schwestern bereiten sich auf den Weg zum Schafott vor. Sie wissen noch nicht, wer die Letzte auf diesem Weg sein wird. Die Letzte hat es am schwersten. Aber sie wissen, dass sie singend diesen Weg gehen werden. Und an dem Tage der Hinrichtung ziehen sie singend, Gottes Lob auf den Lippen, durch die grölende und schreiende Menge zur Guillotine. Sie singen während der Hinrichtung. Die Stimmen werden weniger, - 15 - l4 - 13 - l2 -... schließlich singt nur noch eine letzte. Da tönt plötzlich aus der Menschenmenge wieder eine zweite Stimme dazu auf, eine feine, zarte, kleine, aber ganz feste Stimme. Es bahnt sich dieser Stimme eine Gasse in der grölende Menschenmenge, und zu sehen ist Blanch, das ängstliche Mädchen Blanch, und ganz ohne Furcht! Sie geht zum Schafott, als Letzte, den schwersten Weg, singend und ohne Angst!
„Das Wunder der Schwachheit ist stärker als die Kraft des Heldentums". Ich möchte schließen mit einem Wort der jungen indischen Christin Mary Verghese, einer querschnittgelähmten Ärztin, die vom Rollstuhl aus die Operationen vornimmt, die ihre Schwachheit im Glauben angenommen hat und als Ärztin arbeitet: „Um Füße bat ich, und er gab mir Flügel!" Amen!

Rolf war also nicht in den Dienst der Vereinten Evangelischen Mission als Gemeindepfarrer für Weltmission getreten; das hieß aber nicht, dass Afrika damit für uns aus der Welt gewesen wäre. Im Gegenteil lebten wir irgendwie weiter in unsern zwei Kontinenten, wenngleich wir im Siegerland kräftig Wurzeln geschlagen haben. So war es denn folgerichtig, dass er gebeten wurde, die Belange der Mission für den Kirchenkreis Siegen zu wahren und zu fördern. Wie war doch gleich die offizielle Bezeichnung dieses Amtes? Ach ja, er hieß: Synodalbeauftrager für Mission und Ökumene im Kirchenkreis Siegen! Er flog zu Kontaktbesuchen oder dienstlichen Aufträgen nach Südwestafrika, tat Dienst als Aushilfspfarrer in Windhoek und leitete zusammen mit dem Kantor Uli Sachse aus Südafrika die Singwoche in Okahandja.

AFRIKA IM SIEGERLAND

Aber auch daheim im Siegerland durften wir uns so manchen afrikanischen Gastes erfreuen: Pastor Gabriel Dawids, Rolfs Amtsbruder in Gobabis, der bis dahin fast ausschließlich in Busch und Steppe gelebt hatte, Windhoek und wenige andere Ortschaften Südwests nur von gelegentlich kurzen Besuchen her kannte, sollte die große weite Welt erleben! Der Pfarrbezirk Zeppenfeld-Wiederstein sorgte für den Flug. Gleichsam im Fluge gewann er auch die Herzen der Gemeindeglieder! In der Frauenhilfsstunde schilderte er den Frauen seine ersten Erlebnisse auf der Reise. Das laute und hektische Europa hatte ihm zugleich Verwundern und Schrecken eingeflößt! Angst vor dem Andersartigen und Fremden, aber daneben Neugier und Begeisterung vereinigten sich in der Freude, tatsächlich in

Deutschland zu sein! In seiner humorvollen und selbstkritischen Art erzählte er uns lachend, dass er nicht erst in Frankfurt ausgestiegen sei, sondern, weil das Flugzeug doch schon mal gelandet war, bei dem Zwischenstop in Zürich! Zum Glück war da ein mitreisender, freundlicher Südwester Farmer, der um das Ziel von Pastor Dawids wusste. Der konnte ihn noch rechtzeitig erwischen und ihn wieder zum Flieger nach Frankfurt bringen! Dort aber erlitt er den nächsten Schreck: Der Zollbeamte im Rhein-Main-Flughafen kontrollierte seinen Pass. Für Pastor Gabriel Dawids aus dem strengen und gefürchteten Apartheidstaat Südafrika kontrollierte er zu lange. Er wusste um die Angst der Weißen vor Terroristen und welche Jagd sie auf eben dieselben anstellten. Ihm wurde bereits ein wenig bang. Und dann fragt auch noch der Beamte: „Sind Sie Tourist?“ „Nein, nein!“ ruft unser braver Pastor Gabriel in tausend Nöten aus und wehrt entsetzt ab, „ich bin kein Terrorist!“ Der Mann vom Bundesgrenzschutz guckt erst verdutzt und lacht dann herzhaft auf. Ein dabeistehender Südwester Mitpassagier erklärt Pastor Gabriel die beiden Wörter, - und nun lacht auch unser „Nicht-Terrorist“ laut und herzhaft!

Das Thema „Apartheid“ hat ihn weiter verfolgt. Immer wieder wurde er in Deutschland darauf angesprochen, und immer wieder wollten die Menschen hören, wie schlimm es doch sei und wie sie zu leiden haben, und ich selbst dachte: Wie gut, jetzt kann er endlich frei und offen reden, wie wird ihn das freuen und froh machen; alle mögen ihn und keinerlei Beschränkung muss er hier auf sich nehmen.

In die Zeit seines Besuches fiel die Konfirmation von Anne. Er segnete die Kinder mit ein und er war auch vorher bei der Konfirmandenvorstellung dabei. Er hat die Kinder mitgeprüft, und zum Schluss durften sie ihn nach Herzenslust nach seinem Land, seinen Menschen, auch nach seinen Lebensbedingungen fragen. Ein Mädchen hebt den Finger: „Und wie und wo leiden Sie am schrecklichsten unter der Apartheid?“ So abwehrend und energisch habe ich Pastor Gabriel selten gesehen, wie da vor den Kindern und vor der Gemeinde in der Kirche: „Ek will nou niks meer hoor van Apartheid nie! Ons het die medisyne...“ Wir haben die Medizin für alle unsere Nöte, hieß das, - wir haben den Herrn über Leben und Tod! Wir haben, was wir brauchen, nämlich Jesus Christus! Lasst uns darüber sprechen! Und mit aller Politik lasst uns in Ruhe!“
Bis heute wirkt die Liebe der Zeppenfelder und Wiedersteiner zu unserem schwarzen südwestafrikanischen Freund nach.
Beim Blättern in unserem Gästebuch fiel mein Blick neulich wieder auf den schwer zu lesenden, klangvollen und schönen Namen: Makanzu Mavimilusa! Aber nein, nicht nur auf seinen Namen. Daneben stand von gleicher Hand fein säuberlich und deutlich geschrieben: „Et Madame“! Es ist der Nationalevangelist vom Zaire, der anlässlich des großen Missionsfestes für den Kirchenkreis Siegen nach Weidenau eingeladen und der unser Gast in Zeppenfeld war. Dem Erzählen und Berichten dieses Mannes zu lauschen, sein geistliches Zeugnis zu hö-

ren, die spritzige und witzige Redegabe auf sich wirken zu lassen, das alles war ein köstliches Erleben! Er war auf die Kanzel gestiegen, aber nicht allein. Neben ihm stand seine Frau. Er stellte sie uns vor: „...und dann möchte ich Sie gern mit der schönsten Frau der Welt bekannt machen...!“ Die Gemeinde lachte herzlich! - Vielleicht hatte er ja sogar recht?! Und dann schrieb er uns zivilisierten Westeuropäern so einiges ins Stammbuch, was ihm bei uns aufgefallen war und was uns schon recht nachdenklich werden ließ. Er hatte recht gut aufgepasst: „Wenn Ihr Euch zum Essen hinsetzt, dann ist die Speise in einem Topf. Aus dem Topf schüttet Ihr sie in ein Schüsselchen und das Schüsselchen steht auf einem Tellerchen und der Teller steht auf einem Untersetzer... Eure Haare wascht Ihr - man glaubt es nicht - mit Eiern!... Und Eure Hunde haben es gut! Die bekommen auch alles in einem Schälchen serviert! Ihr passt auf, dass sie vitaminhaltige Nahrung bekommen. Das alles haben wir nicht. Das wollen wir auch gar nicht...“ Und dann berichtete er uns von der großen Not und der entsetzlichen Armut unter seinen Volksgenossen im Zaire. Er endete mit einer uns beschämenden Bitte: „Habt uns doch ein bisschen lieb! Nur ein kleines bisschen lieber, als eure Hunde!“

In Neunkirchen steht, ein wenig erhöht, die sehr schöne, in neugotischem Baustil erbaute und im Jahr 1903 eingeweihte Kirche. In der Urkunde zur Grundsteinlegung heißt es: „...mögen von ihr aus Quellen des Heils und des Segens entströmen..."

Zeppenfeld und Wiederstein besaßen keine Kirche. Mit unseren Konfirmanden zogen wir zur Konfirmation nach Neunkirchen, mit allen anderen größeren Amtshandlungen oder zu festlichen Anlässen ebenfalls. Das kircheneigene Gemeindehaus dagegen war mit seinem Universalraum gleichsam „Herberge für alles!" Da wurden sowohl Gottesdienste und Andachten gehalten, als auch Feste gefeiert und Kaffee getrunken. Ich sehe unsere Küstersleute eigentlich unentwegt Tische hin- und wegstellen, Stühle in Reihen - und Stühle an die Tische setzen! Und wenn die Beerdigungsnachfeier während des Konfirmanden- oder Katechumenenunterrichtes anberaumt wurde, ja, dann musste der Unterricht eben ausfallen! So etwas mochte der Pastor aber gar nicht! Zeppenfeld wuchs, die Gemeinde wurde größer, bald war der Raßberg, ein neuer Ortsteil, bereits voll ausgebaut. Immer notvoller wurde das Ausquartieren von Trauungen, Taufen, Konfirmationen nach Neunkirchen. Wie konnte Abhilfe geschaffen werden? An Bauen mochten wir gar nicht denken. Aus mancherlei Erfahrungen wussten wir um die Arbeit, den Ärger und die schlaflosen Nächte, die uns dann wieder blühen würden! Außerdem: Wo sollten die Gelder zum Bauen herkommen? Aber das Problem wurde drängender. Nach vielem Her und Hin und Für und Wider beschloss das Presbyterium einen Anbau an das bestehende Gemeindehaus. Der Architekt Helmut Blöcher wurde mit dem Auftrag betraut, und nach seinen Plänen sollte eine schlichte Kirche entstehen. Durch eine geschickte Verbindung von Falttüren zum Gemeindesaal hin konnte dann insgesamt Raum für ca. 450 Gemeindeglieder geschafft werden. Auf einen Glockenturm oder -träger mit echten Glocken sollte allerdings zunächst verzichtet werden; es würde also weiterhin vom Tonband her - ein wenig kläglich - über den Ort hin läuten! Allen Beteiligten war klar, sowohl dem Pfarrer als dem Presbyterium und auch den Gemeindegliedern: jetzt waren Opfer gefordert, an Geld, an Kraft, an Zeit! Das Werk konnte nur gelingen, wenn alle einmütig kräftig mitmachen würden. Und das Werk gelang!

In großartigem Einsatz brachte der Pfarrbezirk Zeppenfeld-Wiederstein den ihm aufgetragenen Spendenbetrag zusammen. Persönliche Opfer, Bazare, Kirchenkonzerte und andere Veranstaltungen trugen dazu bei. Als Vorsitzende der Frauenhilfe gelang es mir gar, dank der unermüdlichen Hilfe der Bezirksfrauen, ein eigenes Kochbuch mit „Luther-Zitaten" herauszugeben! Und im November 1981 stand sie da, hell und einladend, bescheiden und sehr schön, unsere Christuskirche! Der Oberkirchenrat Stiewe hielt als Vertreter der EkvW, Bielefeld, die Festpredigt. „Und alles Volk war fröhlich und lobte den Herrn!" In der sich anschließendenden Evangelischen Woche feierten wir weiter mit Referaten, Vorträgen und Geistlicher Musik. Der Wunsch nach echten Glocken und einem Turm dafür war ganz in den Hintergrund getreten. Wir waren ja sehr dankbar - und wollten auch bescheiden sein! Aber ausgerechnet der Alt-Präses der Evangelischen Kirche von Westfalen, D. Hans Thimme, holte das Thema wieder hervor.

Noch bevor er zu seinem Festvortrag ansetzte, gratulierte er der versammelten Gemeinde zum neuen Gotteshaus und vermahnte sie dann kräftig: „...Ihr habt eine wunderschöne Kirche! Sie ist so hell und freundlich und wirkt mit den vielen leuchtenden von der Decke herab hängenden Lampen sehr festlich! Aber etwas fehlt ihr noch! Fehlt ihr sogar sehr! Zu einer Kirche gehören Glocken! Die Glocken sollen die Gemeindeglieder in die Kirche und unter Gottes Wort rufen! Die Glocken aber brauchen einen Träger. Ihr braucht einen Glockenturm! Ich ermahne Euch und ich bitte Euch, dass Ihr nicht ablasst mit Gebet und Opfer, bis Ihr den bei der Kirche stehen habt!" Auch das hat die Gemeinde geschafft! Es währte nicht sehr lange, da war das Geld dafür beisammen.

Was uns bei dieser ganzen Arbeit, beim Spenden und beim Opfern ganz besonders glücklich gemacht hat, war aber noch ein anderes: Unsere hohen Bazareinnahmen zum Beispiel haben wir brüderlich geteilt, je die Hälfte ging an die Junge Kirche in Afrika.

Leider haben wir die Fertigstellung des Turms und die Glockeneinholung nicht mehr erleben können; aber genau 20 Jahre später durften wir das Kirchweihjubiläum mitfeiern, und das war schön! Da stand neben der Kirche der Glockenturm. Und die drei Glocken: Glaube, Hoffnung, Liebe läuteten festlich die Gemeinde herbei.

Recht vordergründig gesehen spielte das Telefon wieder einmal Schicksal. „Ein Anruf für Dich, Rolf!" rief ich ihm eines Ta-

ges arglos nach draußen zu, wo er gerade beim Auto waschen war. Am Apparat war der Leiter der Deutschen Ev.-Luth Kirche in Südwestafrika, Landespropst Wilfried Blank. Er hatte ein Anliegen, - ein sehr wichtiges Anliegen.
Seit kurzer Zeit bekleidete er das Amt des Landespropstes, und er stand da vor schweren, fast unlösbar erscheinenden Aufgaben. Die politischen Auseinandersetzungen im Lande, die Wirren und Unsicherheiten, hatten auch in der deutschen Kirche für Unruhe und Zwietracht gesorgt. Nach erregenden Auseinandersetzungen waren vorher fünf Pfarrer eigenmächtig nach Deutschland zurückgekehrt. Die Pfarrstellen waren vakant, viele Gemeinden im Lande ohne Seelsorger. Landespropst Blank hatte nun die Aufgabe, diese Not zu beheben und die Versorgung der Gemeinden sicherzustellen. Wieder einmal hörten wir die Bitte: „Können Sie uns helfen, Bruder Schankweiler?!“ Unsere erste Reaktion war die der Abwehr. Nicht noch einmal einen so gewaltigen Wechsel! Wir waren älter geworden. Bis zur Pensionierung zählten nur noch vier Dienstjahre. Würden wir noch einmal die Umstellung von der nördlichen Hälfte der Erdkugel auf die südliche schaffen? Das Klima, die Völkervielfalt, die Sprachbarrieren, die Andersartigkeit der Gemeindearbeit, es schien uns unmöglich dieses alles zu bewältigen. Dazu war Anne noch im Studium und brauchte unsere Hilfe. „Ich bin am Reformationsfest anlässlich der Synode der Evangelischen Kirche Deutschlands in Worms. Bitte, könnten wir uns dort nicht einmal sprechen?“, bat der Landespropst. Wir trafen uns in Worms. Er zeichnete uns die schwie-

rige Situation der Kirche drüben vor Augen. Er berichtete, wir fragten, wir hörten, wir kamen ins Nachdenken. Und dann nannte er uns das Pfarramt, für welches er uns nötig hätte: es war die Deutsche Evangelisch-Lutherische Kirchengemeinde Omaruru-Kalkfeld! Konnten wir uns diesem Ruf versagen? Wir erbaten uns Bedenkzeit. In dieser Zeit fügte sich alles irgendwie ganz selbstverständlich, in der Gemeindearbeit wie auch privat, so dass wir der von uns niemals vorgesehenen oder eingeplanten Abbiegung auf dem Wege gar nicht anders, als folgen konnten.

So erschien denn im Gemeindebrief der Evangelisch-Reformierten Kirchengemeinde Neunkirchen, 2. Pfarrbezirk Zeppenfeld-Wiederstein, im August 1984 folgende Mitteilung:

„Liebe Gemeindeglieder! Sicherlich haben Sie bereits gehört, dass ich eine Berufung durch die Deutsche Evangelisch-Lutherische Kirche von Südwest-Afrika (DELK) zum Dienst in ihrem Bereich angenommen habe. Meine Frau und ich werden nach Südwest-Afrika gehen, wo ich mit Wirkung vom 1. September 1984 ein Pfarramt übernehme. Wir waren sehr gern in Ihrer Mitte, haben uns bei Ihnen von Herzen wohlgefühlt und wären gewiss auch bis zum Ende meiner Dienstzeit in Zeppenfeld und Wiederstein geblieben. Jedenfalls hatten wir nichts anderes im Sinn. Die Anfrage aber und die Bitte seitens der Kirchenleitung der DELK in Windhoek, die Notsituation der deutschen Auslandsgemeinden in schwerer Zeit und die Tatsache der jeweils einstimmigen Wahl durch die zuständigen Gemeindeversammlungen in Südwest-Afrika lassen uns diesen Schritt in eine neue Zukunft tun.

Wir wissen um Gottes kräftigen Anspruch auf unser ganzes Leben und lassen uns darum auch durch unsern Herrn Jesus Christus gehorsam führen (so formuliert in Anlehnung an die 2. These der Barmer Theolog. Erklärung 1934). Wir bitten Sie, die geistliche Einsicht meines Dienstes in Afrika zu erkennen im Wissen darum, dass der Herr der Kirche seine Prioritäten setzen darf.

In wenigen Sätzen mögen Sie alsdann unser künftiges Arbeitsfeld ein wenig kennen lernen:

Auf der Landkarte von Südwest-Afrika/Namibia finden Sie

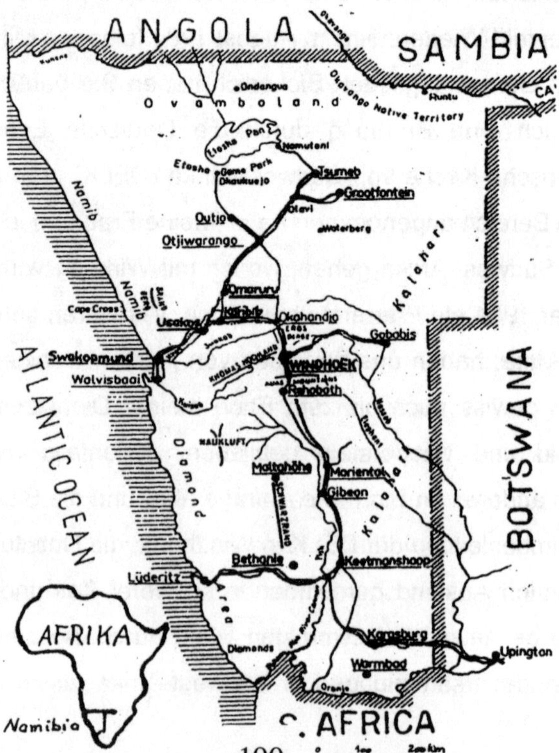

nördlich von Windhoek, der Hauptstadt des Landes, die vier Ort Omaruru, Kalkfeld, Karibib und Usakos, etwa auf dem 21. Breitengrad südlich des Äquators gelegen, - im Westen die Wüste Namib, im Osten das Steppenland der Kalahari. Hier leben viele Deutsche, im ganzen Land etwa 25000. SWA/Namibia war von 1885 bis 1915 deutsche Kolonie; von 1919 an wird es als Mandatsgebiet von Südafrika verwaltet und befindet sich seit Jahren im schmerzhaften Prozess der politischen Selbständigwerdung mit großen und bisher ungelösten Problemen. Die drei evangelisch-lutherischen Kirchengemeinden in Omaruru-Kalkfeld, Karibib und Usakos haben sich zusammengeschlossen im sogenannten Pfarramt-Mitte mit Sitz in Omaruru. Hier steht auch das Pfarrhaus. Übrigens empfinden wir, meine Frau und ich, dies als einen sehr freundlichen Akzent im Zusammenhang mit unserm erneuten Einsatz drüben in Afrika: Omaruru ist der Ort, wohin wir vor 30 Jahren als Missionare durch die Rheinische Mission ausgesandt worden waren, wo wir also lange Jahre im Dienst an schwarzen und weißen Menschen als „Botschafter an Christi Statt“ gestanden haben. Wir sind uns im klaren darüber, dass heute in der veränderten Situation des im Wandel begriffenen Südwestafrika/Namibia die Aufgaben in der Verantwortung eines deutschen Auslandspfarrers gegenüber früher ungleich schwieriger sein werden. Heute ist die geschichtliche Stunde im Zusammenleben der Völker eine andere, jedenfalls hier im südlichen Afrika. Der Herr aber, „des wir sind und dem wir dienen“, ist derselbe! Und darum sind wir auch im Blick auf

unsern Weg und unsere Zukunft voll freudiger Zuversicht und Erwartung! Wir sind dankbar für zwölf reiche und schöne Jahre im Pfarramt des 2. Pfarrbezirks Zeppenfeld und Wiederstein. Wir danken ihnen für viel Freundlichkeit, für tatkräftige Mitarbeit und für alle erfahrene Gemeinschaft.
Unsere Tochter Anne wird in Deutschland bleiben, in einigen Wochen heiraten und ihr Studium in Bonn fortsetzen. Im Blick auf eine möglichst rasche Wiederbesetzung der Pfarrstelle hat das Presbyterium bereits alle Möglichkeiten durchdacht und sondiert diese gründlich. Sie werden über den Fortgang beizeiten informiert..."

Im Spätsommer des Jahres 1984 hieß es für uns: Ade, du wunderschöne Christuskirche, du direkt danebenliegendes, praktisches und freundliches Gemeindehaus. Ade, du Pfarrhaus am grünen Hang mit den lieben Nachbarn Gisela und Werner Schneider, und - das ging uns schon arg ans Herz! - ade, unsere Siegerländer Menschen und Gemeindeglieder!

WILLKOMMEN IM PFARRAMT-MITTE
IN SÜDWESTAFRIKA/NAMIBIA

„Sie sind gekommen, uns zu beerdigen. Wie gut, jetzt können wir in Ruhe sterben!“ Nein, das ist nun wirklich kein fröhlicher und aufmunternder Willkommensgruß! Aber er war auch nicht der allererste und blieb auch nicht der einzige! Frau Berges, die „Gemeindemutter“, die in der pfarrlosen Zeit so gut sie es vermochte die Belange der Gemeinde auf ihr Herz genommen hatte, erschien am Ankunftstag im Pfarrhaus Omaruru mit Brot und Salz. Aber auch sonst schien es uns in Omaruru und im Pfarrhaus rings umher nicht nach Sterben und Vergehen auszusehen! Das Pfarrhaus war hell, bescheiden und freundlich eingerichtet; der Kühlschrank vollgefüllt, und der Garten ums Haus mit seinen Apfelsinen-, Mandarinen-, Zitronen-, Grapefrucht- und Guavenbäumen sehr verlockend! Alles ist anders geworden!? - Alles ist so, wie es immer war!? Weder noch!
Viele der Gemeindeglieder, die wir von früher her gekannt hatten, lebten nicht mehr. Viele der Gemeindeglieder, die damals jung und elastisch im Leben und in der Arbeit gestanden haben, waren alt und grau geworden. Die Lehrersfrau zum Beispiel, die wir als engagierte und dynamische Mitarbeiterin in Erinnerung hatten, stand nun gichtgekrümmt vor uns und sprach die Worte vom Sterben. 30 Jahre waren vergangen, seit wir das erstemal nach Omaruru gekommen waren, es kennen gelernt und hier unsern Dienst begonnen hatten.

Es war hilfreich und sehr schön, von den jungen Leuten zu hören: „Sie haben uns doch getraut..." - „Ich bin doch von Ihnen getauft..." - „Sie haben mich konfirmiert....". Köstlich war es in Ozondje, dem Wohnort der Schwarzen: da setzte ein junger Bursche, als er uns sah, mit einem Satz über einen Gartenzaun und rief begeistert: „Unser alter Muhonge ist wieder da!" Das stimmte, - und es stimmte auch wieder nicht. Die Junge Kirche war ja inzwischen selbständig geworden. Sie beschäftigte außer an den Ausbildungsstätten nur noch schwarze Pastoren. Und Rolf war diesmal als deutscher Auslandspfarrer hier. Aber recht hatte er in dem einen: Zusammen gehörten wir! Wenn auch organisatorisch jetzt jede Kirche selbständig geführt wurde!
Nur drei Straßenzüge von unserm Pfarrhaus entfernt, südlich am Omaruru-Revier, stand unser altes Missionshaus. Die hohe, stolze Königspalme grüßte von dort zu uns herüber; sie schlug gleichsam eine vertraute, gute Brücke vom Damals zum Heute. Wie sehr sich doch die hygienischen Verhältnisse gewandelt hatten! Kein einsamer Gang mehr des Nachts unterm Sternenhimmel zum „stillen Örtchen"! WC, Dusche, Badewanne, alles im Haus! Und alles funktionierte!
Ise Dörheloh, unsere langjährige Freundin aus alten Omaruru Zeiten, hatte zusammen mit Christian Zeraua bereits im vorhinein dafür gesorgt, dass mir im Haushalt eine tüchtige junge Hererofrau zur Seite stehen konnte. Kaporroporro war ein Geschenk. Sie nahm ihr Amt sehr ernst. Ich hatte sie sehr gern an meiner Seite. Natürlich wollte ich von ihr die Bedeutung ih-

res Namens wissen: „Bei meiner Geburt war ich ein so zerbrechliches, zartes, winziges Ding, dass meine Familie und alle Nachbarn meinten, das sei ja nun nichts, was meine Mutter da zur Welt gebracht hätte! Ja, es sei der reine Witz! „Unsinn und Quatsch", das bedeutet mein Name!" Kaporroporro ist ein besonders schönes Hereromädchen geworden! Und der christliche Name? Sie trägt ihn stolz und sagt ihn sehr gern: Imaculata! Als wir uns nach fast vier Jahren wieder trennen mussten, schrieb sie mir nach Deutschland: „.... es ist so schwer ohne Euch, nun bin ich ganz allein. Als Ihr Euch auf den Weg zum Schiff und nach Deutschland gemacht habt, fühlte ich mich verloren. Ich kam mir vor, wie ein Vögelchen, das aus dem Nest gefallen ist... Eines Tages aber sehen wir uns wieder. Und dann werden wir erzählen, erzählen, erzählen. Und dann werde ich für ewig bei Euch bleiben!..." Wiedergesehen haben wir uns wohl, und erzählt haben wir auch, aber „auf ewig beieinander bleiben" konnten wir leider nicht!

Kaporroporro ist tot.
Soeben, noch während ich diese Zeilen schreibe, erhalte ich diese Nachricht aus Omaruru.
Warum? Sie hat vor kurzem Zwillinge geboren. Hat es Komplikationen gegeben? War es Aids?
Ich bin sehr traurig.

Rolfs Arbeitsgebiet als deutscher Auslandspfarrer war ein ungleich anderes, als in Deutschland. War in Deutschland sein

Gemeindebezirk räumlich überschaubar, in der Regel nur wenige Kilometer im Durchmesser, die Gemeindegliederzahl aber fast unübersehbar, so war es in Afrika genau umgekehrt! Das Pfarramt Mitte, für welches Rolf als einziger deutscher evangelischer Pfarrer und Seelsorger zuständig war, umfasste ein Gebiet etwa in der Größe des Landes Nordrhein-Westfalens! „In meinem Königreich geht die Sonne nicht unter!“ meinte Rolf scherzhaft. Ich dagegen - weniger scherzhaft! - „...Allein, wieder allein... einsam wie immer...!“, denn ich wusste ja, wie oft und wie lange er wieder unterwegs sein musste! Die Fenster und Türen mussten wir damals noch nicht vergittern, wie es leider später der Kriminalität wegen erforderlich wurde. Dank Kaporroporro ging ich aber sehr oft mit „auf Pad“. Die Farmer freuten sich, wenn auch die Pastorenfrau mit zu ihnen kam. Bei den Gottesdienstfahrten war es fast unerlässlich, dass ich dabei war, allein schon wegen des Orgel- bzw. Harmoniumspiels zur Liturgie und zur Begleitung der Choräle. In Karibib bewohnten wir zusätzlich ein kleines Flat, um von dort aus noch intensiver vor Ort und im Farmbezirk arbeiten zu können. Besonders lustig und lebendig gestalteten sich für mich die Gottesdienste in Usakos!

Die Gemeinde war klein. Aber von großer Kraft. Kaum jemand fehlte in der Kirche. Wenn am Sonntagabend die Glocken zum Gottesdienst läuteten, war man zur Stelle. Auch die Schreinersfamilie kam, und sie brachte ihr vierjähriges Töchterchen mit. Doch während die Eltern still und gesammelt der Predigt lauschten, zappelte Brigitte hin und her. Die kleine Südweste-

rin war das Stillesitzen auf einer harten Kirchenbank einfach nicht gewohnt. Ich sah, wie die Banknachbarn unruhig wurden, und schließlich war auch die leichte Nervosität des Pastors nicht mehr zu übersehen. Irritiert rutschten die Gemeindeglieder auf ihren Plätzen hin und her. Kurz entschlossen schnappte ich mir die kleine Person und ging mit ihr nach draußen. Was aber mit ihr hier tun? Es war dunkel geworden. Nirgendwo stand uns ein auch noch so kleiner Raum zur Verfügung. Also spielten wir unter dem Sternenmeer. Ich erinnerte mich an Verstecken, Hüpfen, Wettlaufen.... Meine vorsichtigen Bemühungen, mit der Kleinen so etwas wie einen ,,Einmann-Kindergottesdienst" zu veranstalten, schlugen bei dem quirligen Wesen total fehl! Alle pädagogischen Fähigkeiten versagten! Brigitte aber erinnerte sich noch Jahre später an die „schönen Gottesdienste" am Sonntagabend mit der Frau Pastor!

„Haben wir auch alle Gottesdienstgeräte mit? Antependium, Abendmahlsgerät, das Kreuz, die Gesangbücher, Taufurkunden??“ Doch, das Auto war startklar zur „Gottesdienst-Safari“! So manches Wohnzimmer, Hotel, so manche Veranda wurde zur Kirche! Und es waren oft gerade die improvisierten Gottesdienststätten, wo wir die schönsten und intensivsten Stunden unter dem Wort erlebt haben.

Ein ganz neues, aber recht interessantes Arbeitsgebiet war der Rundfunkdienst. An jedem Abend in der Woche strahlte der SWA-Rundfunk um 17,55 Uhr eine „Fünf-Minuten-Andacht“ in deutscher Sprache aus. Diese Sendung hörte man im ganzen Land, vom Oranje im Süden bis an die Grenze Angolas im Norden, von Botswanas Grenze im Osten bis an den Atlantik im Westen. Nie wieder haben wir so viele dankbare Rückmeldungen gehört, wie nach diesen Kurzandachten. Die Menschen einsam auf der Farm, weit ab im afrikanischen Busch, die kaum die Kirche besuchen konnten, sehnten sich nach einem Wort, das sie stärken, trösten, aufrichten, mahnen und auch fröhlich machen konnte. Pfarrer und kirchliche Mitarbeiter wechselten in diesem Dienst. Ich mochte diese Fahrten nach Windhoek zum Rundfunk. Der Rundfunkbetrieb, seine Technik und das Einsprechen am Mischpult fand ich interessant. Ich habe auch gern das Angebot angenommen, eine Andacht selbst auszuarbeiten und einzusprechen.
Am Samstagmorgen - sonnabends wurde die Sendung morgens ausgestrahlt -, dem 29. Juni 1985, saß ich in Omaruru

am Radio und hörte meiner eigenen Andacht zu!:

„Guten Morgen, liebe Hörerinnen und Hörer! Zur Andacht heute morgen lese ich uns die Tageslosung aus dem Herrnhuter Losungsbuch, sie steht in Sprüche 12 Vers 25 und lautet:

„Sorge im Herzen bedrückt den Menschen, aber ein freundliches Wort erfreut ihn!“

Gott meint es gut mit uns! Noch bevor der Tag so richtig angefangen hat, noch bevor er uns mit seinen Sorgen und Mühen schlapp werden lässt und erdrücken kann, gibt er uns wie ein guter Vater sein mahnendes und liebendes Wort mit auf den Weg. Ich möchte Ihnen Mut machen, dieses Wort jetzt auch ganz persönlich auf sich zu beziehen, es ganz fest im Sinn zu halten, und es sich im Laufe des Tages sogar einmal laut vorzusprechen, - vielleicht dann, wenn die Sorge sich einschleichen will, wenn sie uns so sehr einfangen will, dass für Freundlichkeit ganz und gar kein Platz mehr zu sein scheint. „Sorge im Herzen bedrückt, aber ein freundliches Wort erfreut mich und den anderen!“

Nun ist ja bekanntlich „der Weg zur Hölle mit guten Vorsätzen gepflastert“! Aber ich meine auch gar nicht einfach nur gute Vorsätze, keine moralische Auflistung! Die Bibel verkündigt ja auch nicht zuerst unser Wollen und unser Tun! Sie kommt von einem ganz anderen Ansatz her: Jesus selbst, unser Herr und Meister, sagt es uns: „Sorget nicht!“ Er erinnert uns: „Euer himmlischer Vater denkt an Euch und er segnet Euch!“ Weil Jesus das sagt, der so sehr für uns gesorgt hat, dass er sein

Leben für uns gegeben hat, darum dürfen wir ihm auch glauben und vertrauen. Und darum soll und darum braucht die Sorge uns nicht unterzukriegen! Darum sollen und können uns auch heute für all die Menschen, mit denen wir zu tun haben, denen wir begegnen, freundliche Worte einfallen. Die Menschen um uns her werden es merken, - und sie werden vielleicht sogar verwundert fragen: woher hat sie, woher hat der nur die Kraft, zu mir so freundlich zu sein?! Es könnte sein, dass Sie heute morgen krank zu Bett liegen? Vielleicht sind Sie alt und sehr gebrechlich? Zugegeben, da ist es mit der Sorge und dem Loslassen nicht leicht. Und das freundliche Wort für den anderen fällt schwer. Aber manch ein Kranker hat mit seinem aufmunternden Wort schon manchen Gesunden beschämt, und manch ein Schwacher hat es vermocht, einen noch Schwächeren zu trösten! Weil es im Buch der Bücher steht, weil Jesus Christus es gesagt hat. „Meine Kraft ist in den Schwachen mächtig!“, darum können und dürfen wir es wagen, die Sorgen von uns zu werfen, und darum wollen wir es heute auch mit dem „freundlichen Wort“ für den Nächsten, für unseren Mitmenschen, versuchen!

In einem kleinen Gedicht liest es sich so:

„Es war nur ein kleines Lächeln, es war nur ein freundliches Wort, doch scheuchte es lastende Sorgen und schwere Gedanken fort.
Es war nur ein herzliches Grüßen, der tröstende Druck einer Hand, doch schien's wie 'ne leuchtende Brücke, die Himmel

und Erde verband.
Ein Lächeln kann Schmerzen lindern, ein Wort von Sorgen befrein, ein Händedruck Sünde verhindern und Liebe und Hoffnung erneun.
Es kostet dich wenig zu geben Blick, Lächeln und helfende Hand; doch arm und kalt ist dein Leben, wenn niemand dein Lieben empfand!"
Amen!

EINE FAHRT IN DEN SÜDEN

Wenn man sich im Inland Weihnachten hindurchgeschwitzt hat, brennt eigentlich nur noch eine Sehnsucht im Herzen: Ein kühles Bad im Südatlantik! Frische Luft am Meer! Landespropst Blank bat uns, unsere Ferien zwar auch an der Küste, aber diesmal in Lüderitzbucht zu verbringen. Ihm mag es dabei wohl weniger um unseren Urlaub gegangen sein als um die Versorgung der verwaisten Kirchengemeinde dort! Er hatte keinen Pfarrer für die Gottesdienste zum Jahresschluss und für den Neujahrstag und auch nicht für die Wochen darnach. Wir sagten gern zu, zumal Lüderitzbucht bis dato für uns Neuland war. Am 30. Dezember, also einen Tag vor Silvester machten wir uns auf den Weg. Eintausendzweihundert Kilometer lagen bis Lüderitz vor uns. Wir ließen unser Auto, den Toyota-Corolla, gründlich „durchchecken".
Bis Windhoek war uns die Pad bekannt; beinahe jeder

Strauch und Baum am Wege, dann aber sperrten wir unsere Augen und Ohren weit auf, Neues zu sehen und zu entdekken.

Im Rehoboter Baster-Land, südlich von Windhoek, schauten wir bei unserm alten Freund Lukas de Vries zu einem kurzen Besuch ins Haus. Lukas de Vries war der erste nichtweiße Präses der Jungen Kirche. Unsere Freundschaft aber bestand schon viel länger. Zwanzig Jahre vorher etwa war er für einige Wochen mit seiner Familie unser Gast in Deutschland, in Ennigerloh. Damals bereitete er sich auf seinen theologischen Doktorgrad vor. Ein Exemplar seiner Doktorarbeit über das Thema: „Sinkretisme" (Synkretismus), versehen mit seiner Widmung: „Met dank vir die vriendskap en broederskap in die moeilike studietyd in Duitsland oorhandig" steht noch heute in unserm Bücherregal. Jetzt gehörte Lukas de Vries der Übergangsregierung an, die auch zugleich im Auftrag der UNO Südwestafrika auf den Weg der Selbständigkeit führte.

Gedanken an gemeinsame Freunde und gemeinsame Erinnerungen erfüllten die kurzen Stunden unseres Wiedersehens. Lukas war ein äußerst talentierter Prediger, seine Predigten waren textgetreu und volksnah zugleich. Wir sprachen über das Werden der neuen Republik Namibia und fanden schier kein Ende bei dem Thema! Zum Abschied überreichte er uns die Windhoeker Grundsatzdeklaration „HANDVES VAN FUNDAMENTELE REGTE EN DOELSTELLINGE" (Erklärung zu den Grundrechten und Zielen der Vielparteienkonferenz). Wichtig auch das Vorwort darin: „Die Vielparteienkonferenz ist aus dem Willen der Menschen dieses Landes hervorgegangen, ihr Selbstbestimmungsrecht auszuüben und schneller auf dem Weg zur friedlichen Unabhängigkeit voranzuschreiten. In den sechs Monaten seit ihrer Gründung hat sich die Vielparteienkonferenz der Formulierung einer gemeinsamen Weltordnung gewidmet. Die Dokumente in dieser Veröffentlichung „Die Windhoeker Grundsatzerklärung sowie die Erklärung grundsätzlicher Menschenrechte und Ziele“ werden in dem Glauben präsentiert, dass sie einen wichtigen Beitrag zu nationaler Einheit, zu Stabilität und Fortschritt auf dem Wege zur Unabhängigkeit leisten. (Dezember 1984)“

Lukas de Vries ist inzwischen verstorben. Wir hegen dankbare und gute Gedanken an ihn.

Von Rehoboth aus rollten die Räder unseres Toyota Stunde um Stunde gen Süden. Wenige Autos nur kamen uns entgegen, wenige haben uns überholt. Es war heiß, schrecklich heiß! Das graue Teerband der Straße dehnte sich schier bis ins Unendliche. Rechts und links der Straße trockenes Land, graue Büsche, in der Ferne kahle Berge. Kleine weiße Wölkchen zogen am Himmel verheißungsvoll auf; sie wurden groß und dunkel, aber kein Regenguss erquickte uns. Die Backofenluft im Auto machte uns müde und schlapp. Das nasse kalte Handtuch im Nacken und auf den Knien wurde allzu schnell warm. Ab und an fegte mit einer - ich weiß nicht wie viel Kilometer - Geschwindigkeit ein Orukumbambura, eine Windhose, wie wir sie in deutsch nennen würden, über die Fläche. Solch ein Orukumbambura besitzt eine enorme Kraft und wirbelt eine entsetzliche Menge Staub und Sand um sich. Eine Klimaanlage besaß unser Auto nicht. Außer einer Affenherde und einigen Straußen begegnete uns kaum etwas an Wild. Es hatte sich ebenfalls vor der unerträglichen Hitze zu schützen gesucht und lag im spärlichen Schatten der Büsche. Am späten Nachmittag endlich erreichten wir den nächst größeren Ort, Keetmannshoop! Früher war dort die Rheinische Mission mit einer großen Missionsstation präsent. Nach der Selbständigkeit der Jungen Kirche wohnte im alten Missionshaus nur noch die bereits pensionierte Missionsschwester Elfriede. Von Omaruru aus hatten wir uns bei ihr angemeldet. Liebevoll nahm sie uns völlig erschöpfte und verschwitzte Reisende in ihr kühles Wohnhaus. Sie war glücklich über den so selten gewordenen Besuch von „Missionsgeschwistern" und ließ es sich angelegen sein, uns nach der anstrengenden Autofahrt herzlich zu verwöhnen.

Wir waren glücklich über die kalte Dusche und freuten uns auf die festliche Abendbrottafel, auf die wir schon einen kurzen Blick hatten tun können.

Durch die weit geöffnete Verandatür strömte ein kühles Lüftchen.

Schwester Elfriede lud uns an den Tisch. Sie sprach das Tischgebet. Sie hatte noch nicht das Amen ausgesprochen, da gab es einen gewaltigen Krach! Mit einem ohrenbetäubenden Getöse stob eine Dreck und Staub um sich wirbelnde

Windhose ins Zimmer! Das Ganze dauerte nur Sekunden, dann war alles totenstill. - Und alles hatte sich verändert! Der festlich gedeckte Abendbrottisch sah gar nicht mehr festlich aus. Auch gar nicht mehr appetitlich! Die Butter, das Brot, die Wurst, der Salat, alles war von einer dicken Staubschicht bedeckt. In den Gläsern, auf den Tellern, in den Schüsseln, wohin wir auch blickten, wir sahen nur den feinen roten Sand! Nach einem erneuten Duschbad konnten wir wieder lachen! Im Kühlschrank fanden sich zudem noch ein paar Flaschen Saft und Wasser, und die Reste vom Brot und von der Wurst waren auch noch da! Geschlafen habe ich in dieser Nacht wunderbar tief und fest, wie lange nicht mehr!

In Keetmannshoop ließen wir Busch und Steppe hinter uns und fuhren in die Wüste Namib hinein, immer Richtung Westen, bis nach Lüderitzbucht, der am Südatlantik liegenden Küstenstadt, zu. Wir passierten den kleinen Ort Aus, eigentlich nur eine Ansiedlung von wenigen Häusern. „Bitte, Rolf, hier müssen wir halten!“, bat ich, und wir erinnerten uns der Geschichte Südwests in der deutschen Kolonialzeit. In diesem Gebiet sollen damals Kampfhandlungen stattgefunden haben. Und richtig, nur wenige Meter von der Straße entfernt fanden wir den kleinen Soldatenfriedhof Aus mit den Kriegsgräbern. Hier lasen wir die deutschen Namen der jungen Männer, die während der Schutztruppenzeit von 1895 bis 1915 als Soldaten in Südwestafrika dienen mussten. In fremder Erde, fern von der Heimat, in der Stille und Einsamkeit der Weite Afrikas haben sie ihre letzte Ruhe gefunden.

Mir ging das Lied von Hermann Löns durch den Sinn: „Ich weiß einen Lindenbaum stehen...“. Vielleicht haben sie es auch manchmal gesungen und dabei voller Sehnsucht an ihr Zuhause gedacht:

> „Zu Hause auf den Feldern, da liegt der Schnee so weiß,
> zu Hause in den Wäldern, da hängt das blanke Eis;
> hier fällt nicht Schnee noch Regen zu lindern meine große Not,
> o grüner Klee, o weißer Schnee, o schöner Soldatentod.
> So mancher musste sterben allhier in Afrika,
> wir wollen nicht verderben, der Tag, der ist bald da...
> und kann es nicht so werden und muss ich fort beim Morgenrot,
> o grüner Klee, o weißer Schnee, o schöner Soldaten-tod.“

„O schöner Soldatentod“ ?? - Ob die jungen Menschen nicht viel lieber gelebt hätten? Wie anders denken wir doch heute über diese Dinge. Verstehen wir ihre Gedankenwelt – die Welt von damals - verstehen wir sie überhaupt? Würden sie die unserige verstehen? Still und sehr nachdenklich fuhren wir durch die Wüste Namib. In der Ferne grüßten uns gold-gelb die Sanddünen. Eine Straußenherde tänzelte an unserm Auto vorüber. Die Sonne ging langsam tiefer und hüllte die Welt in einen warmen Goldton. Alles sah so ruhig und so friedlich aus.

Und doch hatte uns soeben der kalte Schauer unserer unheilen Welt gestreift. Wir kamen näher zur Küste. Schnuppernd hielten wir unsere Nase aus dem Autofenster nach draußen. Ein kühler, frischer Wind strich uns übers Gesicht. Wir machten unsere erste Bekanntschaft mit dem „Doktor von Lüderitzbucht“! So nämlich nennt man hier den ständig vom Meer her wehenden Wind, und man schreibt ihm eine Gesundheit bringende Wirkung zu!

LÜDERITZBUCHT

Zwischen Felsen und Sand sind die oft doppelstöckigen und manches Mal mit Fachwerk und Balkonen versehenen Häuser von Lüderitzbucht gebaut. Im Jahr 1883 wurde diese Küsten- und Hafenstadt vom Bremer Kaufmann, Adolf Lüderitz, erkundet und gegründet. Sie besitzt noch viel von ihrem einstigen Charme aus der deutschen Kolonialzeit. Ich habe versucht, Anne und Udo in Briefen von unserer eigenartigen Stimmung, die sich - besonders in den ersten Tagen - unserer bemächtigt hatte, zu erzählen. Vielleicht vermögen sie es auch heute noch, erstes Erleben, Gedanken und Gefühle in dieser einsam gelegenen Felsen-Wüsten-Hafenstadt am Meer weiterzugeben.

Das Telefon ist eine großartige Erfindung. Wer von uns möchte es je noch missen? Anders sieht es schon aus, wenn zum Geburtstag oder sonst einem Jubelfest einen das Klingeln beim 85. Mal langsam irritiert, wenn man kaum einen Happen vom Festmahl genießen kann oder aus einer gerade interessanten Unterhaltung hinweggeläutet wird! Das Handy ist noch unentbehrlicher! Schließlich kann man den lieben Nächsten immer und überall erreichen, ob er will oder nicht! Wenn es bei uns in der Diele ächzt und sägt, weiß ich: wir bekommen ein Fax! Und ich stehe voll Spannung da und warte, dass sich das Papier hinausquält! Doch, das sind alles enorme Errungenschaften, aber nichts von ihnen kommt gegen einen Brief an.

Ich habe immer noch ein leicht festliches Gefühl, wenn ich einen Brief erhalte, wenn ich ihn öffne und lese - wenn er nicht gerade eine deftige Rechnung enthält mit der Bitte um Einzugsermächtigung! Mir tut es noch heute leid, dass ich in den letzten Kriegstagen im Frühjahr 1945, als im Ruhrgebiet die Front näher rückte, uns das Donnern der Granaten erschreckte, die Tiefflieger immer häufiger ihre Bomben auf uns herunter fallen ließen und wir uns schließlich zur Evakuierung nach Tecklenburg entscheiden mussten, dass ich da vorher meine ersten, zarten Liebesbriefe in einem Feuer auf dem Hof verbrannt habe! Ich mag es sehr, Briefe zu erhalten, und ich habe eigentlich auch immer gern Briefe geschrieben. Hier nun an Anne und Udo nach Bad Godesberg:

Lüderitzbucht, am 3. Januar 1985 Südwestafrika

Liebe Anne, lieber Udo!
Es gibt ja so viel Neues, Überraschendes und Schönes auf unserer armen Erde! Im Moment sitzen Eure Eltern recht festlich in Kap's Hotel in Lüderitzbucht und genießen ihr Weihnachts-Silvester-Urlaubs-Ausgeh-Essen, auf das sie sich schon in Omaruru gefreut haben. Wir haben uns das für hier typische Langustenessen bestellt und dazu einen Cape Rose´. Aus dem Radio kommt leise Musik aus Deutschland. Dazu Kerzenlicht, denn es ist hier ja nicht heiß wie im Inland.

Ein paar Tage weiter, am 5. Januar 1985,
im Pfarrhaus in Lüderitzbucht

Liebe Anne, lieber Udo,
ob ich jetzt wohl den richtigen Schreibplatz gefunden habe? Ich bin nämlich aus dem äußerst sparsam möblierten Studierzimmer, in dem es mir zu dunkel war, hierher auf die verglaste Veranda gezogen. Durch die inzwischen geputzten Fensterscheiben habe ich einen phantastischen Blick: er geht über die Felsen und über die Bucht hin bis weit aufs Meer. Ich sehe von hier oben die weißen Schaumkronen. Und heute morgen, wo der Wind nicht gar so stürmisch weht, scheppert und klappert das Dach auch nicht so heftig. Euer Vater ist zu Besuchen ins Altersheim gefahren. „Wenn ich zurück bin, musst Du

fertig sein", rief er mir zu „damit der Brief auch heute noch abgeht!", und damit brauste er los.
Ach nein, jetzt muss ich doch erst noch einmal mit meiner Schreibmaschine umziehen, denn irgendwie haut das mit dem Tippen nicht so hin. Ich sitze zu ungemütlich: Die Schreibmaschine steht auf einem kleinen Couchtischchen, das unten auch noch eine Holzablage hat, und ich kann nur schräg daneben sitzen, weil ich die Beine sonst nicht lassen kann.... also auf zum nächsten Schreibplatz! -
Ich grüß Euch schön aus unserm großen Schlafzimmer, wo die Sonne auch ihre Strahlen hin scheinen lässt und ich nun den Blick auf die Felsenkirche habe. Nun habt Ihr bei dieser meiner Wanderung fast die ganze Wohnung kennen gelernt!
Das Pfarrhaus, das 1910 gleich neben der Kirche seinen Platz bekommen hat, sieht recht herrschaftlich, dabei aber „zuchtvoll-preußisch" aus. Es hat hohe Decken mit Stuck, im Ess- und Wohnzimmer holzgetäfelt. Zwei große Flügeltüren öffnen sich nach draußen, und eine breite Treppe führt durch einen - früher gewiss gepflegten und schönen - Steingarten durch die Felsen hinunter in den Ort. Leider ist durch die lange Vakanz auch drinnen und draußen alles ein wenig verkommen. Wir versuchen hier Dreierlei unter einen Hut zu bekommen: der Pastor die kirchlichen Geschäfte, ich die häuslichen - wobei es in der Natur der Sache liegt, dass eins ins andere überzugehen pflegt - und erholen wollen wir uns beide!
Die frische Luft an der Küste ist eine Wohltat! An den ständigen Wind allerdings muss ich mich noch gewöhnen. Am Silve-

stertag, dem 3l. Dezember 1984, sind wir gut und wohlbehalten in Lüderitzbucht eingetroffen. Noch am selben Abend fand in der Felsenkirche der Jahresschlussgottesdienst statt. Man merkte Eurem Vater zum Glück die Strapazen der langen Autofahrt nicht an, er hielt trotz allem eine schwungvolle Predigt! Ich tat meine Pflicht auf der recht maroden Elektronenorgel! Zwei Blockflöten erfreuten uns mit kurzen Einlagen, und sogar ein kleiner Chor versuchte sich in Musik! Nachdem er beim ersten Vers nicht den richtigen Ton fand, sang er die nächsten Verse einfach eine Oktave tiefer. Das zweite Lied klappte zu aller Freude vorzüglich! Die Akustik in der Kirche ist ordentlich. Wertvoll ist das Altarfenster. Es zeigt die „Sturmstillung auf dem See Genezareth" und wurde damals von „Seiner Majestät Kaiser Wilhelm II" gestiftet, wie man unter der Glasmalerei lesen kann. Die Altarbibel trägt die eigenhändige Widmung der Kaiserin Auguste Victoria! Am Neujahrstag feierten wir ebenfalls Gottesdienst, aber mit einer arg geschrumpften Gemeinde, wie es aber ja leider auch in Deutschland unter unseren volkskirchlichen Christen zu sein pflegt.
Mach Dir bitte nicht so viele Sorgen, mein Tochterherz; Du schaffst doch Dein Studium bestens. Doch, verstehen kann ich Deinen Wunsch sehr gut, manchmal wie Pippi Langstrumpf in Astrid Lindgrens Buch einfach eine Erbse zu schlucken, um nicht erwachsen werden zu müssen! Wenn das so leicht ginge, würde ich das auch noch machen!
In Liebe
Eure Mutti

Lüderitzbucht, den 14. Januar 1985

Ihr Lieben,

es ist Montagmorgen, 11.00 Uhr. Gestern Abend wurde im Gottesdienst ein Junge konfirmiert. Die Eltern des Knaben waren ganz und gar unkirchlich. Man hatte uns vorher aber schon darauf aufmerksam gemacht und zugeraunt, der Vater habe noch „nazistische Eierschalen hinter den Ohren"! Doch selbst von meiner Orgelbank oben auf der Empore sah ich, wie er sich vorneigte und auf die Predigt hörte.

Am Freitag haben wir an einem Gemeindeabend Dias aus Polen gezeigt, spannend und aufregend für die Leute hier. In der nächsten Woche halten wir einen Israel-Abend. In beiden Ländern sind wir ja gewesen. Die Menschen sind sehr dankbar. Ich glaube fast, sie verwundern sich richtig, dass man sich so um sie kümmert.

Wild-romantisch verlief am Samstag eine Einladung, die von einem Kirchenältesten-Ehepaar an uns ergangen war, und zwar in deren Wochenendhütte. Wir hatten an so etwas wie ein Ferienhaus etwa an der deutschen Ostseeküste gedacht, aber es war bei erstem Hinsehen nur eine sehr einfache, zwar liebevoll ausgestattete, primitive Hütte. Nach dem wir unsere erste „Verwunderung" überstanden hatten, wurde es interessant und schön. Die Eheleute Schröder haben sich etwa 15 Kilometer weit von Lüderitzbucht entfernt in einer der vielen

Meeresbuchten des Atlantik in der Felsenwüste über dem Wasser eine Hütte gebaut, ganz einfach und recht primitiv. Sie besitzt einen Schlafraum - vom Bett aus kann man nach draußen schauen - und sie besitzt eine überdachte Veranda mit einem großen Tisch und Stühlen. Was aber unbeschreiblich schön ist, das ist der Blick von der Hütte aus über die Felsen bis weit hinaus aufs Meer. Bald nach unserer Ankunft stellte sich die zum Haus gehörende Tierwelt ein. Eine Möwe trippelte plötzlich vor uns her. Sie käme jedes Wochenende. Und sie wurde auch sogleich gefüttert. Zwei Hasen kamen angehoppelt, die ebenso zu den Hüttenbewohnern gehörten und auf ihre Apfelschalenmahlzeit Anspruch erhoben. Schakale erschienen, und Strandwölfe gäbe es auch, aber die sahen wir nicht. Frau Schröder erzählte uns von einer Robbe, mit der sie eines Tages Bekanntschaft gemacht hatte. Die Robbe habe ganz allein auf einem Felsen am Meer in der Sonne gelegen. Frau Schröder ging langsam sprechend auf sie zu, und die Robbe blieb liegen: „Du bist so alleine hier“ sagte sie zu der Robbe „aber hab keine Angst, wir tun dir nichts. Wir wollen Dir nur helfen. Du kommst wieder zu Deinen Gefährten...“ So und ähnlich mögen ihre Worte gewesen sein. Der fürsorgliche und tröstende Ton aber muss das Tier erreicht haben! Frau S. sah, wie aus den Augen Tränen geflossen seien! Wir tranken Kaffee und aßen leckeren Topfkuchen. Später kredenzte Herr Schröder einen guten Rotwein und einen Weißwein, und Frau Schröder zauberte frische Heringe aus Lüderitzbucht und Pellkartoffel, dazu gekochte Eier und Boerewors auf den

Tisch, die sie appetitlich in hübschen Körben verpackt in ihrem Auto mitgebracht hatte. Es war bei guten Gesprächen ein besonders köstlicher Abend dort in der Wüste, am Meer, in der Stille unter dem Sternenmeer. Übrigens, unsere Erkundungsfahrten durch Lüderitz enden immer wieder am Meer. Am „Achatstrand" waren wir die einzigen Menschen. Mutterseelenallein tummelten wir uns im Atlantik und schwammen wir durch die Wellen. Der „Lange Strand" lag einsam vor uns. Wir wanderten an seinem Ufer entlang. Nur ein alter, verrosteter Kahn erinnerte uns daran, dass hier Menschen waren. Mal genoss ich von Herzen das Alleinsein und die Ruhe um uns her; ein andermal war mir die Stille geradezu unheimlich. Die wilde Naturschönheit ließ mich aufjubeln, die Verlorenheit und die Einsamkeit erschauern.

O Schreck, die Waschmaschine ist ausgelaufen! - Ich muss ganz schnell hin! Hilfe!!!

Alles wieder in Ordnung! Der Schlauch für das abfließende Wasser war aus der Badewanne gerutscht, und das Wasser hat das Badezimmer überschwemmt und ist durch den Flur zur Haustür und dann wie ein Wasserfall die Treppe runter gestürzt! - Ich bin keine Waschmaschine mehr gewohnt!! Kaporroporro und ich kommen besser miteinander aus!

Tausend Grüße und Küsse, Mutti

SWAKOPMUND

In Swakopmund amtierte in der deutschen Ev.-Luth. Kirchengemeinde der Pastor Lisse. Seine theologische Ausbildung hatte er auf einem sogenannten zweiten Bildungsweg in Chrischona/Schweiz erhalten. Nun sollte er zu weiteren Studienzwecken für ein Jahr nach Deutschland. Wie aber konnte in dieser Zeit die Versorgung der Swakopmunder Kirchengemeinde sichergestellt werden? Geld für einen zusätzlichen Vertreter war nicht vorhanden.
Was lag näher, als den Nachbarn um Hilfe zu bitten!? Der Nachbar aber residierte 250 Kilometer von Swakopmund entfernt in Omaruru! „Könnten Sie nicht doch den Vertretungsdienst für dieses eine Jahr mit übernehmen, Bruder Schankweiler?", bat der Landespropst Rolf. „Natürlich mit der Gemeinde Walvis Bay!" setzte er gleich hinzu. Walvis aber liegt noch einmal 35 Kilometer weiter südlich von Swakopmund. So war denn unser „Königreich" noch einmal größer geworden! An manchem Wochenende hatte Rolf fünf Gottesdienste zu halten, und oft legten wir dann bis zu 600 Kilometer zurück. Da kam es denn auch schon vor, dass ich das Auto durch die Namib steuerte, während Rolf auf dem Rücksitz sich noch vorbereitete oder ein Schläfchen hielt.
Wir waren nun in drei Häusern wohnhaft: in Omaruru sowieso, im Flat in Karibib und im Pfarrhaus Swakopmund! Nur von hinterher gesehen war unser Einzug in Swakopmund köstlich zu nennen!

Nach heißer Wüstenfahrt erreichten wir die Stadt am Meer. Etwa 10 Kilometer vorher grüßte uns der Nebelstreif über dem Atlantik. Es schien schönes Wetter an der Küste zu herrschen. Wir sogen die feucht-kühle Meeresluft schon einmal gierig in uns ein. Und wir kamen ans Pfarrhaus, und wir holten feierlich den Haustürschlüssel hervor, und wir steckten ihn bewusst und feierlich ins Türschloss! Entsetzt hielten wir inne, standen wie versteinert da und hielten uns gleichsam die Ohren zu! Über uns heulte eine Sirene auf. Sie heulte in einem fort auf und ab und auf und ab und auf und ab! Über der ganzen Stadt! Da kam auch schon die Polizei angebraust, um die Diebe zu fangen! Und die Gemeindekirchenältesten erschienen blass vor Schrecken, aber auch vor schlechtem Gewissen: sie hatten uns nämlich nicht davon in Kenntnis gesetzt, dass das Pfarrhaus der zunehmenden Kriminalität wegen mit einer Alarmanlage ausgestattet worden war - und schon gar nicht, wie wir sie handhaben müssten! Alles hatte sich also aufgeklärt und alle hatten sich beruhigt.
Wir auch.
Nach dieser Aufregung meinten wir jedoch, uns nun etwas Gutes antun zu sollen. Wir holten uns den Kirchenschlüssel aus dem Amtszimmer vom Haken und spazierten gelöst und fröhlich zur Kirche. Was hätte uns auch dort geschehen sollen? Es war inzwischen dunkel geworden. Eine Alarmanlage gab es nicht, wir hatten uns vergewissert. Nach dem Lichtschalter suchend tappten wir durch die finstere Sakristei. „Ich hab den Schalter“, rief Rolf, drückte ihn kräftig runter - und

über Swakopmund läuteten die Glocken! Volles, wunderbares Geläut! Aber in unseren Ohren klang es mehr wie die Posaunen des Jüngsten Gerichtes! Es kam keine Polizei angebraust und es kamen keine Kirchenältesten! Schließlich pflegen Diebe in der Regel ja auch keine Glocken läuten zu lassen!

Swakopmund war schön geworden! Dass es „die schönste Stadt der Welt“ sei, wie uns eine Touristin begeistert sagte, war gewiss sehr subjektiv, aber ich mag es auch gern, sehr gern sogar! Dieses nette konservative Swakopmund! Hier hatten wir nun unseren Dienst zu verrichten, - nicht Urlaub zu machen, wie man in Swakopmund leicht in Gefahr ist zu vermeinen! Die viele Arbeit, die auf uns zustürmte, befreite uns aber gar bald von dem verführerischen Denken! Dennoch, man hat in Swakopmund so viel Grund, sich zu freuen! Die Neobarock-Kirche der DELG Swakopmund - ein wahres Kleinod - wurde im Jahr 1910 erbaut, im Jahr 1911 gleich daneben das Pfarrhaus und zusammen mit der deutschen Schule gegenüber bilden diese Gebäude einen gelungenen Teilaspekt der architektonischen Schönheit Swakopmunds! Ein Gang am Abend zur Mole schenkt nach einem arbeitsreichen Tag Erquickung. Die Sonne versinkt im Meer - man selbst kann nur stille werden. Erbaut war die Mole in deutscher Zeit, und sie zeugt eigentlich noch heute von dem vergeblichen Versuch, hier einen Hafen anzulegen, jedoch war das Meer dem Werk zuwider! Der rotweiße Leuchtturm, elf Meter über dem Meeresspiegel, grüßt über die Stadt hinweg aufs Meer; der Schein der Laterne hat eine Reichweite von 35

Seemeilen. Ob es der alte deutsche Bahnhof- heute eine Nobel-Restaurant - ist, die Kabelmesse oder das Hohenzollernhaus, ob es die alte Missionsstation der Rheinischen Mission oder das Prinzessin-Rupprecht-Heim ist, man kommt aus dem Staunen nicht heraus und man möchte immer nur schauen, fragen und weiter entdecken. Vor dem Cafe´ Anton, unten auf der Straße zum Meer, haben Händler ihre interessanten, schönen und teils recht kunstvoll gearbeiteten Holzschnitzereien aufgebaut. Aber ich lasse mich ja schon wieder ablenken durch die Swakopmunder Vielfalt!...

Dabei muss ich doch noch berichten, welches Erleben uns eines Abends nach einem arbeitsreichen Tag erschreckte: Die Gemeindekirchenratssitzung fand im Pfarrhaus statt. In der großen, holzgetäfelten Diele saßen die Herren und Damen um den Tisch versammelt und erörterten die Belange der Gemeinde, fassten Beschlüsse, stimmten ab und berieten wieder. Ich saß derweil nebenan im Wohnzimmer mit einer Handarbeit beschäftigt am Fenster. Gardinen hatten wir keine; die Nacht schaute still, stumm und dunkel zu mir herein. Dass auch noch andere hineinschauen konnten und dass man mich von draußen eventuell beobachten konnte, daran dachte ich gar nicht. Die Sitzung geht zu Ende. Man verabschiedet sich draußen laut und fröhlich, und jeder steigt in sein Auto. Nur ein Moment, und schon geht eine Autotür wieder auf: „Mein Autoradio ist weg!“ Einer nach dem anderen steigt mit der gleichen Hiobsbotschaft aus: „Mein Radio ist auch ausgebaut...“ So hören wir es noch ein paar mal! Gleich fünf Autos haben die cleveren Diebe geschafft, quasi unter meinem besonderen Schutz! Leider stieg die Kriminalität ständig - und wie wir hören, hat sie bis heute noch weiter zugenommen. Die Bevölkerungszahl wächst, Arbeit ist nicht genügend vorhanden, die Armut nimmt zu, die Moral nimmt ab. Es ist so viel zu tun in unserer Welt!

Bedingt durch die deutsche Schule war auch die Zahl der Konfirmanden sehr groß. Ich habe den Vorkonfirmandenunterricht übernommen, damit Rolf ein wenig mehr Luft bekam. Jeden Mittwoch eine Stunde, mir machte die Arbeit mit den Kindern Spaß. Der Erfolg meiner Bemühungen manchmal weniger! Oder sollte ich besser sagen: manchmal riesigen Spaß?! Zum Beispiel die Sache mit Luther! Ich meinte, ihn, seine Zeit und sein Anliegen gründlich durchgenommen zu haben und ließ einen Test schreiben. Ein Mädchen schreibt: „...Martin Luther war als Mönch ein trauriger Christ. Dann wurde er fröhlich und heiratete seine Frau Katharina von Bora...!!“ Aber vielleicht beinhaltet diese kurze Lebensbeschreibung ja doch einiges Wahre!!

Die Briefe nach Deutschland wurden teils in Omaruru, teils in Swakopmund geschrieben, immer ein wenig außer Atem, weil die Tage schier zu kurz waren für alle Aufgaben.

Heute in Omaruru, den 17. Oktober 1985

Liebe Anne, lieber Udo!

Es ist 22.00 Uhr, Dienstagabend. Natürlich nebenan Gemeindekirchenratssitzung! Eigentlich sollte man seine Briefe ja früher schreiben, tagsüber, denn dann hätte man vielleicht noch ein wenig mehr Verstand! Vielleicht?! Immer wieder kriege ich es zu hören: „Ihr Mann ist ja total überlastet!“ Man könnte sich fast dahinter verstecken! Aber dann wollen sie trotzdem doch alle wieder was von einem, - und sie haben ja auch recht!

Heute früh kamen wir von Swakopmund nach Omaruru, von Meereshöhe Null auf gut 1280 Meter Höhe! Die Vorbereitung der Radiopredigt stand beim Vater als erstes auf dem Programm. Nachdem sie ausgearbeitet war und er sie mir diktierte, war die Tipperei nur noch ein Kinderspiel. Danach blieb uns beiden zur Vorbereitung der Gemeindekirchenratssitzung noch eine Stunde, die jeder auf seine Weise nutzte. Ich bereitete Schnittchen, Tee und Saft vor und war gerade fertig, als auch schon die erste Gemeindekirchenrätin auftauchte. Mandi Redecker kam von der Farm ein wenig früher, um vor der Sitzung noch ihr Zimmer in unserm Flat zu beziehen. Sie schläft heute nacht bei uns. Vorher aber packte sie ihre Farmertasche aus: 24 frische Farmeier, Kochkäse, Butter und Tomaten lagen auf meinem Küchentisch!

Morgen stehen auf dem Programm die Gemeindebriefe für Swakopmund und Walvis Bay. Drückt uns den Daumen für einen guten und schnellen Wurf! Am Donnerstag fahren wir nach Windhoek zum Südwestafrikanischen Rundfunk, die Predigt zum Sonntag einzusprechen. Anschließend von dort aus weiter nach Swakopmund. Kaporroporro freut sich, dass wir sie mitnehmen. Ich mich auch! Sie ist mir Gold wert, macht ihre Arbeit gern und selbständig und hat hinterher schöne Zeit mit ihren Freundinnen. Unser Dienstag-Gartenhelfer besitzt ebenfalls unsere ganze Zuneigung! Er ist zwar ein Sektenpriester, aber er versteht was vom Heckenschneiden. Heute hat er die Fächerpalme gestutzt. Allerdings flogen einige Palmwedel zu viel auf die Straße; die Palme sah hinterher aus wie frisch vom Friseur, wenn man ihn nur einmal im Jahr besucht! Aber Justus meinte, er hätte nun einmal die Leiter - von Steinkoppfs geliehen - und da sollte es sich doch auch lohnen! Von unserem Apfelsinenbaum - Valencia late - ernten wir seit geraumer Zeit ungespritzte Früchte!

In Karibib besuchten wir am Sonntagmorgen nach dem Gottesdienst den alten Herrn Fielitz zu seinem 101. Geburtstag! Er trank mit uns auf sein Wohl und erzählte aus seinem Leben! Fielitz hat Bismarck noch gesehen, trägt keine Brille, dafür noch alle Zähne und kämmt sein Haar schön von einer Seite über den Kopf zur anderen Seite! Zum Schluss brachte er uns selbst ans Gartentor!

Ihr Lieben, heute am 20. Oktober, sollt Ihr weiter von uns hören! Gestern, am Samstagmorgen, kamen wir aus Swakopmund zurück, machten eine Stunde im Pfarrhaus Omaruru Pause und fuhren die ca. 45 Kilometer weiter nach Kalkfeld zum Gottesdienst am Nachmittag. Unterwegs ballten sich verheißungsvoll dunkle Wolken zusammen, und dann fielen auch wirklich ein paar dicke Tropfen Regen!
Ganz überrascht waren wir in Kalkfeld über den guten Gottesdienstbesuch. Es waren fast alle Gemeindeglieder gekommen, zumindest einer aus jeder Familie. Wir hatten uns vorher Gedanken gemacht, ob wir bei so einer kleinen Gemeindeschar die Liturgie singen - oder ob wir es der Peinlichkeit der geringen Stimmen wegen lieber bleiben lassen sollten, dann aber sangen alle so prima mit, dass das „Ehr sei dem Vater", „Kyrie...", „Halleluja" bis hin zum „ Gehet hin im Frieden des Herrn..." richtig kräftig schallte! Schon während der Liturgie allerdings machten sich die beiden Rechholtz-Enkel fröhlich und lautstark bemerkbar. Sie riefen ohne Hemmungen die „Mama" und liefen begeistert durch die Bank! Der Pastor wurde für mich merkbar unruhig. Ich fasste mir ein Herz und fragte die nette Ortrud-Mama, ob ich mit den Kleinen nach draußen dürfe, denn ich bekäme ja so viele Gottesdienste mit, sie aber so selten einen. Das Schöne, die Kinder gingen fröhlich und selbstverständlich mit mir hinaus. Wir spielten, malten in den Sand und sangen sogar miteinander. Ich war zum Schluss ziemlich aus der Puste! Aber der Pastor war glücklich, er hatte in Ruhe predigen können! Und die Gottesdienstbesu-

cher sagten, er habe eine wunderschöne Predigt gehalten über: „Sorget nicht!"!

Nach der Kirche war die Farmerschaft eingeladen, sich auf dem Rasen der nahe gelegenen Farm von Lothar und Elke Wilhelm zu erfrischen. Bei leckeren, von allen Teilnehmern mitgebrachten Schnittchen, Salaten und Getränken blieben wir noch lange im Gespräch beieinander. Als wir um Mitternacht nach Hause kamen, fielen wir todmüde ins Bett. Mit der Vorbereitung für die Gottesdienste am Sonntag, dem nächsten Morgen in Karibib und Usakos, wurde es nichts mehr!

Oh, wie schön, gerade trommelt es lustig aufs Dach! Regen!! - Wie schade, es hat schon wieder aufgehört! - Aber ein würziger Regenduft zieht durchs weit geöffnete Fenster ins Haus! Ihr müsst wissen, in Afrika riecht es wirklich nach Regen! Es ist das kostbare Nass, das auf die sand- und staubbedeckte Erde fällt und diesen Duft hervorruft.

Wir sprechen immer wieder von Euren Studien- und Examensterminen. Ihr sollt und dürft auf keinen Fall mit Euren Studien ins Hintertreffen geraten, aber es wäre doch zu schön, wenn Ihr uns besuchen könntet! Wenn das Kirchliche Außenamt für Anne 90 % der Flugkosten übernimmt, weil sie ja als Studierende ohne Einkommen ist und noch Kindergeld bezieht, müsste der Rest und Flug für Udo zu schaffen sein!

Macht die neue Waschmaschine weiter Spaß? Ich bin glücklich, dass Ihr nun nicht mehr zum Waschsalon rennen müsst, oder dass Du, Anne, nicht mehr die Wäsche am Handwaschbecken zu waschen hast! Bucht bitte auch die restlichen

175,00 DM von unserm Konto ab, dann haben wir die Freude, das ganze Ding bezahlt zu haben! Wo habt Ihr sie überhaupt stehen? Wo trocknet Ihr die Wäsche? Wo bügelst Du sie, Anne? Gibt es schon wieder einen neuen Bügeleisenbrandflecken??

Macht's gut, Ihr Lieben,

Eure Mutti

Omaruru, den 29. September 1985

Liebe Anne, lieber Udo,

wir sind zurück von unserer Farmpad nach Kalkfeld. Es ist 19.30 Uhr, schon dunkel, aber noch sehr warm. Der Tag heute war recht heiß. Etliche Male standen wir unter der Dusche, natürlich immer kalt! Wißt Ihr, dass wir Frühling haben? Ich wäre von mir aus nicht auf den Gedanken gekommen, aber im Radio sprachen sie vorhin davon, dass ja am 2. September Frühlingsanfang gewesen sei!! Dabei hätte ich es merken müssen: es gibt keine kalten Nächte mehr, dagegen wird es heiß und an manchen Tagen kann es schon mal vorkommen, dass wir am Himmel ein paar weiße Wölkchen entdecken und uns eine Ahnung befällt, es könnte irgendwann und irgendwo vielleicht doch noch einmal in Afrika regnen! Aber ganz ohne Regen, und das ist für mich das „Frühlingswunder", bekommen einige Büsche und Bäume wie Weißdorn, Kameldorn und andere Dornarten kleine weiße oder gelbe Blütenbällchen. Vor dem tiefblauen Himmel sehen sie zauberhaft aus.

Die Farmbesuche sind ebenso anstrengend wie schön und wichtig. Die Farmen liegen weit auseinander; eine normale Farm im Norden hat etwa 5.000 ha. Die schwarzen Farmarbeiter wohnen auf ihrer „Werft". Am Abend nach der Arbeit hält der Evangelist ihnen den Gottesdienst, nimmt Amtshandlungen vor und hat auch Katechismen, Bibeln und Gesangbücher bei sich, auf die die Männer und Frauen warten und die sie zu einem geringen Preis erwerben können. Bei Schwarz und Weiß stehen dann oft noch Themen an, die man gern besprochen hätte. Obwohl wir durch Hitze und Staub und heißen, trockenen Fahrtwind viele Kilometer von einer Farm zur nächsten zu fahren haben, sind wir darüber nicht unglücklich! Man hat dadurch Zeit, die Themen oder Probleme der Gemeindeglieder zu durchdenken, bevor man sich ganz dem nächsten Besuch zuwendet. Da ging es zum Beispiel bei einer Familie um das Thema: „Kirchenbesuch". Nötig? Warum? - Die nächsten beschäftigte sehr das „Gesundbeten", ob - oder warum nicht!? - Ein katholischer Ehemann stand in kritischen Überlegungen zu seiner Kirche; wozu soll man raten? - Und immer und immer wieder kommen die leidigen Fragen, warum die Kirche selbst Politik machen will. Der nächste Farmer hat für seine Familie zum Schutz gegen Terroristen einen Wehrturm gebaut, ist aber zum Glück davon überzeugt, dass er ihn nicht brauchen wird!

Puh, es ist immer noch sehr warm. - Aber ich nehme es gelassen: erstens kann ich gleich kalt duschen, und zweitens sind wir morgen Abend ja schon wieder in der kühlen Swa-

kopmunder Luft! Am Telefon sagte man uns, dass es sogar sehr kalt sei! So werden wir unsere warmen Sachen nicht vergessen dürfen. Auch die Steppdecken nehmen wir mit und lassen sie dann dort, denn hier werden wir sie in diesem Jahr nicht mehr gebrauchen. Selbst das weiße Laken war mir letzte Nacht noch zu warm! Am Freitag kommen hohe Gäste zu uns: Der Landesbischof von Württemberg, Dr. Hans von Keler, mit Frau, Oberkirchenrat Arnold mit Frau und der Landespropst Blank - ohne Frau! Ab 18.00 Uhr gibt es im Pfarrhaus einen Sundowner. Wir haben die Gemeindekirchenräte von Omaruru, Karibib, Usakos und Swakopmund und besonders interessierte Gemeindeglieder dazu eingeladen.

Viel Freude beim Kochen, beim Essen und beim Studieren!

In Liebe, Mutti

Heute, am 24. Oktober 1985, in Swakopmund

Liebe Anne,

zur Zeit geht es mir wie Dir, ...ich bin allein auf weiter Flur...! Frau Werne, die Chefin des Gemeindebüros, ging gerade zum Mittagessen nach Hause. Kaporroporro ist mit ihrer Arbeit „klar", sagte fröhlich: „mba i" und verschwand, und ich habe das große Swakomunder Pfarrhaus ganz für mich allein! Bin nur gespannt, wie ich heute nacht schlafen werde?? Zur Not steht das Telefon ja gleich neben meinem Bett! Heute morgen um 9.00 Uhr fand im Wohnzimmer erst noch eine „vergadering" - Versammlung/Sitzung - statt. Fünf Geistliche verschiedener Farben und Kirchen waren zusammengekommen. Bei Tee und Gebäck besprachen sie eine gemeinsame Weihnachtsveranstaltung, die von der Rössing-Mine im Rahmen des Weihnachtsmarktes, der drei Tage währen soll, verantwortet wird. Die Kirchen sind im besonderen um ihre Mitwirkung gebeten worden. Ich fand diesen Morgentee bei uns im Haus richtig schön. Es ging sehr fröhlich und sehr harmonisch zu.

Übrigens ist für den 2. Advent auch ein gemeinsamer VELKSWA-Gottesdienst (Vereinigte Evangelisch-Lutherische Kirchen Südwestafrika) geplant. Pastor Strydom von der Kleurlingsgemeinde ist sehr eifrig dabei, aber Pastor Mativa von der Hererogemeinde lässt sich Zeit. - Da er und Vater sich aber von früher her kennen, hoffen wir, ihn diesmal zur Zusammenarbeit bewegen zu können.

Zwischen den Ovambo und den Herero bestehen Spannun-

gen; sie gehen sich zur Zeit am liebsten aus dem Wege.

Grüß Deinen „Herzogenberg“ schön von mir! Natürlich soll er mitkommen! Meinetwegen auch Goethe und Beethoven! Du liebe Zeit, welche großen Geister sollen da von uns kleinen Lichtern beleuchtet werden! Gestern in der Bibliothek in Swakopmund fühlte ich mich verpflichtet, als Sachbuch „Beethoven“ von Stephan Ley mit heim zu nehmen, wo Goethe über Beethoven - und Beethoven über Goethe schreibt, und Goethe dann nicht wieder schreibt, als Beethoven ihn seiner großen Messe wegen um Fürsprache beim Herzog bittet!!

Viele Grüße und Küsse, Mutti

Swakopmund, im Dezember 1985

Liebe Anne, lieber Udo, es beginnt zu weihnachten! Die Advents- und Weihnachtsfeier am Sonntagnachmittag in Walvis Bay war rührend! So ganz einer kleinen deutschen Auslandsgemeinde würdig! Alle Tische nett gedeckt mit Gebäck und Tee oder Kaffee. Die Kinder führten ein Krippenspiel auf und waren dabei so ganz sie selbst mit Steckenbleiben, sich schubsen und schräg singen! Aber alles mit gaaanz viel Herz! Am Abend hatten Kindergottesdienst und Kantorei Swakopmund den Adventsgottesdienst in der Kirche vorbereitet, da ging alles sehr fein und dezent zu! Im Altarraum hing ein großer Adventskranz, an dem die 1. Kerze brannte. Das Krippenspiel von der Aussage her und die Darbietung sehr gut. Die Lieder der Kinderkantorei klangen rein und lieblich, die An-

sprache kindergerecht.

Ihr Lieben,
aus dem Zwei-Tage-Vor Weihnachten-Trubel schnell viele Grüße!
Wir warten auf den Weihnachtsbaum für die Kirche. Die Tonne zum Einpflanzen steht schon bereit. Es soll eine Zypresse sein, die uns am Heiligen Abend in der Kirche zu Swakopmund den „Zauber der Weihnacht" bringt!
Das Wochenende des 4. Advent haben wir gut überstanden! Es waren 800 Kilometer Autofahrt, die wir zurückzulegen hatten. Am Samstag Gottesdienst und Altenfeier in Omaruru, am Sonntag Gottesdienst zum 4. Advent in Swakopmund, anschließend Taufgottesdienst mit fünf Taufen, ich an der Orgel, Mittagessen bei Taufeltern und am Abend Weihnachtsfestgottesdienst in Usakos. –
Wir mussten in Usakos den „Weihnachtsgottesdienst" so vorverlegen, weil an den Festtagen selbst kein Termin mehr war. - Die lieben Usakoser mit ihrer kleinen Gemeindeschar waren rührend. Sie hatten die Kirche liebevoll geschmückt. Und sie waren so festlich-froh gestimmt, sangen und hörten mit Inbrunst. Wir wurden von ihrer Freude richtig angesteckt! Zum Schluss bekamen wir etliche Plätzchenteller mit und dazu auch einen netten kleinen Weihnachtsmann aus Lebkuchenteig, den aber mit der Bemerkung: „Vielleicht können Sie ihn bis zum Februar aufbewahren, bis Ihre Kinder kommen!" Na, ob uns das gelingen wird??

Gerade kommt die Organistin, den Gang der 2. Christvesper hier in Swakopmund zu besprechen... Sie ist fort, und ich kann nun auch das Programm dafür fein ordentlich tippen. Das Programm für die 1. Christvesper liegt bereits fertig auf dem Schreibtisch.

In zwei Monaten seid Ihr hier! Dann braucht Ihr nicht mehr zu frieren, kein Frost an den Fenstern, kein Frostschutzmittel für's Auto, alles wird gut!

Mutti

EIN TAG DER TRAUER

Wir waren zum Dienst in Swakopmund, als uns die Nachricht erreichte: Elfriede Zeraua ist gestorben. Sie war krank, das wussten wir, aber der plötzliche Tod ließ uns erschrecken und machte uns sehr traurig. „Wie können wir Christian jetzt helfen? Er tut mir sehr leid!", meinte Rolf. In unsere Überlegungen hinein, ob er sofort nach Omaruru fahren sollte, meldete sich Christian am Telefon. Er berichtete von Elfriedes letzten Tagen, und dann bat er Rolf, die Beerdigung in Omaruru zu übernehmen. Daran nun hatten wir gar nicht gedacht. Wohl, dass es selbstverständlich sei, am Beerdigungstag bei ihm zu sein; er ist unser Freund, und er ist Annes Patenonkel. Die Trauerfeier zu leiten aber meinten wir, gebühre der Jungen Kirche. Rolf konnte mit Christian offen darüber sprechen, dass

eventuell auf Seiten der schwarzen Brüder Animositäten entstehen könnten. Die Junge Kirche hatte ja ihre eigenen Pastoren; die Leitung der ELK (Evangelisch-Lutherische Kirche/Rheinische Mission) könnte es missverstehen, wenn der ehemalige weiße Missionar die Beerdigung der Frau des Hereroführers übernimmt, sie quasi übergangen wird und dann sensibel darauf reagieren. Wir wussten von sehr empfindlichen Reaktionen in dieser Hinsicht. Christian aber blieb bei seiner Meinung und bei seiner Bitte: „Wir sind Brüder! Ich bitte Dich sehr um diesen Dienst! Du hast Elfriede und mich vor vielen Jahren getraut! Du hast mich zum Kirchenältesten gemacht! Ich wünsche es sehr, dass Du meine Frau Elfriede beerdigst! Und mir ist dabei sogar noch etwas anderes wichtig: Ich will nicht, was jetzt so häufig geschieht, dass diese Beerdigung zu einer politischen Versammlung umfunktioniert wird! Beim Tod eines Damaraführers ist das neulich geschehen, - und bei der Beerdigung der Frau des Hereroführers liegt die Gefahr nahe, dass es ebenfalls so laufen könnte. Das will ich nicht! Du sollst die Predigt halten, ich bitte Dich darum!"
Rolf sagte daraufhin sehr gern zu, und wir fuhren von Swakopmund nach Omaruru. Die Trauerzeremonie war am Beerdigungstag für morgens um 10.00 Uhr angesetzt. Um 9.00 Uhr sollte Rolf auf der Lokation im Trauerhaus sein, wo Elfriede in ihrem Sarg aufgebahrt lag. Doch bereits um 7.00 Uhr früh rief Christian bei uns im Pfarrhaus an: „Muhonge, Du musst sofort kommen! Die Truppenformationen aus den verschiedenen Herero-Stämmen sind bereits angetreten!" Rolf machte sich

alsogleich mit Talar, Agende und Predigt auf den Weg zur Lokation. An die 3.000 Menschen waren gekommen! In ihren Uniformen die Männer, in ihren Stammestrachten die Frauen. Ein buntes Bild bot sich dem Auge: weiß-blau leuchtete die Tracht der West-Herero, rotberockt zeigten sich die Mahareroleute und die Herero aus Gobabis trugen stolz ihre grüne Farbe. Viele Zelte waren aufgebaut. In Christians Haus, vor seinem Haus, hinter seinem Haus, überall lagerten Menschen. Von überall her waren sie gekommen. Die Lokation war überfüllt, Abordnungen und Vertreter aus dem ganzen Land, und auch viele weiße Persönlichkeiten, waren erschienen.

Elfriede als „Hoofvrou-Häuptlingsfrau-Königin“ sollte ein würdiges Begräbnis haben und mit allen Ehren bestattet werden. Es war dann auch ein sehr, sehr langer Zug, der sich nach der Aussegnung im Hause von Christian und Elfriede durch die Lokation hin zu Kirche bewegte. Doch vorher ereignete sich doch noch ein kleiner kritisch-brisanter Zwischenfall. Von der Kirchenleitung der ELK war Pastor Zephania Kameeta aus Windhoek gekommen. Er stand plötzlich in der Tür des Trauerhauses, bereits im Talar, und gedachte in aller Selbstverständlichkeit die Beerdigungsfeier zu übernehmen und zu leiten. Christian erklärte ihm, dass alles längst geregelt sei und erklärte ihm den Verlauf des Gottesdienstes. Laut Programm sollte der Pastor und Lehrer von der Höheren Martin-Luther-Schule, Okombahe, der Pastor Kamho, die Liturgie halten. Man einigte sich dann, dass Pastor Kameeta die Anfangsliturgie - und Pastor Kamho die Schlussliturgie übernehmen soll.

Auch erklärte sich Pastor Kameeta dazu bereit, Rolfs Predigt, die er der vielen anderssprachigen Beerdigungsteilnehmer aus den vielen Völkern wegen in Afrikaans halten musste, ins Otjiherero zu übersetzen. Ich saß mit Ise unter den vielen Menschen draußen auf dem weiten Schulhof vor der Kirche, und ich merkte Kameeta an, wie er dieses Amt zunächst widerstrebend ausführte, stellte aber bald erfreut und erleichtert fest, wie er im Hinhören auf die Predigt selbst vom Wort erfasst wurde, und wie er dann gleichsam als ein Mitzeuge die gehörte Verkündigung freudig an sein Volk ins Otjiherero weitergab. Von Politik war keine Rede! Wohl aber sehr viel davon, was des Christen einziger Trost im Leben und im Sterben ist, und davon war die Rede, was Gottes Wort auch im Volk der Herero bewirkt hat!

Dirk Mudge, der Vorsitzende der Republikanischen Partei, zu der auch Christian gehörte, sagte nur ein paar wenige Worte der persönlichen Anteilnahme, und nur als Freund. Am offenen Grab, weit außerhalb der Lokation, gebrauchte Rolf dann nur die Hererosprache. Hier ergriff ganz zum Schluss Christian selbst noch einmal das Wort und sprach zu seinem Volk. Ise war nach der Feier in der Kirche heimgefahren, weil sie noch dringende Termine hatte. Ich war geblieben - und das bis zum Ende gegen 14.00 Uhr am Nachmittag! Unter dem wolkenlosen Himmel, unter der brennenden Sonne auf dem Friedhof. Aber alle anderen hielten ja auch aus! Ich hatte mir die große Herero-Agende, die Rolf mir nach der Kirche in die Hand gedrückt hatte, als Sonnenschutz über den Kopf gehalten. So auf einem Grabstein sitzend ging es mir durch den Sinn: Da bin ich nun mit höchstens fünf Weißen, die ich in der großen Menge noch nicht einmal sehe, allein unter 3.000 Schwarzen, und ich denke gar nicht daran, Angst zu haben! Und niemand denkt hier daran, aus der Seelsorge Politik zu machen!

In dieses Sinnen und Denken hinein höre ich plötzlich Christian Zeraua, den Hererоführer, sagen: „....und wo Muhonge Schankweiler bei Euch einkehrt, in welches Haus eines Herero er auch kommen mag, da ist er aufzunehmen, da sind ihm die Türen offen zu halten!..."

Omaruru, 17. Juli 1986

Liebe Anne,

soeben fuhr Vater nach Swakopmund zu seiner letzten Gemeindekirchenratssitzung dort. Die Zeit der Doppelbelastung geht langsam zu Ende, und das ist gut. Gestern Nachmittag hatte ich meinen Damen-Handarbeitskreis. Wir lassen es da jetzt immer reihum gehen, wer zum Kaffee ein Stück Kuchen für jeden mitbringt. Frau Kolzing brachte eine Platte Windbeutel und Sahne mit. Nein, haben wir geschmaust! Meinen Cholesterinspiegel habe ich total vergessen! Frau von Grüter jammerte, dass ausgerechnet gestern sie nicht hatte dabei sein können! Wir haben ihr aber einen Windbeutel übriggelassen, den ich ihr hinterher noch nach Hause gebracht habe, ebenso einen zu Omi Groth, die mit einem eingeklemmten

Nerv krank liegt. Die Frauen kommen so gern zum Handarbeitskreis und schnattern immer gleich munter drauf los. Sie sind wohl so glücklich, dass sie von keinen Männern unterbrochen oder belauscht werden?!

Im Chor heute Abend war es köstlich. Amei erklärte den Südwester Sängern die Noten: „Ihr müsst da singen, wo der Kierie (Stock, Schlagstock der Ovambo) nach oben zeigt!“ Jeder von uns wusste bescheid!

In den letzten Nächten war es sehr kalt. Ich werde heute Abend vor dem Schlafengehen im Garten Säcke über den „Golden Shower“ breiten, damit er uns nicht erfrieren möge. Morgen Nachmittag wird Paps wieder zurück sein. Die Familie Salpeter feiert ihre Goldene Hochzeit in der Kirche. Und nun höre und staune: Vater hat die Eltern der Goldenen Hochzeiter im Jahr 1957 ebenfalls in der Kirche zu Omaruru eingesegnet! So etwas ist in unserer persönlichen Kirchengeschichte auch noch nicht da gewesen, dass zwei Generationen - die Eltern sind inzwischen natürlich längst verstorben - Eltern und Kinder, den selben Seelsorger zur Feier ihrer Goldenen Hochzeit hatten! Mir zeigten Salpeters die Urkunde der Eltern, die in feiner Druckschrift von mir angefertigt worden war!

Für heute innigst

Mutti

Omaruru, 21. Juli 1986

Ihr Lieben,

der Abschiedsgottesdienst in Swakopmund ist vorüber. Es sind zwiespältige Gefühle, die uns bewegen: auf der einen Seite freuen wir uns, dass wir die Gemeindearbeit Swakopmund und Walvis Bay dem heimgekehrten Ortspfarrer ans Herz drücken konnten und uns nun wieder ganz unseren Gemeinden Omaruru-Kalkfeld, Karibib und Usakos zuwenden können, - auf der anderen Seite lassen wir auch ein wenig Herzblut dort. Am Sonntagmorgen in der Frühe um 6.00 Uhr hatten wir unsere warmen und kalten Sachen - man weiß ja nie, wie 's Wetter in Swakop wird! - ins Auto gepackt und waren um 9.00 Uhr an der Küste. Es herrschte Ostwindstimmung. Die Palmen entlang der Zufahrtstraße in die Stadt wedelten heftig in Richtung Meer. Über die Straße fegten die Sandstürme. Recht bald knirschte es im Mund und zwischen den Zähnen. Es war heiß.

Vor der Kirche musste Frau Werne noch schnell etwas los werden. Sie sagte, dass sie gestern ein Gemeindeglied vor der Post getroffen habe und das hätte ihr fröhlich verkündet: „Morgen haben wir drei Pfarrer in der Kirche! Ich freue mich darauf, denn alle sind sie soo nett!“ Es war aber auch wirklich sehr schön in der Kirche. Jeder der drei Geistlichen kam aus einer anderen Generation, jeder auch aus einer anderen theologischen Schule, das ist sehr deutlich geworden: Rolf, der den Krieg als Soldat noch mitgemacht und im Nachkriegsdeutschland studiert hat, kam aus der Schule Karl Barths, bei

Pastor Lisse, dem Ortspfarrer von Swakopmund und Walvis Bay, merkte man mehr den freikirchlichen Hintergrund, und Vikar Achenbach, der dabei war, seinen Theologischen Doktor zu bauen, war geprägt von der Studentenmission.

Im Haus der Jugend, das Pastor Reimar Zeller seinerzeit gebaut hat, feierten wir nachmittags recht gemütlich mit der Gemeinde bei Tee und Gebäck. Am Abend fand um 20.00 Uhr der Gottesdienst mit der Gemeinde in Walvis Bay statt; auch hier saßen wir hinterher noch gesellig beieinander. So, und nun muss ich wohl oder übel unsern Koffer auspacken....

Bis zum nächsten Erzählen

Mutti

FAHRTEN IN DEN NORDEN SÜDWESTAFRIKAS

Die Zeit des intensiven Nur-im-Pfarramt-Mitte-Arbeitens währte nicht sehr lang! In Otjiwarongo, etwa 145 Kilometer nördlich von Omaruru, hatte Pastor Morgenroth seine Pensionsgrenze erreicht und ging nach Deutschland zurück. Eine Vertretung war noch nicht in Sicht. Der Nachbarpastor war ja auch gar nicht so weit weg! Zwischen Omaruru und Otjiwarongo lagen doch nur 145 Kilometer! Also zeigte unser Kompass jetzt eben öfter gen Norden! Der Pfarrer für Otjiwarongo hatte aber auch noch Grootfontein mit zu bedienen. Zu Diensten nach Grootfontein ging es dann noch einmal etliche Kilometer weiter...

In Grootfontein war die langjährige Organistin gestorben. Über sechsundzwanzig Jahre hat sie in der Gemeinde an Sonn- und Festtagen die Orgel gespielt. Übrigens war sie früher in Deutschland eine gefeierte Opernsängerin in Schwerin. Wir fuhren zur Beerdigung nach Grootfontein. Die Fahrt war wunderschön. Der Landschaftscharakter verändert sich, je weiter man nach Norden kommt. Wir haben unterwegs Affenherden gesehen, große und kleine, alte und junge Tiere. Sie turnten auf dem Farmdraht, hangelten sich nach oben und wieder nach unten, sprangen über die Klippen und rannten uns fast vor's Auto. Kudus entdeckten wir immer wieder im Gebüsch. Besonders hübsch liegt das Otavi-Tal, gleichsam zwischen die Berge eingebettet. Die Minenstadt Kombat mit ihren drei Fördertürmen ragt über das Land. Aber dann - man mag seinen Augen nicht trauen! - liegen plötzlich Weizenfelder vor einem, wunderbare, weite Weizenfelder! Und sie duften! Sehr nach deutscher Heimat! In Grootfontein bezaubern den Besucher die Straßen! An ihnen entlang sind Jakaranden gepflanzt, inzwischen hohe Bäume. Sie standen in Blüte, als wir sie durchfuhren, und das war ein unbeschreiblich zauberhaftes Bild: Die Blütenzweige hingen wie violett-blaue, duftige Wolken über uns!
In Pretoria träumen die jungen Mädchen davon, dass ihnen bei einem Spaziergang unter den Bäumen eine Jakarandablüte aufs Haar fallen möge, das bedeutet dann, dass sie in dem selben Jahr noch eine Braut werden!

Wir fuhren weiter zur Farm der Verstorbenen. Dort glaubte ich, mich träfe der Schlag. Der Sarg stand - ich sah es mit Schrekken gleich bei der Ankunft - draußen in der prallen Sonne! Und die Stühle für die Trauergäste hatten die Angehörigen ebenfalls unter den wolkenlosen, stahlblauen Himmel platziert. Wahrscheinlich hatte das alles in der Frühe stattgefunden, als es noch nicht so heiß war. Jetzt jedenfalls nahm sich jeder wie von selbst seinen Stuhl und suchte sich einen Schattenbaum. So ganz gefiel mir das aber auch nicht, denn wie sollte Rolf mit seiner Ansprache da die vereinzelt sitzenden Leute erreichen? Als ich die Gesangbücher austeilte, winkten die meisten müde ab, andere sahen mich unverständlich an, ob der Zumutung des Singens! Tapferer waren die schwarzen Farmarbeiter: sie hatten einen Chor gebildet und sangen sehr zuchtvoll und würdig. Und ebenso hielt der Pastor der Sonnenglut stand! Ob das den Trauergästen imponiert hat? Sie sangen jedenfalls nach seiner Ansprache mit! Jedenfalls die meisten!

Auf die leckeren Kuchen und Schnittchen warfen wir nach dem Gottesdienst nur einen schmachtenden Blick. Es blieb einfach keine Zeit dafür. Vor uns lagen ja noch die 346 Kilometer, teils auf Sandpad, teils auf Teerstraße, bis Omaruru! Die untergehende Sonne blendete scheußlich. Als es dunkel wurde galt es höllisch aufzupassen: so elegant es ausschaut, wenn ein Kudu über die Pad setzt, auf der Kühlerhaube hat man das schöne Tier nicht gern!

Nur eine knappe Woche später sahen wir uns zur nächsten Beerdigung in Richtung Otjiwarongo fahren.

Beim Trauergespräch ein paar Tage vorher hatte Rolf sich aus dem Leben der Verstorbenen berichten lassen. Die Mutter habe, so erzählte der Sohn, auf ihrer Farm, die an der Nordgrenze bei Kamanjab liegt, allein 21 Löwen geschossen!! Elefanten in ihrem Garten waren keine Seltenheit! Einmal hat sie beim Reiten einen Preis gewonnen, als sie ihr Kind bereits im sechsten Monat trug! Von ihrem Mann, einem Divisionskommandeur im letzten Krieg, war sie geschieden. Von Furcht vor Menschen und wilden Tieren konnte da gewiss keine Rede sein! Aber ob Rolf davon etwas in seiner Ansprache fruchtbar machen konnte??

KIRCHE KOSTET NICHTS

Das mag der Besucher so oder ähnlich gedacht haben, der eines Tages bei uns im Pfarrhaus an der Tür stand. Er hatte etwas auf dem Herzen: „Könnte ich wohl kirchlich getraut werden?“ fragte er, eigentlich recht bescheiden. „Aber ja! Bitte kommen Sie herein! Dann können wir einen Tag für das Traugespräch ausmachen, wo wir alles in Ruhe besprechen werden: Bedeutung einer christlichen Ehe, den Verlauf des Gottesdienstes und was alles dazu gehört.“ Der Termin wurde festgelegt. „Könnten Sie meine Kinder dann nicht sofort auch mit taufen?“ „Ja, aber dann müssen wir auch ein Taufgespräch führen. Sie und Ihre Frau sollen ja wissen, was die Taufe bedeutet und wozu Sie „Ja“ sagen! - Gehören Sie zur evangelischen Kirche?“ „Ja, klar!“ Ein Termin wurde vereinbart für den Hochzeiter und Taufvater und dessen Frau. Der Pfarrer führte ein gründliches Trau- und Taufgespräch über den Sinn der christlichen Ehe und der Kindertaufe. Er nahm alle Daten für das Kirchenregister auf und für die anzufertigenden Urkunden. Der große Tag kam heran. Die Kirche wurde geputzt, die Pfarrfrau schmückte sie festlich mit Blumen und Kerzen. Der Pfarrer hielt die Predigt und nahm die Amtshandlungen von Trauung und Kindertaufe vor. Die Pfarrfrau orgelte zum Einzug und begleitete die Choräle. Alles ging fein seinen geordneten Gang. Bei Durchsicht der Kirchenbücher stellte der Schatzmeister und Kassenführer unserer Gemeinde, Herr Steinkopff, fest, dass der „Hochzeiter und Taufvater“ noch nie einen Kirchenbeitrag gezahlt hat. In einer Freiwilligkeitskirche - wie unsere Ev.-Luth. Kirche in SWA ja eine war - bedeutete das, dass er auch nicht zur Kirche gehörte. Folgerichtig schickte unser Schatzmeister für die geleisteten Dienste die Bitte um Beitragszahlung beziehungsweise die freundliche Aufforderung um Kostenerstattung. Das verstand der gute Mann aber überhaupt nicht. Geradezu empört war er, dass die Kirche Geld haben wolle! Ich musste zufällig seine ersten zornigen Ausbrüche im Pfarrhaus über mich ergehen lassen. Erregt schleuderte er mir ins Gesicht: „Wie kann eine Kirche nur so etwas tun?! Es ist doch wohl immer noch so, dass die Kirche zum Schenken da ist, es ist doch ihre Aufgabe, umsonst den Menschen zu dienen!“ Ja, da lag denn doch wohl ein gewaltiges Missverständnis vor von dem, was „Freiwilligkeitskirche" bedeutet?! Oder sollte ich es positiver sehen, dass da ganz tief in seinem Herzen noch ein Funke glühte und ein noch so kleines Wissen vorhanden war, was Evangelium heißt: „Alles umsonst, und alles aus Gnade!"??? Ich weiß nicht mehr, wie die Geschichte ausgegangen ist, hoffe aber, wir haben beide Dinge zurechtrücken können: Reich Gottes - und Reich der Welt! Und: Reich Gottes in der Welt!

Omaruru, den 23. November 1987

Ihr beiden Lieben,

es herrscht eine Bullenhitze! Die begonnene „Heiße Zeit" macht ihrem Namen alle Ehre. Ich wollte vorhin die Fenster ein wenig öffnen, um etwas Kühlung einzulassen, habe sie aber schnell wieder geschlossen. In den letzten Tagen zeigt das Thermometer draußen durchweg 41 bis 42 Grad und im Haus trotz der in aller Morgenfrühe geschlossenen Fenster 31 Grad. Gestern in Karibib und in Usakos wehte der Wind vom Westen her, und es war herrlich zum Aushalten. Wir hier in Omaruru haben Ostwind. Unser Kreislauf reagiert entsprechend. Aber da wir nur noch gute sechs Wochen im Lande sind, genießen wir japsend!

Immanuel, der uns ab und an im Garten hilft, hat sich soeben überglücklich verabschiedet, weil er sich doch noch mit Ovimariva davonmachen konnte. Er kam heute Nachmittag: „Arikana, Muhonge, bitte etwas Geld!" Wir haben ihm, nachdem wir seine Gründe erfahren haben, erst einmal etwas Arbeit

angeboten! Obwohl wir nicht erziehen wollen, fanden wir es so dennoch richtiger. Und er selbst war darüber auch fröhlich, zumal neben dem Geld dann immer auch noch was anderes dazu kommt. Zum Schluss fragte er, wie es den Kindern in Deutschland ginge! Er war zufrieden, als ich ihm von Eurer Arbeit erzählte. Ich soll schön grüßen!
Dem Vater muss ich gleich, wenn er nach Hause kommt, von dem Anruf aus Windhoek erzählen, den ich gerade entgegengenommen habe: Herzliche Bitte um die Exegese in der nächsten Kirchenleitungssitzung! Als ich hörbar stöhnte, wurde die Exegese nur zur Andacht! Dann aber kam der nächste Auftrag, die Bitte um einen Bericht, wie die Arbeit der VEM in früheren Zeiten gelaufen wäre und wie sie aufgehört habe!??! - Ja, und bitte auch den Reisesegen sprechen!
Der Gemeindebrief ist fertig! Ich lege ihn Euch mit ein. Kaporroporro hat heute Nachmittag tüchtig geholfen beim Falten und Stempeln. Sie macht solche Dinge liebend gern und sehr gut. Gestern in Usakos gab es nach dem Gottesdienst die ersten dicken Tränen. Die junge Frau Hofmann musste sich von uns schon verabschieden, weil sie in die Weihnachtsferien nach Kapstadt fährt. Töchterlein Brigitte, mein „Gottesdienstschützling", lief laut weinend aus der Kirche! Vorher hatte sie mir einen Weihnachts-Gebäckteller überreicht und ein kleines Päckchen - wohl einen Südwester Halbedelstein - mit der dringenden Bitte, es aber ja noch nicht zu öffnen! Ich versprach es ihr. Ich versprach ihr auch, ihr aus Deutschland ein Janosch-Buch zu schicken. Hoffentlich habe ich sie damit ein

wenig trösten können!

Ganz viel Freude für Euch in Nürnberg, in der Sebalduskirche und auf dem Christkindl-Markt! Und begeht unseren 34. Hochzeitstag würdig!

Heiße Grüße

Mutti

Omaruru, am 11. Dezember 1987,
zwei Tage vor unserm großen Abschiedsgottesdienst
in Omaruru, verbunden mit der Weihnachtsfeier
von Kindergottesdienst und deutscher Privatschule

Hallo, Ihr Lieben,

wir sind ganz schön am Flattern und, um es mit Manfred Kyber zu sagen: dabei mit den „Flügeln zu schlagen“! Vater meinte soeben: „Hast Du geschrieben??“ - Ich tue es ja schon!!

Die Nerven behält allein Kaporroporro! In ihrer typisch stolzen Herero-Souveränität schwingt sie das Staubtuch, gebraucht sie den Besen, schiebt sie mich sanft vom Waschbecken - allein ihre Domäne! - fort, ist sie die Ruhe in Person. Und dabei immer freundlich, adrett und sauber. Gerade kommt sie von den lieben von Grüters, wo sie das Flat in Ordnung gebracht hat, in dem wir den Landespropst von Sonntagabend auf Montag unterbringen werden. Bei uns im Flat überm Hof werden Kirschnereits schlafen. Dieter Esslinger mit seiner Frau Adelheid wollen am Sonntagabend noch nach Windhoek zurückfahren.

Ise murmelte gestern abend etwas von Überraschungsgästen, die bei ihnen wohnen würden. Irgendwie ist uns zu Ohren gekommen, dass Amei Waetzoldt einen Chor zusammengetrommelt habe, mit dem sie uns überraschen will. Und nun stellt Euch Euren Vater vor, der das Programm des Gottesdienstes doch „fest in der Hand" haben muss! „Wie denken die sich das nur? Wo soll ich sie einsetzen? Das muss ich doch alles wissen....!"
Einige Stunden später....! Das Programm mit Liedern, Lesungen usw. ist fertig! Liegt diesem Brief bei! Das Mittagessen ist auch vorüber. Heute Nachmittag wollen wir zu Frau Joste auf die Farm im Bezirk Karibib; sie liegt krank zu Bett. Anschließend geht es noch weiter nach Usakos, den Abschieds- und Weihnachtsgottesdienst dort zu besprechen.
Zu berichten ist noch von bereits stattgefundener Weihnachtsfeier und offiziellem Abschiedsabend in Karibib: Alle waren schrecklich engagiert und aufgeregt. Die Kinder der Spielschar sollten nach ihrem Vorproben etwas zu essen bekommen. Dazu hatten sie 50 Würstchen bestellt. Die Rechnung dafür war angekommen, aber die Würstchen nicht! Da haben die Karibiber kurz entschlossen bei der Schlachterei Hinterholzer in Omaruru angerufen und dort noch einmal 50 Würstchen bestellt, die wir mitbringen sollten.
Als wir die Würstchen vor unserer Fahrt abholen wollten, sagte uns Frau Hinterholzer, sie habe die Würstchen schon jemand anderem mitgegeben. In Karibib angekommen, stürmen die Damen Boost und Liedtke auf uns zu: „Sie haben

doch hoffentlich die Würstchen??!!" Wir hatten sie nicht! Niemand hatte sie! Und sie sind auch bis zum Ende des Abends nicht aufgetaucht! Man holte im Ort welche im Glas!
Aber sonst haben alle ihr Sache gut gemacht! - Halt, nicht alle! Ich musste ermahnt werden! „Tante Schankweiler, Du hast uns noch gar nicht die Geschenke überreicht!", erinnerte mich Corinna. Ich aber schnell zum Auto, wo die Riesenbonbongläser bereit standen! Die richtigen Geschenke aus der Parkbuchhandlung Bad Godesberg bekommen sie ja erst nach ihrem Spiel in Omaruru! Dank für Euer Besorgen!
Für heute in Liebe
Mutti

Omaruru, am Montag, nach unserm großen offiziellen Abschiedsgottesdienst, am 14. Dezember 1987

Liebe Anne, lieber Udo,
im Esszimmer und draußen auf der Veranda sitzen sie noch alle beim Frühstück. Ich habe mich davongestohlen, weil ich Euch schnell ein paar Zeilen schreiben will, denn dann kann der Brief gleich mit unseren Gästen nach Windhoek gehen und ist schneller bei Euch. Sie sitzen sehr nett da am Tisch, der Landespropst Wilfried Blank, Kirschnereits und Vater und halten „Nachbesprechung" von gestern. Es war ganz großartig, alles! Vor der Kirche kein Parkplatz mehr. In der Kirche kein Platz mehr frei. Omaruru, das war klar, aber auch aus

Kalkfeld waren fast alle Gemeindeglieder gekommen. Aus Windhoek der Landespropst, Dieter Esslinger als Vorsitzender der Synode der DELK und als Freund der Familie und viele andere. Auch Swakopmund war gut vertreten, natürlich Gotthardt und Ursel Rethemeyer.
Die Kinder spielten mit einem geradezu heiligen Ernst. Barbara Caspers hat wieder Großartiges geleistet. Die Predigt, die Gesänge, die Ansprache vom Landespropst, - ach, ich muss Euch später alles in Ruhe berichten, es war ein so reicher, rundum schöner Gottesdienst, und wir sind bei aller Wehmut sehr, sehr dankbar.
Im Köllingsaal zur Nachfeier die Tische fein weihnachtlich gedeckt. Phantastische Kalte Platten, von den Gemeindegliedern zusammengetragen. Viele Reden, viel Singen und immer wieder Grußworte... Auch Christian Zeraua war da und hielt seine Ansprache in Deutsch! Besonders bewegend!
Die Gemeinde schenkte uns einen Karakulteppich, in der linken Ecke eingewebt unsere Kreuzkirche in Omaruru! Der Kindergottesdienst hat eine Krippenlandschaft aus Holz gebastelt, unter die Figuren haben die Kinder ihre Namen geschrieben!
Ich schreibe heute Abend noch einmal extra, habe jetzt doch nicht die rechte Ruhe dazu.... Es ist alles so voller Emotion, denn die letzten Tage, letzte Begegnungen, das alles ist nicht nur Abschied von Omaruru, von Afrika, sondern bedeutet ja auch Abschied aus dem Dienst. Eine Woche haben wir jetzt Zeit zum Packen der Seekiste, in zwei Wochen ist Weihnachten schon vorbei, und in drei Wochen wird uns die „Achille

Lauro" an Bord nehmen.

Wir wünschen Euch gesegnete Advents- und Weihnachtsgottesdienste!

Mutti

Omaruru, den 21. Dezember 1987

Liebe Anne, lieber Udo,

ich sitze an meiner noch nicht eingepackten Schreibmaschine im Esszimmer. Um mich her raschelt es von Packpapier, klappert es von Küchengeschirr, stapeln sich die Bücher, sind drei schwarze Arbeiter und ein Kleurling als Chef mit stöhnendem Eifer beschäftigt, unseren Hausrat einzupacken, den wir vor dreieinhalb Jahren auf den Weg nach Afrika gegeben haben. Die Packer kamen heute früh um 6 ½ Uhr. Kaporroporro ist gerade in den Ort gelaufen, um in der Bäckerei Benz/Meyer Brötchen zu kaufen, damit die Arbeiter sich gleich erst einmal stärken können! Bevor die Schreibmaschine als letztes Stück verstaut wird, will ich auf ihr noch einen letzten Gruß schreiben. Gestern kamen wir um weit nach 12.00 Uhr Mitternacht von Usakos zurück, wo wir mit der Gemeinde den Weihnachtsgottesdienst begangen haben und zugleich unsern Abschied von dort. Einfach lieb, die Usakoser! Herr Hofmann konnte vor Rührung kaum sprechen, als er uns ein von Karin Erbslöh gemaltes Aquarell überreichte. Bei seiner Ansprache erwähnte er auch Euch, wie Ihr bei Eurem Hiersein im Gottes-

dienst so wunderschön gesungen und musiziert hättet! Für das gesellige Beisammensein anschließend hatten die Usakoser hinten in der Kirche einen Tisch aufgestellt, ihn hübsch gedeckt, und sie servierten Kartoffelsalat, Wein und Gebäck. Im Hintergrund siedete sogar ein Topf mit heißem Wasser, in dem die Brühwürstchen schwammen! Zu den üblichen Gottesdienstbesuchern hatten sich noch viele andere Gäste gesellt, so dass wir eine beachtliche Schar waren. Herr Hofmann meinte denn auch schalkhaft, wir sollten es der Kirchenleitung nur ja nicht verraten, wie zahlreich die Gemeindeglieder vertreten waren, sonst müssten sie gleich höhere Abgaben erbringen!

Euer Anruf gestern Mittag so schön! Ich hoffe, alle Post ist inzwischen angekommen?
Am Mittwoch nach meinem Handarbeitskreis sind wir mit Ise und Wilhelm noch losgefahren zum Waterberg. Auf Klein-Hamakari bei den netten Diekmanns - Vater hat sie vor 30 Jahren getraut - aßen wir draußen auf der Veranda zu Abend. Am nächsten Morgen früh um 6.00 Uhr fuhren wir mit dem Vierrad-Antrieb-Geländewagen hoch auf das Waterberg-Plateau. Herr Diekmann ist ein ausgezeichneter Kenner der Geschichte des Landes, der Geographie und der Menschen, und er spricht bestes Otjiherero. Wir konnten viel bei ihm lernen.
Zum Glück war der Himmel bedeckt, die befürchtete Sonnenglut blieb uns erspart. Die Büsche oben grün! Die sandige,

rote Erde gab dem Land einen schönen warmen Ton; ich fühlte mich fast ein wenig an eine deutsche Heidelandschaft erinnert. Viel Wild konnten wir beobachten, leider keine Nashörner, die es hier im Gebirge noch geben soll. Die Packer sind gleich fertig. - Ich verabschiede mich von meiner Schreibmaschine und wünsche ihr eine gute Fahrt über den Ozean!

Ise bot mir freundlicherweise für den Rest unserer Omaruruer Tage ihre Maschine an. Bleibt gesund und wohl behütet,

Mutti

WEIHNACHTEN 1987

Am Morgen des 24. Dezember um 10.00 Uhr war alle Arbeit

im Hause getan. In den fast leeren Räumen hatten wir ja auch kaum noch was zu richten. Es ist schon bemerkenswert, mit wie wenig der Mensch im Grunde auskommen kann! Immanuel kam und wurde beschert. Wir haben ihn diesmal besonders glücklich machen können, weil wir ihm neben seinem Geldgeschenk auch viele schöne Sachen auf den Gabentisch legen konnten, die wir für ihn beim Packen zurückbehalten hatten. Er küsste seine neuen Schuhe! Die schwarze Anzugjacke probierte er gleich an und sah tatsächlich todschick darin aus! Als er noch meinen Mantel bekam - wer hat schon in Afrika für einen solchen Luxus Geld! - der mich eigentlich auf meiner Rückreise in den kalten deutschen Winter wärmen sollte, war er selig! Strahlend vor Freude schaute er immer wieder von uns zum Himmel! Ich kann ja, wenn wir im Januar ins kalte Gewässer des Nord-Atlantik schiffen und in South Hampton an Land gehen, mir nun wirklich einen dicken, warmen Pullover unter meinen Anorak anziehen!

Gegen 11.00 Uhr kamen Hermann und Gundel auf ihrer Fahrt zur elterlichen Farm, wo sie mit der ganzen Familie Redecker Weihnachten feiern wollen, bei uns vorbei. Rolf wollte mit Hermann noch einige dienstliche Dinge klären. Hermann hatte sich bereiterklärt, die Andachten im Altersheim Otjiwarongo zu übernehmen, bis im Februar ein neuer Pfarrer kommt. Zum Schluss mussten wir noch einen Blick in ihr Auto tun: da stand ein Karton, und in dem Karton wimmelte und krabbelte es von kurz zuvor ausgeschlüpften goldgelben Küken! In einem zweiten Karton saß die Henne, die Mutter der kleinen süßen Tierchen. Ein köstlicher Anblick! - Sie haben die Tiere nicht auf ihrer Farm zurücklassen wollen aus Sorge, dass sie vielleicht nicht die richtige Pflege bekommen würden.

Nachdem sie fort waren, kam Christian Zeraua, festlich angezogen, uns zu Weihnachten zu grüßen und vor allem, um sich von uns zu verabschieden. In der Hand trug er ein in Weihnachtspapier gehülltes Päckchen, die „Betenden Hände" von Albrecht Dürer. Rolf und ich waren sehr bewegt, als er uns den Sinn gerade dieses Geschenkes erklärte. Die „Betenden Hände", so sagte er uns, sollen ein Zeichen sein dafür, dass sich unsere Gebete, das seine in Afrika und das unsrige in Deutschland miteinander immer wieder verbinden mögen!

Am Nachmittag gegen 16.00 Uhr fuhren wir zur Christvesper nach Otjiwarongo, für die Autofahrt so leicht wie nur möglich gekleidet. In der Sakristei zogen wir uns um und hörten auch schon Hannalies Adam-Wienecke und noch zwei andere Flötistinnen ihre weihnachtlichen Weisen proben. Die Kirche war gut besetzt. Rolf predigte über das Wort aus dem 1. Kapitel des Johannes-Evangeliums: „Wir sahen seine Herrlichkeit ..." Ich habe mich über seine Auslegung sehr gefreut. Sie bezog auch das Krippenspiel der Kinder mit ein. Der kleine Buchmann-Sohn hatte als Hirte lautstark und voller Hingabe aus dem Lied: „Was soll das bedeuten, es taget ja schon ..." den Vers gesungen: „Ich hab nur ein wenig von weitem geguckt, da hat mit mein Herz schon vor Freuden gehupft ...". Dieses „noch von weitem ... noch von unterwegs ... noch nicht in aller Nähe und Herrlichkeit ... - aber doch Feuer gefangen!" ging mir recht nah. Wir dürfen, wie die Hirten, Funken der Liebe Gottes in die Welt sprühen.

Nach dem Gottesdienst haben wir vor der Kirchentür in Otjiwarongo noch sehr nett als richtige kleine „Missionsfamilie" beieinander gestanden: Hedi Wienecke und Hannalies, Regine Kroll, die von der Farm Schneider/Waterberg gekommen war, Nelde Brockmann/Pönnighaus, und Ursi Klink/Brockmann, alle irgendwie „Missionsverwandte"!

Eine Rückfahrt bei uns blendender untergehender Sonne blieb uns erspart; erfrischender Regen aber ließ uns durchatmen! Zwei prächtige Kudubullen am Straßenrand grüßten elegant!

In Omaruru hatten wir eine gute halbe Stunde Zeit, uns mit Cola und einem „Ohnmachtshappen" zu stärken, das Christvesperprogramm auf Karibib einzustellen, mein Choralbuch mit Klammern und Zettelchen für die vielen Weihnachtslieder zu ordnen, und auf ging's durch Staub und Hitze, am Erongo-Gebirge vorbei, zum Weihnachtsgottesdienst nach Karibib. Der Gottesdienst war auf 22.30 Uhr festgesetzt. Wir wussten, hier würden wir nur eine kleine Gemeinde sein. Überrascht und beschämt durften wir dann aber feststellen, dass der Kirchsaal sehr gut besetzt, ja, fast voll war. Auch viele katholische Gemeindeglieder waren gekommen. Der kleine Chor hatte schon mal vorgeprobt. Wir sangen unter anderem:„Inmitten der Nacht ..." und den Kanon: „Mache dich auf und werde licht“. Renate Boost und Margrit Brockmann begleiteten mich mit ihren Querflöten am Harmonium. Es war ein fröhliches Singen und Klingen bei der Christvesper am Heiligen Abend zu Karibib.

Der Autostop unter dem Heilig-Abend-Sternenhimmel, wie wir ihn in der Heiligen Nacht im Jahr zuvor so stimmungsvoll auf der Strecke zwischen Karibib und Omaruru erlebt haben, war uns diesmal nicht vergönnt. Stattdessen aber ward uns das Geschenk eines kräftigen Regenschauers zuteil!

Wie sehr haben wir uns der Ruhe und dem Frieden am Morgen des 2. Weihnachtstages überlassen und beides von Herzen genossen! Nach dem Frühstück sind wir noch lange auf der Veranda zum Garten hin sitzen geblieben. Auf dem Tisch lag die viele Weihnachtspost. Die Edeltannenzweige aus den Weihnachtspäckchen aus Deutschland verströmten einen würzigen Duft, der sich mit dem aus unserm subtropischen Garten vermischte! Neben uns im Gummibaum hüpfte ein Paradiesvogel mit einem langen Schweif von Ast zu Ast. Sein Weibchen daneben hatte einen viel kürzeren Schweif, war auch nicht ganz so hübsch bunt! Wir beobachteten diese so gar nicht furchtsamen, farbenfroh gefiederten Vögel, wie sie trippelten, pickten, spielten und uns schließlich doch davon flogen. Wie ein schöner grüner Teppich lag der Kikuyurasen vor uns. Rolfs Pflege ist ihm gut bekommen. Immer wieder hatte er vom Ufer des sandigen Flussbettes die angeschwemmte gute Humuserde angekarrt, und immer wieder hatten Ise und Wilhelm uns mit Rat und Tat geholfen und ihren

Johannes ausgeliehen, so dass diese herrliche grüne Fläche hatte entstehen können. Links neben dem Rasen zeigt der „Pride of India“ seine zart-rosa Bällchen. In beinahe paradiesischer Üppigkeit und Schönheit hängen die rot-violetten Bougainvilleablüten an ihrem Geäst. Um den hohen Palmenstamm hat sich eine Glyzinie empor gerankt; ihre blassblauen Blütenblättchen rieseln in den Sand. Der Golden Shower über dem Gartenzaun leuchtet zu uns herüber. Weihnachten in Afrika! Sehe ich im Nachhinein alles verklärt?

DAS SCHIFF LIEGT SCHON IM HAFEN

Letzte Stunden in Omaruru. Noch einmal gehe ich durch alle Räume, durch den Garten. Die Koffer sind gepackt, das Auto wartet draußen. Wir haben Abschied genommen von so vielem Liebgewordenen, - das Herz ist voll, übervoll und ganz schwer! Es ist schwer und voll von Dankbarkeit für unendlich viel erfahrene Liebe und Freundlichkeit. Es ist aber auch schwer, weil es viel Schuld und Versagen tragen muss. Wie tröstlich ist es da, um Vergebung und Versöhnung zu wissen. Und dabei wird mir das Herz plötzlich ganz weit, leicht und frei!

Die Kunstmalerin Eva-Maria Linsmayer brachte mir vor ein paar Tage das Gedicht von Hermann Hesse. Ich lese es gern, immer noch einmal:

Es muss das Herz bei jedem Lebensrufe

bereit zum Abschied sein und Neubeginn,
um sich in Tapferkeit und ohne Trauern
in andere, neue Bindungen zu geben.
Und jedem Anfang wohnt ein Zauber inne,
der uns beschützt und der uns hilft zu leben.

Wir sollen heiter Raum um Raum durchschreiten,
an keinem, wie an einer Heimat hängen,
er will uns Stuf um Stufe heben, weiten.

Kaum sind wir heimisch einem Lebenskreise
und traulich eingewohnt,
so droht Erschlaffen.
Nur wer bereit zu Aufbruch ist und Reise,
mag lähmender Entwöhnung sich entraffen.

Es wird vielleicht auch noch die Todesstunde
uns neuen Räumen jung entgegensenden,
des Lebens Ruf an uns wird niemals enden...
Wohlan denn, Herz, nimm Abschied - und gesunde!

So, als führen wir wie gewohnt zum Dienst nach Karibib, Swakopmund und Walvis Bay, stiegen wir in unser Auto, Rolf ans Steuer, ich mit den wichtigsten Dingen für unterwegs daneben, wie immer. Und doch war es unsere allerletzte Fahrt, und sie ging geradewegs nach Walvis Bay, zum Hafen, zum Schiff. Rolf hatte es sich gewünscht, mit dem eigenen Dienstwagen bis ganz nahe an den Überseedampfer fahren zu dürfen! Ise und Wilhelm kamen in ihrem Auto ebenfalls mit nach Walvis Bay, und sie wollten sich dann für die Fahrt zurück nach Omaruru trennen, der eine blieb in seinem Privatwagen, der andere steuerte unsern Toyota heim. Zum letzten Male durchfuhren wir das Busch- und Steppenland, die Omaruru-Kuppe wurde kleiner, dann blieb zuerst der Kranzberg, danach auch das Erongo-Gebirge hinter uns. Karibib und Usakos, die einzigen Städte bis zur Küste, liegen am frühen Morgen noch wie ausgestorben in der Sonne. Zum letzten Male durchqueren wir die Namib, grüßen wir zur Spitzkoppe hinüber.

Im Hafen liegt die „ACHILLE LAURO". 23.629 BRT hat dieser große und prächtig anzuschauende Luxusliner der Italienischen Schifffahrtslinie des Lloyd Triestino aufzuweisen. Das Schiff ist von Südafrika gekommen, wo es rund um die Südküste zu Kreuzfahrten unterwegs war. Nun auf der Rückfahrt in den Heimathafen Neapel nahm es in Walvis Bay noch einmal Touristen auf. Es waren nur wenige, die an Bord gingen. Aber viele Menschen waren gekommen, um dem Schauspiel eines Überseedampfers im Hafen mit An- und Ablegen zuzusehen. Es war wirklich ein stolzes und schönes Schiff, das da so sicher vor Anker lag. Viele, viele Freunde und Bekannte standen Abschied nehmend bei uns. Binnen kurzem würde der große Überseedampfer, von Lotsenschiffen geleitet, in See stechen und uns aufs Meer hinausbringen, gen Norden, nach Europa. Natürlich waren wir voller Spannung, Erwartung und

auch Freude. Wie gut nur, dass ich es vorher nicht gewusst habe! Die so sicher und unbezwingbar ausschauende ACHILLE LAURO war nämlich ganz und gar kein „unbeschriebenes Blatt“! Sie hatte längst Geschichte gemacht! 1947 erbaut, war sie eigentlich von Desaster zu Desaster gesteuert. 1972 brach bei Renovierungsarbeiten im Hafen von Genua im Maschinenraum Feuer aus. Die Ursache war Brandstiftung. Drei Jahres später kollidierte der Liner mit einem Libanesischen Frachter. Vier Besatzungsmitglieder des Frachters starben. 1976 begannen juristische Probleme. Die Reederei wurde wegen verbotenen Glücksspiels verklagt. Wegen unbezahlter Rechnungen wurde die ACHILLE LAURO sogar vorübergehend beschlagnahmt. 1981 brach erneut Feuer an Bord des Kreuzfahrtschiffes aus. Zwei Menschen kamen ums Leben. Zwei Jahre später blockierten Gläubiger das Schiff, das erstmals Kreuzfahrtgäste von einem italienischen Hafen aus nach Shanghai brachte. Verfilmt worden ist die Kaperung der Achille durch die terroristische Hamas-Bewegung vor Malta im Mittelmeer. Dabei wurde ein US-Amerikaner in seinem Rollstuhl über die Reeling ins Meer gestürzt.
Von alledem hatten wir keine Ahnung. Wir erlebten eine rundum sorglose und erholsame Seereise. Sechs Jahre später aber kam die Nachricht durchs Fernsehen: Die Achille Lauro, dieses große und schöne neapolitanische Schiff ist vor der Küste Ostafrikas, vor Somalia gesunken! Die Traumschiffreise damals hatte für die Passagiere auf hoher See ihr Ende gefunden. Wieder einmal war im Maschinenraum Feuer ausge-

brochen. Die Passagiere konnten zum Glück alle gerettet werden.
Uns war es an Bord sehr gut ergangen. Gesund und wohlbehalten sind wir nach zwei Wochen ungetrübter Seereise im Hafen von Southampton an Land gegangen. Drei Tage blieben wir in London, wohnten im Westen der Stadt im German CVJM-Hotel und überließen uns von dort aus der Wiederbegegnung mit dem alten Europa! Die hektische Betriebsamkeit und der allseits um uns wogende Verkehr der Weltstadt forderten unsere Umgewöhnung. Die Stätten abendländischer Kultur, die Kirchen, Schlösser, Parks , Museen, - wir packten in die wenigen Tage so viel wir konnten! In St. Pauls Cathedral empfingen wir mit Christen aus aller Welt das Abendmahl und kamen uns dabei gleichsam vor wie eine feiernde Gemeinde auf einer stillen Insel inmitten der betriebsamen Welt! Ob der Schönheit und Größe des Gotteshauses Westminster Abbey hielten wir unwillkürlich den Atem an! Zum Even Song fanden wir unsern Platz vorn im Chorgestühl. Die Disziplin des Chores, die Ästhetik um uns her war beeindruckend und sehr bewegend. War die Königin zu Hause? - Diana lebte noch! Zum Glück mussten wir nicht wissen, was sich hinter den Mauern des Buckingham-Palastes tat!

HEIMKEHR

Und dann waren wir wieder zu Hause! Daheim im deutschen

Vaterland! Köln - Hauptbahnhof! Um uns rauscht der Verkehr, wogt der Lärm. „Das ich das noch erleben darf!“, flüstert uns Anne ins Ohr! Die Ansagen der Bahnbediensteten dröhnen durch die Lautsprecher. An- und abfahrende Züge rattern und quietschen an uns vorüber. Das Stimmengewirr summt um uns her. Wir aber liegen uns in den Armen und nehmen alles wie im Traum wahr. Wir sind wieder in Deutschland. Wir sind wieder in der Heimat. Wir sind Heimkehrer. Wir sind wieder zu Hause.

Stimmt das alles? Sind wir wirklich wieder zu Hause? Liegt unser zu Hause nicht auch in Afrika? Oder sind wir gar heimatlos geworden? Heimatlos, weil wir unterwegs, „auf Pad“ waren, immer wieder wandern mussten? Wir haben Bande geknüpft - und mussten sie wieder loslassen; wir haben Wurzeln geschlagen - und mussten uns wieder losreißen. Und nun nirgendwo mehr richtig daheim?

Auf dem Friedhof in Omaruru liegt unter hohen Zypressen die Grabstätte des Missionars August Kuhlmann und seiner Frau Elisabeth. Auf dem Grabstein eingemeißelt sind die Worte:

EHA RETU RI RI MEJURU

(zu deutsch: Unsere Heimat aber ist im Himmel!)

Ich glaube, das gilt es zu buchstabieren! Immer und immer wieder! Bis wir einst ganz zu Hause sind - und dann wirklich am Ziel!

Wir bezogen unsere neue Wohnung in Remagen am Rhein.

Am Abend unserer Ankunft standen wir auf dem Balkon unseres Hauses, schauten auf den etwa 30 Meter vor uns fließenden Strom, sahen die erleuchteten Personenschiffe vorübergleiten und hörten das gleichmäßige Tuckern der rheinabwärts- oder rheinaufwärts ziehenden Frachter. Auf der gegenüberliegenden Rheinseite blinkten die Lichter der „Bunten Stadt am Rhein", die Lichter von Linz, in den Abendhimmel. Wie eine märchenhafte Kulisse ragt hinter der Stadt der Westerwald empor. Für uns, die wir aus der Trockenheit Südwestafrikas, aus Busch, Steppe und Wüste gekommen waren, ein fast unwirklich zauberhaftes und schönes Bild! Dass uns keine zwei Monate später buchstäblich „das Wasser bis zum Hals" stand, und dass wir im klassischen Hochwasser saßen, unser Haus gleichsam eine Insel im Rhein geworden war, steht auf einem anderen Blatt!!

In Remagen war es, wo wir am 9. November 1989 das Wunder miterleben durften, dass der „Eiserne Vorhang" fiel, dass aus Ost - und West - wieder ein Deutschland geworden war.

Rolf fuhr am Sonntag, dem 12. November, an die Grenze bei Herleshausen, die nun keine Grenze mehr war, um dem wunderbaren, so herrlich aufregenden Geschehen ganz nahe zu sein! Anne und ich waren währenddessen in beschwingter Freude damit beschäftigt, Plätzchen für Advent und Weihnachten zu backen! Udo weilte haargenau zu dieser Zeit in Südwestafrika/Namibia. Die ersten demokratischen Wahlen zur Unabhängigkeit des jungen selbständigen Staates Namibia sollten stattfinden. Udo hatte sich freiwillig als Wahlhelfer gemeldet. Beweggrund war, so möchte ich meinen, die Liebe zu Land und Leuten gepaart mit einem Verantwortungsgefühl, das bei seinen zweimaligen Besuchen mit Anne bei uns in Afrika entstanden und gewachsen war. Man mag an Exupery denken und seinen Satz: „Wir sind zeitlebens für das verantwortlich, was wir uns vertraut gemacht haben!" Aber mit ihm gab es noch 400 Bewerber! Und 34 wurden nur gebraucht! Im Außenministerium fand eine kritische Prüfung und ein sehr genaues Auswahlverfahren statt. Die Examinatoren erwarteten ein profundes Wissen der Bewerber insbesondere über das politische Geschehen in der jüngsten Geschichte im südlichen Afrika. Udo meinte hinterher: „Das war das strengste Examen meines Lebens!" Kein Wunder, wenn man aus Lust und Liebe zu Afrika ein wenig „hochgestapelt" hat!! Das Bewerbungsformular enthielt u. a. die Frage: Beherrschen Sie eine Sprache des Landes? Und unser Udo, der nur zweimal in seinem Leben je vier Wochen mit Anne bei uns in Omaruru war, schreibt: „Ja! Afrikaans!" Mich selbst befällt noch ein heißer Schrecken bei dem, was bei der Prüfung dann geschah: In perfektem Afrikaans fragt ihn plötzlich der Vorsitzende der Prüfungskommision, der selbst einige Jahre im diplomatischen Dienst in Kapstadt war,: „Sie sprechen afrikaans, wo haben Sie die Sprache gelernt?" Immerhin, ein paar Brocken kannte er zum Glück, und das rechnete man ihm wohlwollend gnädig an! Auch, dass der Schwiegervater kein Farmer war, sondern ehemaliger Missionar und deutscher Auslands-Pfarrer und ih-

rer Meinung nach somit unparteilich, wurde positiv gewertet! Als aber dann doch ein paar Tage vergingen, ohne dass er einen Bescheid erhielt, fragte er im Außenministerium nach. Die Antwort war: „Wenn auch nur zehn Leute genommen werden, sind Sie dabei!“ Udo wurde als Wahlbeobachter der UNTAG als einer der Wenigen ins Ovamboland nach Onandjokue entsandt.
In Afrika: Freie demokratische Wahlen!

Und zur gleichen Zeit in Deutschland: Der Fall der Mauer in Berlin und das Aufgehen des „Eisernen Vorhangs“!
In mir jubelt es immer noch, wenn ich all das bedenke, und ganz besonders vor dem Hintergrund der so beladenen und belasteten deutschen Geschichte!

Und genau vor diesem Hintergrund möchte ich auch den Sonnabend im November 1993 sehen:
Die Stadt Remagen hat unter ihrem Bürgermeister Kürten die „Ehemaligen Kriegsgefangenen in den Rheinwiesen“, die nach dem 2. Weltkrieg in amerikanische Gefangenschaft geraten waren, zu einem Treffen in die Rheinhalle geladen. Das Besondere an diesem 5. Treffen war die Tatsache, das zum ersten Male seit 1945 die ehemaligen Kriegsgefangenen aus Ost- und Westdeutschland, die damals gemeinsam gekämpft und gelitten hatten, die gemeinsam Lüge, Niederlage und Versagen bewältigen mussten, dort bei den Türmen der viel genannten und inzwischen berühmt gewordenen „Brücke zu

Remagen“ wieder beieinander sein konnten!

Rolf, ebenfalls ein Heimkehrer aus der Kriegsgefangenschaft, allerdings im November 1945 aus Russland, war um die Predigt zu Beginn des Tages gebeten worden. In der Zeitschrift: „Friedensmuseum Remagen“, Nr. 26, erscheint unter den Mitteilungen von Bürgermeister Hans-Peter Kürten der Beitrag dazu:

FRIEDENSMUSEUM • REMAGEN

Mitteilungen

FÜNFTES HEIMKEHRERTREFFEN DER KRIEGSGEFANGENEN IN REMAGEN

Das fünfte Kriegsgefangenentreffen wurde von nahezu 700 Ehemaligen besucht und war trotz des widrigen kalten Novemberwetters ein voller Erfolg. Es begann mit dem sehr ergreifenden ökumenischen Gottesdienst, bei dem Pfarrer Birtel

eine kurze Einleitungsansprache und anschließend Herr Pfarrer a.D. Schankweiler folgende beachtenswerte Predigt hielt:
Psalm 126: „Wenn der Herr die Gefangenen Zions erlösen wird, so werden wir sein wie die Träumenden..."
Verehrte Damen und Herren,
liebe Brüder und Schwestern, insbesondere Ihr lieben ehemaligen Kriegsgefangenen in der Goldenen Meile zwischen Remagen und Sinzig!
Psalm 126, das ist der Traum von Freiheit und Erlösung, der Traum von Frieden und Liebe unter den Menschen, der Traum von Sicherheit und Geborgenheit. Wer je in Gefangenschaft gewesen war, wer je die bittere Erniedrigung, den Hunger und die Schwachheit des Leibes erlebt hat, wer je das Sterben der Kameraden miterlebt hat und wer der Rache und der Vergeltungssucht der Menschen anheim gefallen und hilflos der Gunst oder üblen Laune der Feinde ausgeliefert war, wer je im Dreck gelegen hat, der versteht dieses Lied Israels! Der versteht diese unaussprechliche Freude und den verhaltenen Jubel bei der Befreiung!
Und waren nicht auch wir die Träumenden, damals, als sich die Tore der Gefangenschaft für uns öffneten, als wir nach Kälte und Hunger, nach Obdachlosigkeit und Elend wieder nach Hause durften, zurück zu Frau und Kindern, zu Eltern und Freunden, als wir endlich heimkehren durften?! Heimkehren zu dürfen ist eine besondere Gnade!
Wenn jemand längere Zeit von zu Hause fort war und heimkehrt, dann bringt er in der Regel gern etwas mit. Das ist gute

Sitte bei uns, das nimmt der schmerzlichen Trennung und der Zeit des Alleinseins ein wenig von seiner herben Traurigkeit. Wir, die wir als Kriegsgefangene und Heimkehrer vor etwa 48 Jahren zu unseren Lieben in die Heimat zurückkamen, wir hatten ihnen nichts mitzubringen! Auf dem Leibe trugen wir unsere alte, farblich verschossene, unansehnliche und abgeschabte Uniform, die nichts mehr wert war - wie die Ideale, an die wir geglaubt hatten. Abgemergelte und ausgezehrte Gestalten, so kamen wir heim! Und nachts träumte ich noch lange davon und mir fällt dabei der Titel des Buches ein: „Du hast mich heimgesucht bei Nacht." Nein, wir hatten leere Hände, mitzubringen hatten wir nichts! Wirklich nichts?? Oder doch??

Im Lied der freigewordenen Gefangenen Israels heißt es: „Die mit Tränen säen, werden mit Freuden ernten ... sie gehen hin und weinen und tragen edlen Samen ... sie kommen mit Freuden und bringen ihre Garben ..."

Auch wir haben Garben, nämlich unbezahlbar wertvolle Dinge, Erkenntnisse und Erfahrungen mitgebracht aus unserer Gefangenschaft! Was denn??

1. WIR WAREN DANKBAR!

Bei uns zu Haus hängt unten im Flur seit fast 4 Jahren ein großes Poster (ich spreche übrigens davon besonders gern der Teilnehmer aus unseren neuen Bundesländern wegen, die heute zum erstenmal nach dem Fall der Mauer mit bei diesem Treffen sind - und die wir darum besonders herzlich begrüßen!). Dieses Plakat zeigt das Brandenburger Tor, offen! Und wie die Träumenden ziehen die Menschen an jenem 9. November 1989 hindurch! Aber das ist noch nicht das Besondere. Unter dem geöffneten Tor stehen die Worte: „Nun danket alle Gott mit Herzen, Mund und Händen!"

Ich hatte dieses Plakat zuvor im großen katholischen Hospital in Bad Neuenahr hängen sehen und mir dann sogleich beim Verlag besorgt. Und ich weiß, dass in jener Nacht ein Mann auf der Mauer gestanden hat und mit seiner Posaune diesen Choral geblasen hat: „Nun danket alle Gott!" Das heißt also: Dank hat ein Gegenüber. Dank hat eine Adresse. Dank ist nicht nur ein Wort, ist nicht nur ein Selbstgespräch, nicht eine Phrase, ist auch nicht in den Wind geredet - wie so vieles wird heute als leere Worthülse in den Wind geredet -, sondern meint als Gegenüber die Person des lebendigen Gottes! In einer Unterhaltungssendung trat neulich im Fernsehen ein Männerchor mit dem Lied aus dem Großen Zapfenstreich auf: „Ich bete an die Macht der Liebe ..." Ich glaubte meinen Ohren nicht zu trauen, als sie den guten und ursprünglichen Text: „Ich bete an die Macht der Liebe, die sich in Jesus offenbart" verändert hatten, und nun sangen sie doch tatsächlich: „...die sich in allem offenbart." In allem?? In unserm leichtfertigen, selbstgefälligen und immer egoistischer werdenden Leben und Treiben?? Warum schämt man sich, den Namen Jesus zu nennen, in dem sich doch allein die Liebe Gottes zu uns Menschen offenbart hat! Es ist schade, dass unsere Welt heute immer liberaler und gottferner wird. Das könnte einem das Herz zerreißen.

Zur Dankbarkeit gibt es ein historisches Beispiel aus der

deutschen Geschichte: Friedrich der Große hatte seine Generalität im Schloss Sanssouci in Potsdam an der Tafel um sich her versammelt, was jede Woche einmal geschah. In lockerer Stimmung und vorgerückter Stunde hatte der König sich in gedankenloser und auch ungerechtfertigter Weise den alten Husarengeneral, Hans-Joachim von Zieten, als Zielscheibe für seinen Spott ausgesucht. Der König hatte sich nämlich eine Woche vorher über Zieten geärgert, weil dieser seine Einladung zum Kollegium ausgeschlagen hatte mit der Begründung, an dem Tage sei Karfreitag und da gehe er zum Gottesdienst und zum Abendmahl. Nun sagte der König, den man auch gelegentlich den „Spötter von Sanssouci" nannte, zu Zieten: ,,Na, Zieten, wie hat ihm denn der Herrgott geschmekket?!" Wie über den spöttischen Worten des Königs unterwürfiges und billiges Gelächter losbrach, erhob sich der alte Haudegen Zieten von seinem Platz, trat vor den König, beugte sich tief, richtete sich wieder auf und sagte dann tapfer: „Majestät wissen, dass dieser Kopf dem König gehört, wie er ihm in der Schlacht bei Liegnitz und Torgau dem König gehörte. Über dem König aber steht Er, an den ich glaube. Ihn darf ich mir nicht so verhöhnen lassen. Da Eure Grenadiers in der kalten Nacht auf den Schlachtfeldern von Leuthen „Nun danket alle Gott" sangen, hat ihnen kein Spott die Wachtfeuer gelöscht. Der bei uns war in der Not. ihn zu verleugnen und zu vergessen im Glück, das will mir hundsföttisch erscheinen. Halten zu Gnaden."

Das war ein kühnes Wort, an der Tafel des Königs von Preu-

ßen gesprochen und alle, die es hörten, waren erschrocken - und beschämt. In die Totenstille hinein, die diesen Worten folgte, erhob sich der König, trat zu seinem alten General, reichte ihm die Hand und sagte: „Glücklicher Zieten!“ dann aber vergalt er den treuen und großen Mut mit dem seinen und war nicht karger als er: „Es soll nicht wieder geschehen!“, sprach er laut und frei in die Beklemmung der anderen - und war wieder König unter den Kerzen. Er winkte den Herren, sie seien entlassen, indessen er Arm in Arm mit dem Alten ins Kabinett ging. Das war, liebe Brüder und Schwestern, ein schöpferischer Augenblick deutscher Geschichte, die so reich ist an Gottesbegegnungen. Lasst uns den Samen der Dankbarkeit säen!
Ein weiteres Geschenk, das wir mitgebracht haben war
2. UNSER WISSEN UM DEN MENSCHEN UND UM DIE WUNDERBARE MÖGLICHKEIT EINES NEUANFANGS.
Als ich 1945 in der Tschechoslowakei in russische Kriegsgefangenschaft geriet, hatten wir gehört, dass die Demarkationslinie zwischen den Russen und den Amerikanern die Moldau sei. Da hatte uns nur der eine Gedanke beherrscht: nur ja nicht in sowjetische Gefangenschaft kommen, sondern hin zu den Amis! Und?? Ihr wart in amerikanischer Kriegsgefangenenschaft. Hattet Ihr es besser? Jedenfalls nicht in den ersten Monaten und nicht hier in den Rheinwiesen (l.200 Tote in drei Monaten Lager). Ob im Westen oder im Osten, wir begegneten dem Menschen demaskiert. Wir haben in Abgründe geschaut, - auch und gerade in die des eigenen Herzens. Der

größte deutsche Denker und Dichter Johann Wolfgang von Goethe. hat gesagt: ich kann mir keine Abscheuligkeit vorstellen, deren Keim ich nicht in mir vorfinde, zu der ich nicht auch fähig wäre. Dazu kam in diesen Tagen damals im Lager die Erkenntnis, der wir uns stellen mussten und die der evangelische Theologieprofessor Helmut Gollwitzer, der kürzlich verstorben ist, der zuerst Professor in Bonn und dann an der freien Universität in Berlin gelehrt hat, festgehalten hat in seinem Buch: „Und führen, wohin du nicht willst.“ Da schreibt er, dass die Losung, das Bibelwort für jeden Tag im Herrnhuter Losungsbüchlein, für den 9. Mai 1945, dem Tag seiner Gefangenennahme an der Ostfront, lautete: „Was der Mensch sät, das wird er ernten; wer aber auf den Geist sät, der wird vom Geist das ewige Leben ernten.“ (Galater 6, 8) Es ist derselbe Helmut Gollwitzer. der dann später in Sibirien im Lager die steif gefrorenen Leichen seiner Kameraden in die aufgehackte Erde gebettet und dabei zugleich die Umstehenden und sich selbst aus Gottes Wort getröstet hat. Aber, Ihr lieben ehemaligen Mitkriegsgefangenen, wir haben in der Schule des Erlebten und Erlittenen auch die Kraft und die Möglichkeit eines Neuanfangs kennen gelernt. „Ehe wir nicht nichts sind, kann Gott nichts aus uns machen!“ Ich habe mich lange an dem Satz gerieben, aber ich weiß, dass er stimmt. Und als wir auf dem Nullpunkt der Gnade standen, da hat Gott viel aus uns gemacht! Der russische Schriftsteller Alexander Solschenizyn schreibt in seinem Buch „Archipel Gulag“: „Nicht die Siege sind es, die die Menschen und Völker gefördert und groß gemacht haben, sondern die Niederlagen haben den Fortschritt in der Menschheit gebracht, weil dadurch die Menschen in sich gegangen und zur Besinnung gekommen sind."

Wir hatten damals einen Hunger nach dem Wort Gottes entdeckt, einen heilsamen Hunger. Bei uns damals im Lager zwischen Donez und Wolga war da ein Kamerad, der hatte als Letztes seine kleine Senfkornbibel sich bewahrt, die hatte er bei allen Filzungen geschickt hindurchgerettet. Dieser Mann war letztlich auch mit ein Grund, dass ich Theologie studiert habe und das Evangelium bis hin nach Afrika verkündigen durfte. Liebe Freunde, unser Bibelwort hat ja recht: Die mit Tränen säen, werden mit Freuden ernten. Ich kenne viele, die bekennen, dass sie damals mit mir neu angefangen haben zu glauben und zu beten.

DAS 3. GESCHENK, DAS WIR MITBRINGEN DURFTEN: WIR WISSEN UM DIE KRAFT DER VERSÖHNUNG:

Es war in Südfrankreich. Christliche Soldaten aus den westeuropäischen Ländern trafen sich zu einer Begegnung in Musee du Desert. Deutsche, Engländer, Franzosen, Dänen, Belgier, Holländer und in Europa stationierte Amerikaner. Der Tag mit seinem besonderen Erleben ging am Abend mit einem großen Abendmahlsgottesdienst, der in viele Sprachen übersetzt wurde, zu Ende. Da trat ein junger Belgier aus dem Dunkel der Nacht in den Schein des Lagerfeuers und bat ums Wort. Langsam, erst leise, dann klar und frei fielen seine Worte: „Ich muss Euch etwas sagen, Freunde, ich war im vergangenen Krieg ein kleiner Junge. Mein Vater und meine Mutter wurden

von Deutschen erschossen. Ich habe mir geschworen, die Mörder meiner Eltern ein Leben lang zu hassen. Nun bin ich hierher gefahren, weil ich hoffte, französische Freunde zu treffen. Ich wusste nicht, dass auch Deutsche hier sein würden. Ich wäre sonst nicht gekommen. Ich kann nicht vergessen, ich kann nicht vergeben, so habe ich mir vom ersten Tage an gesagt; ich wollte tun, als wären sie nicht da. Heute morgen, beim Gottesdienst unter den Kastanien, war neben mir ein Platz frei. Ein Deutscher kam und setzte sich neben mich. Es war kalt heute morgen. Ich hatte einen Umhang dabei, der Deutsche neben mir nicht. Es war klar, ich legte den Umhang um uns beide, aber ich sagte mir: er ist nicht dein Freund, er ist Deutscher. Du musst ihn hassen. Er wusste es natürlich nicht und lächelte mir zu. Nachher beim Abendmahl standen wir vorne wieder nebeneinander. Da wusste ich mit einem Male, dass wir ohne Unterschied von höherer Warte aus gesehen als Christen doch alle Brüder sind. Ich kann nicht mehr hassen! Das ist alles, was ich sagen wollte." Und der belgische junge Mann trat in den Schatten zurück und war verschwunden. Vielleicht ist er heute unter uns! Was dann?!
Wir Heimkehrer aus den Kriegsgefangenenlagern leben

1. aus der Dankbarkeit
2. wir wissen um den Menschen Bescheid und wir wissen um den wunderbaren Neuanfang in Jesus Christus
3. und wir treiben das Werk der Versöhnung. Amen!

Afrika ließ mich nicht los, - **Afrika** lässt mich nicht los.

Ich muss oft an das Buch von Walter Flex denken: „Wanderer

zwischen zwei Welten". Immer wieder war ich unterwegs, in Afrika und in Europa. Und immer wieder war auch Afrika in Deutschland!

Vor ein paar Tagen war es Südafrika, das bei uns in Berlin zu Gast war.

In der Friedrichstadtkirche, im Französischen Dom am Gendarmenmarkt, fand die Verleihung des Dietrich-Bonhoeffer-Preises statt, den der Bertelsmann-Verlag gestiftet hatte. Geladen waren viele erlauchte Gäste. Unter anderen saßen da die Vertreter und Würdenträger aus Kirche, Politik und Gesellschaft, eine Reihe vor uns der Alt-Bundespräsident Richard von Weizsäcker. Dazu Journalisten von Presse, Funk und Fernsehen. Den Preis erhielt der anglikanische Bischof aus der Republik Südafrika, Desmond Tutu. Es machte einen ganz besonderen Spaß, diesen fröhlichen afrikanischen Gottesstreiter, der im Süden Afrikas die Politik der Versöhnung in hohem Maße betreibt, in unserer ach so steifen und förmlichen deutschen Feierlichkeit zu erleben! Zu seiner Dankesrede bestieg Bischof Desmond Tutu beinahe tänzelnd die Kanzel. In spielerischer Leichtigkeit und mit einem prächtigen Humor wandte er sich sodann seinen Hörern zu. Der hinter seinen Worten stehende Ernst war dennoch unüberhörbar! Er leuchtete uns mit seinem klugen Schalk regelrecht heim! Geradezu köstlich folgende Passage seiner Rede: „... Ihr Weißen meint immer, wir Schwarzen wären dumm. Ja, Ja! Und es stimmt ja, wir wissen manches nicht, was Ihr wisst, und wir kennen manches nicht, was Ihr kennt! Aber wir Schwarzen sind nicht dumm! Nein, wir wissen manches, was Ihr nicht wisst, und wir kennen manches, was Ihr nicht kennt! Ihr seid zum Mond gefahren. Sehr gut! Aber wir Schwarzen fliegen gleich zur Sonne!“ (Herzliches Lachen) „Jetzt meint Ihr wieder, wir Schwarzen wären dumm!? Neiiin, - wir fliegen natürlich des Nachts!!!“ (Herzlich-fröhliches Lachen!) Sie tun gut, die Begegnungen Afrika mit Europa!

LETZTE - VORLETZTE GEDANKEN

Wir wohnen nun in Falkensee. Hier am Stadtrand von Berlin leben wir und haben manchmal den kuriosen Gedanken, dem „großen Weltgeschehen“ ein bisschen nahe zu sein!

Rolf und ich durften das 20. Kirchweihjubiläum der Christuskirche in unserer alten Kirchengemeinde im Siegerland, in Zeppenfeld-Wiederstein, erleben.

Und wir sind vom Flughafen Berlin-Tegel aus zum 50-jährigen Kirchweihjubiläum der Kreuzkirche in Omaruru nach Afrika geflogen.

Hatte sich in Südwest-Afrika in den Jahren nach unserer Rückkehr etwas verändert? Wie seit Ewigkeiten schlugen die Wellen des Südatlantik an den gelben Strand, lag die Wüste trostlos und still unter der gleißenden Sonne, blaute der Himmel über dem Land, warteten Busch und Steppe auf Regen, Regen....

Aber unter den Menschen war etwas anders geworden: Aus

Südwest-Afrika war Namibia geworden! Ein selbständiges afrikanisches Land! Selbstbewusstsein war unter der farbigen Bevölkerung gewachsen. Diskriminierende Anordnungen wie: „Nur für Weiße" oder „Nicht für Farbige" waren verschwunden. Windhoek, die Landeshauptstadt, bot ein sauberes Bild und geschäftiges Treiben. Auf den ersten Blick sahen wir nur blühendes Leben. Im Gespräch dann - ob bei Schwarz oder Weiß - traten aber auch die Sorgen hervor: Die Frage der Landreform ist ungelöst und schwebt wie ein Damoklesschwert über dem Land! Armut und Arbeitslosigkeit bergen sozialen Zündstoff! Die Bedrohung von AIDS ist gravierend! Radikale Stimmungen schwappen aus dem Nachbarland Simbabwe über! Äußerungen von Politikern lassen Sprengstoff ahnen! Disparitäten als Folge von Kolonialismus und Apartheid wollen bewältigt werden!
Aber die Vision einer nationalen Versöhnung ist vorhanden, noch vorhanden! Möge sie wachsen, Wirklichkeit werden und den vielen Völkern Namibias Einheit und Frieden schenken!

Auch das gehört zu meinen Erinnerungen: „Alfred, was bleibt?", so fragte eine uns bekannte Pfarrfrau ihren überaus virulenten und ihrer Meinung nach in viel zu vielen Gremien und bei viel zu vielen Veranstaltungen immer wieder mitmischenden Mann. Was bleibt? Was bleibt von all dem Schönen, was von allem Schweren, von aller „Müh und Plag"? „Alles ist eitel, Haschen nach dem Wind", schreibt der weise Prediger

Salomo. Aber ich lese gern bei ihm auch den Vers 22 aus seinem dritten Kapitel: „So sah ich denn, dass nichts Besseres ist, als dass ein Mensch fröhlich sei in seiner Arbeit...." Ich habe mit den Mädchen im Mädchenkreis oder auch in anderen Chören oft den Kanon gesungen, und ich höre ihn jetzt gleichsam in mir in seiner schönen, harmonischen Klangfolge: „Alles ist eitel, du aber bleibst, und wen du in Buch des Lebens schreibst!"

Ich durfte Heimat haben - und ich durfte unterwegs sein. Völker und Rassen durfte ich kennen und lieben lernen, Länder durchschreiten und Meere überqueren.
Ich lebe gern! In diesem Jammertal?! Auf diesem schönen Stern!?!

Mit Paul Gerhardt, dem Dichter und Lobsänger unserer wunderbaren und wertvollen evangelischen Choräle, möchte ich allzeit sagen und singen:

„Ach, denk ich, bist du hier so schön
und lässt du's uns so lieblich geh'n
auf dieser armen Erden:
was wird doch wohl nach dieser Welt
dort in dem reichen Himmelszelt
und güldnen Schlosse werden?!"

Zeittafel

1926	am 28. Oktober geboren. Kindheit, Jugend- und Berufsausbildung in Herten, Westfalen, tätig im betriebswirtschaftlichen Bereich.
1951	Ausbildung zur Gemeindehelferin in der Bibelschule der Rheinischen Missionsgesellschaft, heute Vereinte Evangelische Mission, zu Wuppertal-Barmen.
1953	Heirat mit Missionar Rolf Schankweiler
1954	ERSTE AUSREISE nach SÜDWEST- AFRIKA am 28. Januar von Rotterdam nach Walvis Bay. Sprachlernzeit, Dienst unter Herero, Damara, Kleurlingen, Ovambo und in der Deutschen Ev.-Luth. Gemeinde OMARURU.
1957	Selbständigwerdung der Jungen Kirche, von Rheinischer Missionskirche zur ELK (Evangelisch-Lutherische Kirche in Südwestafrika).
1958	Tropenkrankheit-Amöbenruhr Aufenthalt Tropengenesungsheim Tübingen, St. Vincenz-Krankenhaus Köln, Sanatorium Hohe Mark, Oberursel.

1959 nach Wiederherstellung der Gesundheit zurück zum Dienst nach Südwest-Afrika, Omaruru.

1960 im Juni Heimkehr nach Deutschland

1961 Übergangsdienste in Deutschland: Gütersloh und Rheda

1962 wird die Tochter Anne-Verena geboren.

1962 bis 1969 in der Evangelischen Kirchengemeinde Ennigerloh im Münsterland
Einweihung des neuen Gemeindehauses neben Kirche und Pfarrhaus.

1969 ZWEITE AUSREISE nach SÜDWESTAFRIKA, nach Gobabis am Rand der Kalahari, als Missionarsfrau an der Seite ihres Mannes in der ELK („Rynse Sending“) und als Pfarrfrau in der Deutschen Ev.-Luth. Gemeinde Gobabis. Schulbesuch von Tochter Anne-Verena in Gobabis und Windhoek.

1972 nach Beendigung des Dienstes Rückkehr nach Deutschland.

1972 in Südwestafrika wird der erste nicht Weisse Präses, Dr. Lukas de Vries, eingeführt

1972 bis 1984 Pfarramt der Evangelisch - Reformierten Kirchengemeinde Neunkirchen im Siegerland, im 2. Pfarrbezirk Zeppenfeld und Wiederstein.

1976 Besuch des Hereropastors Gabriel Dawids in Zeppenfeld

1977 Besuch des Nationalevangelisten von Zaire, Makanzu Mavimilusa, in Zeppenfeld.

1981 wird die neuerbaute Christuskirche in Zeppenfeld in Dienst gestellt.

1984 DRITTE AUSREISE nach Südwest-Afrika zum Dienst in der Deutschen Evangelisch – Lutherischen Gemeinde, Pfarramt Omaruru-Mitte mit den Gemeinden Omaruru-Kalkfeld, Karibib und Usakos. Vertretungshalber auch verantwortlich für die Gemeinden Swakopmund und Walvis Bay.

1988 Pensionierung,
Rückkehr nach Deutschland. Wohnung in Remagen-Kripp am Rhein.

1989 Das ehemalige Mandatsgebiet Südwest-Afrika wird selbstständig und ein freies, unabhängiges NAMIBIA
Christian Zeraua kommt zu einem Staatskundlichen Lehrgang in Sachen Demokratie nach Deutschland.

1995 Umzug vom Rhein an die Spree Wohnung in Falkensee am Rande Berlins

1998 Bischof Desmond Tutu erhält in Berlin den Bonhoeffer Buchpreis

1992 Besuchsdienste in Namibia, 40. Jubiläum der Kreuzkirche in Omaruru

1998 Besuchsdienst in Namibia

2001 20. Jubiläum der Christuskirche in Zeppenfeld

2002 Besuchsdienst in Namibia –
50. Jubiläum der Kreuzkirche Omaruru